方舆

行政区划与地名 1803

民政部地名研究所
中国地名学会 编

王胜三 浦善新 主编

中国社会出版社
国家一级出版社·全国百佳图书出版单位

图书在版编目(CIP)数据

方舆:行政区划与地名. 1803 / 民政部地名研究所,中国地名学会编;王胜三,浦善新主编. —北京:中国社会出版社,2018. 12

ISBN 978 -7 -5087 -6083 -4

Ⅰ. ①方… Ⅱ. ①民… ②中… ③王… ④浦… Ⅲ. ①政区 - 研究 - 中国 ②地名 - 研究 - 中国 Ⅳ. ①K92

中国版本图书馆 CIP 数据核字(2018)第 291539 号

书　　名: 方舆——行政区划与地名 1803
主　　编: 王胜三　浦善新
编　　者: 民政部地名研究所　中国地名学会

出 版 人: 浦善新
终 审 人: 尤永弘
责任编辑: 魏光洁
助理编辑: 刘海飞
封面摄影: 王建富

出版发行: 中国社会出版社　　**邮政编码:** 100032
通联方式: 北京市西城区二龙路甲 33 号新龙大厦 422 室
电　　话: 编辑部:(010)58124851
销售部:(010)58124851
网　　址: www. shcbs. com. cn
shcbs. mca. gov. cn
邮　　箱: qhdm_shcbs@ sohu. com

中国社会出版社天猫旗舰店

印刷装订: 河北鸿祥信彩印刷有限公司
开　　本: 185mm ×260mm　1/16
印　　张: 15
字　　数: 250 千字
版　　次: 2018 年 12 月第 1 版
印　　次: 2018 年 12 月第 1 次印刷
定　　价: 50. 00 元

中国社会出版社微信公众号

《方舆·行政区划与地名》编委会

目录
CONTENTS

地名探赜

专家观点

学术争鸣

史海回眸

国际视野

文化长廊

地方风物

方舆传真

政区地名用字研究综述[①]

高　宁

政区地名用字研究是地名理论研究中的一项基础性内容，也是地名标准化中的一项重要课题。本文对现代有关政区地名用字的多篇论著进行了梳理，从语言学的角度综合评述了部分政区地名用字在字音、字形以及语词结构上的研究现状，并对政区地名用字规范化研究进行综述，以期为地名用字的规范和进一步研究提供参考依据。

一、政区地名用字的音形研究

地名是语言中的专有名词，它和语言中的其他专名有所不同，主要表现在读音和字形的特殊性上，一些地名的读音，不同于一般的读音，字形也往往带有地方特色。许多学者认为在地名用字的音、形中，尤其要注意强调地名用字的特殊性，进而研究成果多集中在地名用字的异读音、生僻字等方面，对地名用字的通用字关注较少。

（一）地名用字的读音

地名用字的读音有其明显的特点，王际桐[②]指出地名语词的语音特点是保留的古音多、异读多。李如龙[③]专辟一节探讨地名用字的读音问题，其中对读音的特点做了进一步的阐述，增加了生僻音多、方言音多等特点。伍巍[④]指出汉语的

---

① 国家语委“十三五”科研规划2017年度委托项目《政区地名特殊用字现状及处理方式研究》成果，项目编号：WT135－19。

② 王际桐：《地名学概论》，中国社会出版社，1993年版。

③ 李如龙：《汉语地名学论稿》，上海教育出版社，1998年版。

④ 伍巍：《地名字“溪”“阜”的读音》，载《语文建设》1995年第8期。

地名用字，因为历史和习惯的双重原因，读音往往有相对特殊和保守的特点。王彦[①]则强调地名用字的地方性。认为与语言中的其他语词相比，地名用字更具地方特色，往往记录着当地方言的语音实际和特殊词语，有的还保存着古代语音的遗迹。

因地名用字读音的特点，使读音呈现出比较复杂的状态，异读问题凸显。地名异读音中往往会保留方言音、古读音等，这种异读与普通话在地方上的差异，造成地名读音层次的多样性。王际桐较早地对地名字的异读音进行界定："同一个字，有的在不同的地名中有不同的读法，这种特定的读法称为异读音。"[②]他把地名异读的原因分两种，一是把方音折合为普通话读音时存在异读。二是相同的地名用字，在各地有不同的音义。[③] 前者是因为语音层次的多样性，方言中保留了古音成分；后者是汉语的多音多义造成的。于海珍[④]对政区地名异读的现象及原因进行了分类论述，认为主要的原因是名随主人的原则受到其他因素的影响而没有贯彻到底，并从经济因素、地理位置、语言本身和人为因素四个方面对地名异读现象的原因进行综合阐释。王芳实[⑤]更为关注个别政区地名读音与普通话读音的不同，认为两者的这一矛盾表现为：按普通话来读当地读音的人并不生活在此地，当地人的读音又不符合普通话的读音要求。而夏丽[⑥]则将异读字纳入多音字的研究中，认为异读字即多音同义字，与多音多义字分属多音字的两种不同情况，进而指出并非所有异读字在构成地名时都存在异读现象，仅在少数地名中存在异读现象。

从案例研究来看，对政区地名用字的读音研究主要集中在单个政区地名的考证上，如：李树春的《六安"六"字读音缘由考释》[⑦]（2007 年）一文从音韵演变的规律入手，探讨地名用字"六"的读音。雒鹏等人的《谈甘肃省宕昌县名中"宕"字的读音》[⑧]（2015 年）认为"宕昌"的"宕"最初应该是跟"旦"读音相同或

---

① 王彦：《山东地名中的山东方言》，载《民俗研究》2002 年第 2 期。

② 王际桐：《我国地名标准化雏论》，载《测绘学报》1982 年第 4 期。

③ 王际桐：《地名学概论》，中国社会出版社，1993 年版。

④ 于海珍：《地名异读现象初探》，载《社会科学家》2005 年第 S1 期。

⑤ 王芳实：《地名异读现象分析与读音规则——以贵州省黔东南两个县名的读音为例》，载《贵州民族学院学报：哲学社会科学版》2008 年第 4 期。

⑥ 夏丽：《安徽省乡镇及以上行政地名用字研究》，安徽大学，2009 年。

⑦ 李树春：《六安"六"字读音缘由考释》，载《安徽文学：文教研究》2007 年第 1 期。

⑧ 雒鹏、李瑞红、王丹：《谈甘肃省宕昌县名中"宕"字的读音》，载《丝绸之路》2015 年第 16 期。

读音比较接近的一个字。并结合韵书中“宕”的字音，从古今语音演变的规律和宕昌方言自身的语音发展规律出发，论证了“宕昌”的“宕”可以读为“tàn”音。彭明福的《“遂宁”地名读音略谈》[①]（2009年）从辞书的注音、地名来历等方面，对政区地名遂宁“遂”字的读音进行论证，认为当读去声。此外，相关论文还有施政明的《从“十里堡”、“铅山”的读音说起》[②]、刘美娟的《地名读音的社会语言学考察——以“丽水”的“丽”为例》[③]等。

（二）地名用字的字形

目前地名用字的字形问题集中反映在对生僻字和异体字的研究上。商伟凡对全国几万个乡镇名称的用字情况进行分类计量统计，指出：“计有生僻字136个，异体字21个，繁体字3个，代用字5个，其他字10个。”[④]反映出生僻字的使用在政区地名中相当多。

针对地名用字中生僻字的多样性，王际桐[⑤]做了分类论述，将地名生僻字分为方言字、古地名中的生僻字、生造字（土俗字）、民族语地名中的生僻字。在分类中，他将地方性的方言字和土俗字都归为生僻字。曾世英[⑥]提出地名中的生僻字分布不均问题。认为生僻字的多寡因地而异，北方地区较少，东南方言地区较多。而且汉字之被视作生僻与否，会随着情况而变化。曾世英关注了地名用字的生僻与否会有所变化，却没有展开论述。李运富[⑦]进一步指出地名用字生僻与否，并不在于文字本身的形音义，而是取决于地名影响的大小，并认为生僻字多，是地名用字的单义性要求地名在书面形式上有所区别而带来的字形问题。

许多学者对地名用字中异体字进行了研究，发现异体现象十分突出，包括使用古文、繁体、俗字、或体等多种情况。赵莲峰[⑧]对全国范围内的政区地名非常用字进行考察，指出并非所有的地名异体字都需要规范，对地名中所谓“异体字”的

① 彭明福：《“遂宁”地名读音略谈》，载《四川职业技术学院学报》2009年第2期。

② 施政明：《从“十里堡”、“铅山”的读音说起》，载《现代语文》2006年第2期。

③ 刘美娟：《地名读音的社会语言学考察——以“丽水”的“丽”为例》，载《语言文字应用》2011年第3期。

④ 商伟凡：《守护地名文化的基石——专用汉字》，载《中国民政》2008年第3期。

⑤ 王际桐：《地名生僻字和特殊读音举例》，载《语文建设》2000年第11期。

⑥ 曾世英：《地名工作中的语言文字问题》，载《语文建设》1986年第Z1期。

⑦ 李运富：《试论地名标准化“语文标准”的原则问题》，载《语言文字应用》2002年第2期。

⑧ 赵莲峰：《现代政区地名非常用字整理研究》，北京师范大学，2004年。

规范要慎重，需根据不同情况区别对待。商伟凡[1]对异体字进行分类论述，指出在规范异体字时，可以考虑将地名中特有的一些异体字改为规范字，有些在通用领域废除的异体字限定在地名中继续使用。

（三）地名用字中的重名现象

地名重名是政区地名中一种常见的历史现象，它与地名用字的音、形关系密切。黄尚田[2]针对政区专名重名做了详细的分类：市县重名、市辖区重名、市辖区与市县重名、同音字重名、省市重名，并指出在以上五类专名重名中，市辖区重名数量最多。黄尚田较早提出将地名同音纳入重名范畴，李如龙也认为从更严格的要求说，同音不同字的地名至少应该说是准重名。[3]

历代对于政区重名研究主要侧重在县级以上政区且偏重字形，华林甫[4]对中国历代更改重复地名的情况进行研究，认为我国对重名的更改经历了一个由加方位及对称字来修饰，至完全更改用字相同的重复地名，再至取消文相类及声相近的地名的演进过程，指出当今地名存在类似问题，建议在适当时候更改重复地名。华林甫在《中国历代更改重复县名的现代启示》[5]一文中指出历代更改重复县名均以更改地名用字相同为重点，忽视县级同音地名。商伟凡[6]也指出我国的地名管理历来重"形"轻"音"，治理重名也侧重字形的区别，忽视异字同音（或近音）造成的读音混淆。周文德[7]将政区重名问题研究扩展到乡镇一级，具体到某一行政区域，对乡镇一级的重庆地名进行分类计量统计，并对同音地名与重复地名的关系作了很好的阐释：从语言文字角度来看，重复地名有三同地名、两同地名和同音地名三种不同的体现形式。

二、政区地名用字的语词结构研究

地名用字的结构，经历了通名专名化和单字地名到多字地名的变化过程，对地名用字这一特殊演变现象在论著中也多有阐述，诸研究集中论述以下两个方

① 商伟凡：《地名用字与异体字的再规范》，载《中国方域：行政区划与地名》2003 年第 1 期。
② 黄尚田：《中国县级以上行政区划专名重名一览》，载《中国方域：行政区划与地名》1997 年第 1 期。
③ 李如龙：《汉语地名学论稿》，上海教育出版社，1998 年版，第 44 页。
④ 华林甫：《中国历代更改重复地名及其现实意义》，载《历史研究》2000 年第 4 期。
⑤ 华林甫：《中国历代更改重复县名的现代启示》，载《中国地名》2007 年第 11 期。
⑥ 商伟凡：《中国古今地域重名观念的变迁》，载《中国地名》2010 年第 8 期。
⑦ 周文德：《重庆政区重复地名研究》，载《重庆三峡学院学报》2010 年第 6 期。

面的问题：

(一)通名化的专名用字

在政区地名中，常有一个地名中包含两个通名字的现象，对此，在地名学理论研究中有所谓“通名转化为专名”一说，术语称为通名专名化。[①] 李如龙[②]指出专名中往往会有通名语素。杨光浴、刘保全[③]认为地名语词结构的理想形式是“专名+通名”，但在发展中也存在着通名共用的特殊式等变式，通名专名化即有的通名在使用中，演变成专名，就属于通名共用特殊式中的一种，并以城关、城郊为例简要指出个别通名化的专名用字。

对于政区通名化的专名用字这一问题的探讨，周文德研究较为详尽。他所考察的“地名用字”“地名通名”是排除“乡、镇、县、区”等政区通名化的专名用字而言的，仅指专名部分的地名尾字可作为通名的汉字。在《重庆市政区地名用字考察》[④]一文中，周文德采用共时静态描写和历时动态研究相结合的方法，详细阐述了地名专名尾字的使用情况，研究发现：时间越往后，地名用字的集中度越低，越往前则用字集中度越高。在《重庆市政区地名通名初探》[⑤]一文中，他以2009年统计的乡镇街道数量及名称为依据，统计100个通名化的专名用字及出现频次，得出自然地理实体类的通名化专名用字最多，行政区划数量最少。

(二)地名用字的音节结构

汉语中一个汉字基本上就是一个音节，地名音节的变化就反映在地名用字的多少上。褚亚平指出地名用字音节结构双音化，是由于双音词的发展，地名专名用字越来越多地采用两个字以上的组词结构，而且以两个字居多，这种变化服从语言自身的演变规律，也与地名数量日渐增多、命名依据越来越丰富的发展过程有关。[⑥] 杨光浴、刘保全在研究中也沿用此说法，认为在早期汉语地名中，以单字地名居多，由于地名数量增多，为识别需要出现了双字地名，到后来又出现了多字地名。[⑦]

---

① 褚亚平：《地名学基础教程》，中国地图出版社，1994年版。
② 李如龙：《地名的分类》，载《地名知识》1995年。
③ 杨光浴、刘保全：《基础地名学概论》，中国社会出版社，2012年版。
④ 周文德：《重庆市政区地名用字考察》，载《重庆师范大学学报：哲学社会科学版》2010年第6期。
⑤ 周文德：《重庆市政区地名通名初探》，载《重庆与世界：学术版》2010年第11期。
⑥ 褚亚平：《地名学基础教程》，中国地图出版社，1994年版，第100页。
⑦ 杨光浴、刘保全：《基础地名学概论》，中国社会出版社，2012年版，第40页。

贺义宏[①]对地名的音节做了横向和纵向的剖析，纵向看，古汉语地名以单音节词为主；西汉时，单音节地名与双音节地名并存；现代六安地名中，单音节地名已经消失。横向看，是对六安乡镇政区地名的音节结构、平仄规律作分类计量统计，得出该地音节构成是以双音节和三音节为主；平仄规律是以平声相连和平仄相间最为常见，仄声相连者较少。周文德考察重庆市政区地名专名部分的音节结构、音节数量及其相关特点，研究了乡、镇、街道名称与音节数量之间的关系。他在《重庆市政区地名音节考察（上）》[②]文章中提出：三字地名多集中在街道办事处，乡镇名称以双字地名为主，并在《文明演进社会变迁经济速度簇拥下的二元化重庆政区地名》[③]文章中对重庆 1048 个政区地名做了系统统计，发现双音节政区地名占了总数的 90%，证明重庆政区地名具有二元结构，并对重庆市所辖不同区域、不同政区名称的音节数量详加考察，指出：多音节地名所占比例与都市化水平、城镇化进程、当地的人口密度成正比。

三、政区地名用字的规范化研究

全面规范我国的政区地名用字，是语言文字规范化的内容之一，是地名标准化的重要环节。我国政府和学者分别从管理和学术角度对地名用字进行了规范化研究。

（一）地名用字的规范化管理

我国规范地名用字工作开展得比较早，1956 年 1 月，普通话审音委员会成立，1957 至 1962 年间，三次公布“异读词审音表”，其中就审定了地名异读字 181 个[④]，对于地名异读字的审定主要是以县、市名称为主的政区地名用字。1964 年 5 月，“文改会”编辑出版了《简化字总表》，地名用字也得到简化，其中 35 个使用生僻字的政区名称，经国务院批准，采用同音、近音替代等方法改换为常用字，并作为附录随《简化字总表》同时公布。2000 年，“两部一委”发布《关于开展全国政区名称用字读音审定工作的通知》，决定以政治性强、涉及面广、使用频率高的

---

① 贺义宏：《六安地名的文化语言学研究》，安徽大学，2011 年。

② 周文德：《重庆市政区地名音节考察（上）》，载《重庆理工大学学报：社会科学版》2011 年第 9 期。

③ 周文德：《文明演进社会变迁经济速度簇拥下的二元化重庆政区地名》，载《中国地名》2011 年第 6 期。

④ 王际桐：《地名学概论》，中国社会出版社，1993 年版，第 66 页。

“政区名称”作为全国地名标准化的先导，并成立了全国地名用字读音审定委员会。此次工作确定衡量政区名称用字的标准，并以此为依据对各级政区名称进行“正字”与“正音”，达到减少生僻字，消除异体字、不规范简化字、自造字，并确定规范读音的目标。经过不懈努力，我国政区名称规范化工作取得了阶段性的成就，替换了政区名称中部分异体、生僻及笔画繁多的汉字，基本消除了县级政区的重名。

这一系列工作的开展都为政区地名用字的规范提供了智力支持和法理支撑，但是由于地名用字的特殊性和复杂性，致使这些工作仍难以得到全面推行和修订，地名用字问题有待进一步完善。

（二）地名用字规范化学术研究

对于地名用字中正音定字问题的规范，现有论著大都强调综合考虑、慎重处理。曾世英[①]提出审音时既要服从普通话，又要照顾地方读音，对跨省的用字需要协商解决；生僻字的整理，或去或留，应按照频率高低酌情处理。褚亚平[②]认为地名的历史继承性和区域性，造成了汉语地名中存在相当数量的生僻字和方言字，具有强烈的区域特点，是地方语言文化发展的记录，要慎重处理地名中的生僻字和方言字。苏锡育[③]着墨较多的是语音规范的分析，通过对政区地名“蚌埠”“宿迁”“阜阳”等的分析，提出在贯彻名从主人这一原则时，应择善而从，而不能盲目相从，定音要尽量有利于语音规范化。

在地名用字规范进程中，王际桐[④]、刘保全[⑤]、商伟凡[⑥]等人都强调字义的重要性。王际桐认为生僻字的更改要有统一标准，同时要注意字义在地名中的价值，更改要持审慎态度。刘保全认为：在如何对待地名用字的问题上，既不能无原则地迁就那些明显违背规范的现象，也不能脱离实际去简单地照章办事、强行处理，要把“义”的继承和发扬放到至关重要的位置上。商伟凡认为在治理生僻字时，若以同音、近音的常用字替代生僻字，尤应顾及原有名称含义的延续性。

---

① 曾世英：《曾世英论文选》，中国地图出版社，1989 年版。

② 褚亚平：《地名学基础教程》，中国地图出版社，1994 年版，第 195 页。

③ 苏锡育：《地名与语言规范化问题浅谈》，载《江淮论坛》1999 年第 1 期。

④ 王际桐：《语文规范化是地名标准化的基础》，载《语文建设》1996 年第 5 期。

⑤ 刘保全：《慎重处理地名用字 保护地名文化资源》，载《中国地名》2002 年第 6 期。

⑥ 商伟凡：《试论我国政区名称生僻汉字的治理》，载《语文建设》1999 年第 6 期。

张谦[①]强调要注重地名用字的特殊性，对其认真溯源，据义审理。

对于地名用字规范化的研究，也有不少文章是结合地方案例提出建议的，如：张树铮[②]从山东地名读音问题入手，提出三条意见："区别是符合方言与普通话对应规律的读音还是当地的特殊读音；区别是古已有之的异读还是后来产生的异读；区别地理实体的大小及影响。"阙维民[③]以浙江省政区地名用字为例，较好地阐述了地名地方读音与普通话读音的关系，认为有两种以上普通话读音，而方言读音与普通话读音之一种相同的，以与方言读音相同的普通话读音为准；方言读音与普通话读音有普遍对应关系的，以普通话读音为准等。邵宜[④]指出地名的分布与方言的分布基本上是一致的，大部分方言地名读音都能折合成普通话相应的读音，建议设立一个地名规范用字表。

总的来说，目前我国对政区地名用字的研究取得了一定的成就，但相对来说，研究成果比较零散。对政区地名用字的研究偏重于地名专用字和生僻用字上，多是区域性研究，往往忽略地名常用字，而且也没有关于政区地名用字的专门性著作，对政区地名用字的研究还有待进一步深化。在地名用字的规范化、科学化上，需要对地名用字具体现象进行深入研究，以期让地名用字在现实应用中既不失去历史语境的文化内涵和地方特色，又符合现代使用习惯，使地名用字更加准确、科学。

（作者单位：民政部地名研究所）

① 张谦：《浅谈汉字规范中地名用字规范的一些问题》，载《广西民族大学学报：哲学社会科学版》2005年第S2期。

② 张树铮：《从山东地名看地名读音规范问题》，载《语文建设》1997年第5期。

③ 阙维民：《政区地名用字读音审定的几条建议原则——以浙江省为例》，载《中国地名》2002年第1期。

④ 邵宜：《广东地名分布的特点及地名标准化问题》，载《语文研究》2004年第4期。

盐池县人文地名类型与分布特征研究

王　荣　何彤慧　吴宏岐

宁夏盐池县历史悠久，地理位置独特，人们在此基础上构建了人文环境，各种人文环境要素对地名的产生和演变起到了重要的影响，包含人文环境要素的地名即为人文地名。盐池县人文地名数量很多，给人以杂乱无章之感，这给认识地名造成了很大的困难。本文通过盐池县政区图、地方志、地名志以及盐池县第二次全国地名普查成果等多渠道收集地名，并以 1∶150000 政区图为底图绘制地名分布图，对盐池县人文地名类型和分布进行探讨，以认识其与人文环境的关系及地域差异性。这对于认识盐池县地域文化和人地关系有重要作用，也是地名资源保护、开发及管理的基础。盐池县人文地名可分为经济、军事、民族、宗教、移民等几种类型。

一、经济活动与地名

经济活动类地名在区域的认识与开发中产生，盐池县与经济活动有关的地名有物产、生产方式、商业活动等。

（一）物产与地名

自然资源物产在盐池县占有重要地位。对县名进行考析，盐池县作为建制县始于民国 2 年（1913），因其境内多盐池而得名。盐池县具有悠久的历史和多样的文化类型，而为何以物产作为县名的专名？可解释的是盐业在盐池县的经济、生活中占据了重要的地位，足以代表一个区域的特点。盐在古代是一种重要的物产，由于海水晒盐的技术不发达，长期以陆地煮盐为主，产量有限，榷盐有丰厚的利润，所以长时间由国家经营，禁止私人贩卖，基于盐在国计民生中具有重要的作用。从历史、地理条件看，历史上盐池及周边地区具有很好的产盐条件，产盐的质量好，为重要的产盐地。因此而以盐池命名也就在情理之中了。硝也是一种重要的物产，因硝而命名的地名有硝池子，都是因聚落附近有碱池产硝而得名，两个硝池子地名分别位于花马池镇和大水坑镇，分布于盐池县中北部。

盐池县具有宜农宜牧的自然条件，中北部宜牧，南部宜农，在开发的早期形成一些以农牧业物产命名的地名。农业物产对地名影响较大的有麦，因“麦”命名聚落地名的有麦垛山、麦草掌、麦记渠等。位于北部花马池镇的麦垛山因有山形似麦垛而得名，反映当地有产麦子的条件。位于南部的麦记渠因有沟渠，产冬小麦，得名“麦地渠”，在长期使用中因将“地”“记”相混演变而成；麦草掌也因为生长有麦草而得名，当地有此物产，并命名。

盐池县的畜牧业物产有马、牛、羊等。盐池县植被及气候适合畜牧业的发展，在历史上，盐池县的许多地方水草丰美，牛羊成群，畜牧业发达，唐代时盐池县境内还设有马场，养有战马。盐池县中北部存在许多因古时养战马的马场而形成的聚落地名，马地掌、马场井、青马圈、马儿庄、马坊、马坊沟都因驯养战马而得名，作为军马的驯养地可以看出其适宜程度。在盐池县因“牛”命名的地名有以下类型：一是因养牛而命名，如牛圈坑、牛头沟、牛皮沟等。牛圈坑因相传清光绪年间（1875—1908）此地杂草丛生，草原茂盛，草质优良，地形为四周山梁，中间低洼似坑，人们在此养牛，后渐成村落，沿用原名。二是与牛或牛的某个部位的象形而命名地名的，如牛毛井，因长有像牛毛一样的小草而得名。牛之地名主要分布在中部王乐井、青山、大水坑一带，因该地植被与地形适合畜牧业的开展。地名中含有“羊”而且反映养羊这一活动而形成的地名有羊圈山，位于麻黄山乡，反映了南部的动物物产情况。

（二）生产方式与地名

生产方式与人类的生存和发展关系极为密切，盐池县先民们在实践中接触到一些地理实体以生产方式予以命名，这类地名反映了生产力状况，具有鲜明的地域性。

1. 农业生产与地名

农业生产方式中，场、圈是两个重要的类型。以“场”命名的聚落分布于盐池县的各个区域，场是指各种农作点，为人工所建。场有几种类型，一为禾场，如梁禾场、张家禾场、东场、石记场等，为种植点，主要分布在盐池县中部地区；二为扎场，如边记场因1936年边金海在此扎场而得名；三为马场，有马场、马场井等，马场因明、清时为军马场而得名；四为羊场，在场中所占的比例较大，如赵记场、北场、北王场、南王场等，因建场养羊而形成聚落；五为居民居住点如叶记场、汪记场等，叶记场因1926年叶七在此建场居住而得名。

圈是另一个重要的农业生产地名，在聚落地名中达56处，因建有马、牛、羊圈而得名，其中以羊圈为绝大多数，是畜牧业在区域发展留下的印记。从地名数量角度上分析生产方式，“圈”地名大量存在反映了畜牧业在盐池县具有重要地位。在命名方式上，以姓氏命名的有牛家圈、高家圈、张家圈、杜记圈等，以这一命名方式为主体，反映了最初以单一姓氏的少量居民从事畜牧业定居，而后形成聚落；以方位命名有如下圈、北圈、东圈、北王家圈、南王家圈等。

2. 手工业与地名

盐池县以农业、畜牧业为主体产业，手工业的存在丰富了产业结构，提高了人民生活水平。

盐池县手工业反映在地名上主要有油坊，如油坊、冯记油坊、油坊梁、油房，分布在北部的花马池镇和高沙窝镇。以油坊而命名的聚落建于20世纪30年代至50年代。

3. 生产组织形式与地名

在盐池县分布有以队命名的聚落形式，生产队是源于20世纪50年代农业生产合作社，将各个自然村按照队编入行政村，在当时发挥了重要的作用，人们便习惯以队名代替自然村之名，在1982年推行家庭联产承包责任制后，生产队这一组织形式退出了历史的舞台，但在对自然村的称呼上还是存在以队相称的，有的自然村与生产队并用，甚至是弃用原来的村名，农村中形成了生产队的景观。盐池县以生产队命名的自然村有14处，有以方位命名的如石山子村东南队、石山子村西北队，这原是两个自然村，在20世纪90年代村民自行分开，是农业生产合作社在地名上的残余；另一种命名方式是以序数命名的，如盈德五队、盈德六队，是农业生产合作社的主要命名方式。

（三）商业活动与地名

盐池县自古为内地与游牧部落易物之地，据历史记载，天成四年（929）四月，后唐在盐、夏一带设置监牧，专管牧养马匹羊畜。这一带地域辽阔、水草丰茂，牧马繁殖“二百余万匹，牛羊无数”，并于“缘边置场市马”，与党项羌族进行广泛的贸易交往。盐池县驻地花马池镇，以盐易马而得名[①]。青山乡前身青山公社原名侯家河公社，1970 年因公社东一公里处的青山村，历史上叫青山街，较有名气，加之当时不以姓氏起名，故改为青山公社[②]。郑家堡子因有一郑姓人在此开设一家铺子谋生，人称“郑家铺子”，后演变为现名。

二、盐池县军事活动与地名

在历史上，盐池县地处中国西北边陲，长期处在与西北少数民族政权对峙的前沿，地理位置极为重要，被称为“灵夏肘腋，环庆襟喉”[③]，自古为进入南部固原、平凉的通道。明成化二年（1466）七月，鞑靼毛里孩攻掠花马池，往南直至固原、开城、静宁、隆德诸地，开城广宁苑官马 1600 余匹被掠，宁夏总兵官被罢职下狱[④]。所以边疆整治始为统治者所重视，为了加强边防安全，在盐池县采取了一系列的军事活动，不仅筑城以护之，而且进行移民戍边，进行军屯，军事管理机构上也不断得到加强。盐池境内留下了大量军事地名，印证着历史的踪迹，为一道独特的文化景观。

（一）军事设施与地名

在古代战争中，筑城池与修筑长城是对善于骑马的游牧民族一种有效的防御方式，一定高度的城墙就能御敌于外。盐池县现存的军事设施大都为明清以来修筑的，历经几百年，有的只剩下低矮的土堆，有的则还保存较好。明朝的军事设施有城堡、长城、墩堠几种类型，因军事设施为地理实体，是很好的标志物，因此而产生的军事设施地名较多。

盐池县境内的长城在南北都有分布，称为四道边墙。从县城向北有“头道边”“二道边”，在紧靠头道边北侧，时隐时现又有一道长城，据考当为隋代长城。在县境南部麻黄山、萌城公社境内的长城称“固原内边”[⑤]。隋长城修建于开皇五年（585），现分布在张家边壕、毛卜喇、兴武营、大圪塔、安定堡、聂家梁、刘八

① 盐池县人民政府：《盐池县地名志（内部资料）》，1982 年版。
② 盐池县人民政府：《盐池县地名志（内部资料）》，1982 年版。
③ （明）胡汝砺：《嘉靖宁夏新志》，宁夏人民出版社，1982 年版。
④ 钟侃：《宁夏古代历史纪年》，宁夏人民出版社，1988 年版。
⑤ 盐池县人民政府：《盐池县地名志（内部资料）》，1982 年版。

庄、县城、东郭庄,东西走向。此长城与明代头道边的走向是一致的,时而单独出现,时而重叠一处①。明时,花马池又为宁夏后卫,为防御游牧在河套的蒙古族吉囊、火筛以及小王子等部,曾于盐池一带先后修筑了三道长城,分布在北部高沙窝镇、花马池镇一带。明朝长城选址方式遵循“凡草茂之地,筑之于内,沙碛之地,筑之于外”,成为当时沙漠与草场的分界线②。以长城命名聚落的有张家边壕、长城等。张家边壕位于头道边,“南侧明长城”修筑时曾在长城北侧挑挖深沟,称“三条沟高垒”,又叫边壕,1930 年前后张姓居此建村故得名。长城则因位于明长城脚下而得名。

军事防御中长城是一种静止的防御设施,要与墩堠一起发挥作用,墩堠选取地势较高处,可以眺望敌情,通过燃烟、放火等方式传达信息,相邻的墩堠相互照应,在可见范围之内,因此墩堠的数量比较大,盐池县内的墩堠达到 171 座③。从墩堠的分布情况看,除沿长城、重要道路及险关隘口等处筑墩堠以外,多数建于城堡四周,如花马池城、柳杨堡、安定堡、兴武营、盐池堡、萌城、饶阳堡等四周墩堠林立,形成一个群组④。因墩堠而命名的聚落有 12 处,分布在花马池镇、高沙窝镇、惠安堡镇、冯记沟及王乐井等地,以花马池与惠安堡居多。含墩的地名都是因有烽火墩而命名,是对地理实体的真实反映。在命名方式上有与姓氏复合的如张记墩、何记墩、夏记墩,有与其他地理实体复合而成的如烟墩山,有以墩堠本身性质命名的如红墩子,有以序数命名的如三墩子。

城堡与长城一样,在明朝进行了大规模的修筑。灵州守御千户所辖有盐池堡、惠安堡、隰宁堡、萌城堡;“正德二年,总制、右都御史杨一清奏改千户所为宁夏后卫”⑤,设有安定堡、柳杨堡、铁柱泉;兴武营辖有毛卜喇堡。清朝由于人口和耕地的增加,堡寨的数量也有所增加。盐池县以堡命名的地名有 22 处,明朝设立的城堡类地名除毛卜喇堡外,目前还都在使用,或为自然村,或为行政村,或为乡镇名称,体现了很浓厚的军事文化色彩。除史书记载政府命名的堡寨外,也有民间的堡寨。当时社会不稳定,时有天灾人祸,土匪、强盗进村盗抢,于是当地的

---

① 盐池县人民政府:《盐池县地名志(内部资料)》,1982 年版。
② 米文宝:《宁夏人文地理》,中国社会科学研究出版社,2006 年版。
③ 盐池县人民政府:《盐池县地名志(内部资料)》,1982 年版。
④ 盐池县人民政府:《盐池县地名志(内部资料)》,1982 年版。
⑤ 盐池县人民政府:《盐池县地名志(内部资料)》,1982 年版。

居民为抵御盗匪的抢夺,遂模仿军事堡寨建立堡寨,也是堡寨地名的一个重要方面。一般而言,政府修建的堡寨多以吉祥或军官姓名命名,而民间的堡寨多以姓氏加堡、寨命名。民间修筑的堡寨有如刘家堡子、史家堡子、桑堡子、宋堡子等,在堡寨地名上占据多数。

(二)军屯与地名

屯田,在我国历史上是开发边疆、巩固国防的一项重要国策[①],一般分为军屯和民屯,后方路途遥远,补给有困难,只好就地开垦,以求自给,这就叫作军屯[②]。军屯因民族关系的冷暖而在各个朝代推行的程度不一,明清时期极为盛行,明时宁夏作为边防要地,为防止蒙古鞑靼、瓦剌部南侵,屯集了大量兵力,北部的宁夏镇和南部的固原镇,同为北方"九边"重镇,在宁夏境内实行了大规模的军屯,"按宁夏军田,以五十亩为一分,一军承之,余丁田无定数,彼此相易无禁,许其过割。国初之设为百户,军三屯七,盖以二人之耕,以供一军之用。田则鳞次,各有定方,大概皆约束于总旗。"[③]是时,中部干旱地区的荒漠草原也纳入垦种范围[④],在屯田制之下,沿边一带广阔的草原,随着边墙和城堡的修建,或先或后,大规模地被开垦起来。边墙和城堡主要在北部高沙窝镇和花马池镇,呈东西走向,在边墙一带带有军事性质且有军屯性质的地名有寨、营等。盐池县地名中带有"寨"的地名全部分布在北部边墙一线,军屯民屯都需要定居,具有寨墙,现在已不完整。寨与姓氏构成聚落地名,有如冒寨子、张寨子、杨寨子、李寨子等。

(三)战争与地名

盐池县在古代是内地政权与外围少数民族政权冲突之地,战争十分频繁;盐池县还是宁夏唯一的革命老区,在解放战争中发挥了根据地的作用,在此发生了诸多的战争。因此战争对盐池地名也有影响,战争与地名的关系有以下类型:

一是因战争而命名的地名。营盘山因地势险要古时驻扎兵营得名,团庄以过去驻过军队而得名,这是战争对地理实体命名的影响。

二是地名因战争而闻名。体现战争赋予地名的内涵,成为其不可分割的一部分。门槛岭便是其例,因山南有一小山岭形似门槛得名,1936 年东部为红区,

---

① 董琳:《清代移民屯田对新疆地名的影响》,载《干旱区地理》1993 年第 12 期。
② 侯仁之:《从人类活动的遗迹探索宁夏河东沙区的变迁》,载《科学通报》1964 年第 3 期。
③ 付华:《胶州地名与宗教考略》,载《中国地名》2008 年第 2 期。
④ 钟侃:《宁夏古代历史纪年》,宁夏人民出版社,1988 年版。

西部为白区，以此为界。

三是地名含义被注入新的内涵，并为人们所接受。德胜墩原为明朝设立的烽火墩，并在此形成聚落，村庄因此而命名，为军事设施地名，后因 1938 年我军攻打苟池取得胜利，由于地名与此相符，于是当地人便取此含义。

盐池县的战争地名是其独特的地理位置决定的，农牧交错带是农耕文明与游牧文明汇合的区域，也是政治交锋、军事冲突的前沿地带。历史成为过去，地名依旧能唤起人们对于沉痛历史的记忆。盐池县军事类地名主要分布于北部长城及南部麻黄山的固原内边一带，长城作为农牧交错带的重要划分，从时间上看长城有一个从南向北推移的过程，体现了人对地理环境开发能力的提升和内地人地关系的紧张程度。

三、盐池县民族与地名

(一) 民族融合与地名

盐池县作为民族间有冲突、战争之地，客观上也促进了当地民族的融合，有些蒙古族居民在盐池县境内定居，与汉族人民生活在一起，地名双堆子是以蒙古族所建敖包命名的聚落。此外有反映回族居民迁徙的地名，如新合，因 20 世纪 70 年代把分散的回族村民合并建村而得名。现代地名也有反映民族融合的地名，县城有民族东街、民族西街等。

(二) 各族人民对区域的开发与地名

盐池县位于鄂尔多斯台地南缘，北面蒙古族进入北部牧区，受汉族、回族定居的影响，形成定居的生活方式。史志对移民定居记载极少，而地名中留有痕迹，通过地名的分析可以还原区域的历史文化。体现蒙古族对区域开发的地名有蒙口湾、一棵树、苏步井、查哈敖包、红敖包等，蒙口湾因蒙古人蒙口 1926 年前在此山湾处居住得名，后搬走，名称沿用；苏步井因 1905 年蒙古人苏步在此挖井一口，解决人畜饮水而得名。一棵树因早年有蒙古人种的一棵榆树，树干直径 2 米左右，称此地为一棵树。不管出于何种原因在此居住，都凝聚了各族人民的劳动与智慧。各族人民共同参与区域的开发，并为后来人居住奠定了基础，在人烟稀少之地创造了文化。

四、宗教与地名

盐池县生态环境极为脆弱，自然灾害频发；且长期处于边疆地区，为军事重地，战争易发，天灾人祸对当地人民的生产、生活造成了深刻的影响。在自然界众多客观规律尚未被人们了解、掌握的情况下，宗教信仰成为人们精神生活的重要支柱，人们认为神、佛、菩萨"救苦救难""有求必应"，在历史上有突出贡献的英雄、清官也被视为救助穷苦百姓、赏善罚恶、保天下太平的下凡神仙①。盐池县宗教场所分布广泛，为人们所用的频率高，标志性强，宗教场所本身具有名称，是地名景观的组成部分。

道教与人们生产、生活极为密切，所产生地名类型多样。盐池县因道教而产生的地名主要为宗教场所类地名，一是根据供奉的对象命名，有龙王庙、玉皇庙、娘娘庙、药王庙、财神庙、神仙庙等，以龙王庙数量为最多，这些庙作为地理实体存在，一些聚落也因此而命名。二是根据所处的地理位置命名，一般以所处的自然村而命名。由此可知，在命名方式上，寺庙与聚落具有互为命名的特点。

佛教在塑造盐池地名景观上发挥了重要的作用。佛教地名有以宗教建筑命名的如寺、庙，盐池县的佛教建筑绝大多数以寺为名，相对于道教规模较大，如灵应山寺、花马寺、佛泉寺，也有以庙为名的，但比例不大。佛教地名还有反映宗教派别与佛教传播的，如喇嘛墩，因清光绪九年（1883）此墩住过一个喇嘛，故称喇嘛墩。喇嘛是对于藏传佛教教徒的称谓，历史上藏传佛教从青藏高原经过河西走廊向鄂尔多斯高原传播，地名也可作为其佐证。

五、移民与地名

宁夏的历史首先是一部移民史，秦汉时期移民已开始了对宁夏的开发。公元前 121 年，汉武帝徙内地 70 万余灾民到地饶人少的河套以南地区屯耕，数年之内，由政府供给口粮、衣物、种子和耕牛，使这一片往日人口稀少的地区出现了"冠盖相望"的初步繁荣景象，并置安定、天水、西河等五个属国，以处归降之匈奴②。其中安定属国都尉位于同心县东部，可以推测是时盐池县也在开发范围之

① 付华：《胶州地名与宗教考略》，载《中国地名》2008 年第 2 期。

② 钟侃：《宁夏古代历史纪年》，宁夏人民出版社，1988 年版。

内。以后各朝代都有移民开发。抗日战争时期，特殊的政治经济环境吸引了近30万移民到达陕甘宁边区[①]。根据组织形式有政府组织移民、群众自发移民；根据目的有开发边疆之移民、有当代为脱贫的吊庄移民。不管是何种形式的移民，都是参与了区域的开发活动，地名是其中最先需要创造的文化类型，在移民安居过程中为方便生产生活必须要对众多的地理实体命名，或根据地理实体本身的性质，或移植已有的地名，或从迁出和地名区的文化找命名的根源，百家姓地名是移民的重要标志。

（一）百家姓地名——移民的重要标志

姓氏类地名是我国最多见的地名类型，在宁夏也不例外[②]。虽不是所有的姓氏地名都是由移民而形成的，但是移民极易产生姓氏地名。如果一个区域姓氏地名普遍存在，那么就具有了移民的特征，加之盐池具有移民的历史，因此盐池县姓氏地名与移民具有很深的渊源。移民到了新移居之地，总希望自己的家族继续兴旺繁盛，所以同姓宗族往往在一起安营扎寨，聚族而居。从而产生大量有姓氏标志的村庄聚落，以及相关的祖庙、祠堂、坟地等地名[③]。盐池县的姓氏地名占了重要比例，以聚落地名最为明显，姓氏与自然要素或其人文要素复合，即为百家姓地名。

百家姓地名中有如张家场、刘记沟、陈家圈、蔡记塘、侯记坑、赵记梁、蒙口湾、官记山、李华台、陈记壕、麻记畔、吴掌、孙儿庄、刘叶洼、朱新队、张旧庄、宋堡子、李伏渠、罗庄科、马记滩、苏家庄、白疙瘩、陈东村、姚沟塘、赵窝棚、林家口子、李家塬、张家窑、刘家范坡等，数量众多，不逐一列举。姓氏几乎可以与所有的人文环境要素复合，成为盐池县地名景观分布最广、数量最多的类型。

（二）吊庄移民的地名特征

吊庄移民是为了解决宁南山区贫困人口的贫困问题，由政府倡导和组织的在异地即北部引黄灌区建立新的生产生活基地[④]。吊庄移民是对吊庄形似的引申，即一定时期内不收回原承包地，三年内允许两头有家，可以随时返迁，来去自由，三年到期后，根据移民个人意愿脱去一头[⑤]。1986 年盐池县对南部的原麻黄

---

① 严艳、吴宏岐：《陕甘宁边区移民的来源与安置》，载《中国历史地理论丛》2005 年第 2 期。

② 何彤慧：《宁夏地名特征与地名文化》，载《宁夏社会科学》2003 年第 4 期。

③ 傅奠基：《民族融合交流的文化地层——关于昭通各民族地名》，载《昭通师范高等专科学校学报》2005 年第 4 期。

④ 米文宝：《宁夏人文地理》，中国社会科学研究出版社，2006 年版。

⑤ 米文宝：《宁夏人文地理》，中国社会科学研究出版社，2006 年版。

山乡、萌城等山区进行移民，在狼皮子梁建立吊庄。因此而产生了地名“狼皮梁吊庄”，因吊庄工程指挥部办公室设在狼皮梁而得名。吊庄是一项政府组织实施的移民工程，与自然移民有所区别，在地名上也体现了其特征。首先是以序数命名聚落，如大坝一村至大坝五村、隰兴一村、隰兴二村，是经过规划而形成；其次地名对移出地的印记如萌新、大新，萌新因由萌城搬迁吊庄移民组成而得名，大新由大水坑移民吊庄搬迁组成而得名，都取原来乡镇的首字而命名。吊庄移民地名分布在盐池县中部、北部。

六、结 语

盐池县人文地名与区域人文环境密切相关，反映了盐池县人对于物产资源利用、经济活动方式的选择、军事地位继承，也反映了各民族对区域的共同开发、宗教、人口迁移等状况。盐池县人文地名是当地的历史文化遗存，形成了独特的地域文化。人文地名是一项重要的文化资源，经过开发可以为社会经济服务，可发挥巨大的经济效益与社会效益。盐池县人文地名在城市建设、商业开发、旅游开发中具有很高的价值，这些价值已经逐步显现出来，对其进一步开发利用是推动区域文化发展与繁荣的内在要求。就旅游开发而言，地名凝聚了当地的历史文化，增强了文化亲和性[①]，盐池县人文地名旅游开发可通过地名组织旅游线路，也可利用人文地名进行旅游营销，形成旅游品牌，树立旅游地形象。盐池县人文地名的旅游开发可提升人文旅游资源的价值，满足旅游者的文化需求。

（本文选自王荣、何彤慧、吴宏岐著《地名文化景观与地名资源开发、管理研究——基于宁夏和岭南地区地名的讨论》，中国社会出版社，2016 年版）

① 王荣等：《地名旅游资源特征及其开发利用初探——以桂林市为例》，载《桂林师范高等专科学校学报》2009 年第 4 期。

地名语词文化的雅俗观

谢前明

地名属于大众文化的范畴,一个好的地名不但指位功能鲜明,而且其语词内涵丰富,达到雅俗共赏的要求。本节在地名范畴内讨论语词的雅与俗,不以社会受众主体人群相区别,也与通常所说的阳春白雪或下里巴人无关,而是仅就地名拟名者需要树立怎样的雅俗概念,以及在尽可能满足雅俗共赏的努力中,需要厘清的有关问题进行阐述。

一、地名雅俗概念的解读

地名的雅与俗,一般不仅仅以反映地名体特点(贴切程度)方面为分野,还要从所选择的语词内涵进行具体分析。雅的地名语词,如某些景观的名称,固然能较含蓄、富意蕴地表现实体的某种特点;就是一般认为较俗的地名,如塘背、田尾、烂泥塘等,其所反映地名体的位置与物象特点也很直接、明了。

判断地名的雅俗,不能脱离命名时代的社会、经济、民生背景,不宜用今天人们的审美眼光对其进行武断的评判。今天人们所看到的以往时代产生的有些素朴、浅陋直白,甚至有些俗气的地名,如母猪胡同、裤裆胡同、狗屎巷、驴市胡同等,都有它产生的具体环境与背景,这些地名在当初能够传播、得到公认而约定俗成,正是由于它的素朴、直观,对地名体的突出特征,命名者未作任何评论与加工,仅以直观、真实的白描,通过地名"报道"出来,这或许就较符合当时、当地的实用审美观。故此,这样的地名能在一个较长的历史时期得到稳定的使用。当然这样的地名,随着时代的发展、景观的改变,会因时过境迁变得名不副实,或者随着人居成分的改变,会产生雅化的社会诉求,这也反映出客观事物发展的规律。

本篇所议地名的雅、俗,主要以语词具有的意韵、内涵(即音、义内蕴)的深浅，以及语词的简明或含蓄程度和指位能力，来加以欣赏与客观的评论。

庄子说："天地有大美而不言，四时有明法而不议，万物有成理而不说。""雅"的地名语词，是命名者内心与外物的共鸣，是对物境、物象认识、理解、感悟后的精加工，是人的心境与自然环境、实体物境、社会情境处于和谐状态下的智慧产物，使实体的内核特点得到精心润饰，其意境得到扩展和升华，所以语词会有较丰富的文化内涵，不仅能反映当地历史文化和自然、人文特点，来源出处有说法，指位能力比较强，而且组词精当、优雅、含蓄、有韵味、有深意，使之更具言近意远、耐人寻味、品鉴的审美韵味和情趣。

"俗"的地名语词，一般来源于对命名实体物境、物象的如实"报道"，未作任何修饰、加工，其语出民间俗常，大众熟悉易懂、易记。语词呈现含义直白、率真、浅陋、简朴、粗放的特点；或者直接以其他地名借代用之，且结构上不正规，有的单纯迎合习俗、图省事图简便，随手使用坊间俚语等语词而产生。

地名"雅俗共赏"的概念与要求，是对地名语词品位、质量，文化接受主体兼容性的描述和判断，就词性而言，应是一种韵味丰富和大众品位的相融；就受众主体的感受而言，是既易于被人们所理解、明白、记忆、识别、使用，又不失含义明确、意韵和谐，是通俗文雅的大众文化。

中华地名文化观，历来以视雅俗共享者为上。审视古今地名，既有雅也有俗，雅俗并存。当今所谓地名的雅俗共赏，就个体地名而言，其语词本身要能够充分接地气，同时蕴含丰富的历史背景或文化内涵；就地名的群体而言，不仅要求语词词义丰富健康，充分体现地方文化特色，而且还应注意空间布局结构的条理性、系统性，即布局合理，实用有序。

综观历史时期与现实中存在过、存在着的地名，有的地方、有的时期雅的多一点，有的地方、有的时期俗的多一些。小农经济时期与现代化建设时期，民众对地名文化的审美是有一定区别的；有的地名体的名称偏雅，有的地名体的名称偏俗，如旧时农村中的地名或部分城镇中的小巷弄名称俗的多一点，风景园林名胜的名称雅的多一些。地名语词各种雅俗的表现，都有其形成的历史条件与人文背景，是历史的产物。

新时期的地名命名、拟名、采词原则，有地名管理法规、政策的明确规定，随着国民生活水平、文化素养的提高，不会再有很土俗、浅陋的地名出现。虽然健康的地名命名已经成为时代的主流,但也要防止出现求雅的极端情况出现,如语词雅得空洞、洋化,雅得没有灵魂,雅得难以捉摸、不合常理的地名出现,这是新时期基层地名管理工作中需要时刻警惕与防范的一个方面。

对于当代的地名管理者或地名规划者而言,不论什么时候,对地名拟名采词都要努力做到雅俗共赏,都要着力于兼顾地名的指位性与文化内涵。地名的指位作用及其文化内涵的统一和完美结合,应是地名采词拟名的理想境界。

二、地名雅俗的“三段式”评价方法

地名文化的审美内涵是多元的。地名来源所采撷的事物及其所展现的内容,是因时、因地、因人而不同的。如何正确评价和肯定一个地名的雅、俗,并不是一件十分简单的事:一是雅俗的界限难分;二是因人而异,众说纷纭。对本来处于中间状态的、不典型的地名,更是如此。而中间状态的反而数量最多,这也反映了雅俗共处、共赏的客观实际与需要。如果一个地名,使人读之有韵味、思之有意味、品之有滋味、感觉有趣味,能达到此四味的地名,无疑是雅地名的精品,但这类地名的数量不会多。多数地名是不完全具有这“四味”的,是不十分典型的。

对地名的审视,需要掌握真与美相统一的审美目标和原则。推崇以“真”为美的精神,以“实”为主的审美取向。地名中的“真”,指所选语词能真实地描写地名体的特点,或能客观呈现地名体所处社会人文背景、自然地理环境的一定情节、情境。地名中的所谓“实”,就是所选地名语词的指位性功能鲜明、准确、实用性强。

地名的采名能不能做到最好?难!因为评价地名的好与不好,在一般情况下,不同阶层、不同文化、不同阅历、不同修养的人的评价标准是不一定相同的。地名的大众文化属性,使不管什么人,都可以自由地按照自己的标准去评价,所谓众口难调,用在这里还是站得住脚的。

地名拟名的理想程度是够好,即得到社会大众、各阶层人士基本认可的结果,满足基本的文化评判和鉴赏,各方都能接受并通行使用的地名,就是好地名,就会有较强的生命力。

雅俗共赏的地名拟名理念,应满足地名采词与其社会效果相统一的基本审美观。在地名文化的发展过程中,客观上历来存在“雅”与“俗”两种审美语词的表现,使名称产生不同的效果,构成两个相对的审美文化范畴。

综合上述，由于地名是大众文化、公共文化和实用文化的属性，对一个地名优良可劣的评价很可能各有各的标准。根据地名的功能作用与人们对实用性评价的一般看法，综合起来描述地名语词优劣的判断标准，大致可用以下“三段式标准”来对照衡量：

(1)语词文雅、含蓄、有韵律、富想象、耐咀嚼、语词来源有背景、有典故或有史事，含义比较丰富。

(2)语词真实地反映着地名体本身的或所处环境的特点、特征，有实际的地理含义，指位作用明显。

(3)语词朴素无华，无修饰，直白浅陋，有的语词甚至接近坊间俚语。

在以上三段式标准中，能达到(1)、(2)两段标准的，基本属于大众认可的雅地名。而语词侧重(2)、(3)两段标准的，一般可以归结在俗地名中。

也就是说，判断一个地名的雅俗，除了评价其指位的功能强弱以外，还应分析其语词内涵的艺术含量。地名的本质功能是定位、指位。雅的地名，必然是指位性较强，且其语词具有耐咀嚼、回味、启发想象或联想的力量，使人们能感觉到它在完成指位功能的基础上，还有一定的艺术诱惑力。满足这些条件的地名，是地名雅的上乘之作，是地名中的佳品。

这三段式评判中，(2)段标准是判断一个地名语词质量优良可劣的关键，如果所选择的地名语词符合(2)段标准，且语词较通俗，就是合格的、能被社会大众接受的地名。

应当看到，不同的地名语词，在上述两段式标准中，所分别能达到和满足的这两段标准的程度是有差别的。地名中的大多数既不一定够得上明确的雅地名，也不是纯粹的俗地名，而是处于不雅不俗的中间状态的地名。对处于中间状态的地名，人们的感知和评价各有不同，只要能得到普遍认可，就可归结到属于雅俗共赏的地名的行列。

但是如果一个地名语词仅符合(1)，或者仅符合(3)的标准，而都不具备(2)段标准，这样的地名语词不具备实际的地理含义，肯定不能成为好地名，甚至可能是一个劣等的地名。

三、创造雅俗共赏的基本条件

地名既不是纯粹的所谓雅文化，也不属于所谓的俗文化。如前所言，地名属于大众文化、地域文化、民族文化、历史文化的范畴。地名是需要被大众、被各界接受、认可和使用的。因此，地名天然地需要植根于当地的土壤，需要具有严肃、优雅、健康、朴素、简明的文化品质，在进行地名拟名采词时，需要厘清地名采择的雅、俗，有意识地创造雅俗共赏的基本条件。

要使所拟地名达到雅俗共赏的效果，最基本的是要求地名拟名者，在拟名方案的选择和具体拟名采词方面有正确的指导思想，有求得雅俗共赏的愿景，并为所拟出的地名语词创造具有雅俗共赏的可能。从而通过恰如其分的采词，使地名的指位作用和其文化内涵二者高度统一和完美结合，达到拟名采词效果的理想境界。

地名规划者应当积极宣传、大力倡导、努力践行和认真坚守健康的地名雅俗观。

如前所述，地名的“俗”，通常指地名语词词意合乎当地的习俗、民俗，所用字词通俗，接地气。即地名语词反映当地的民情风俗、社会习尚，体现地名体的特征、特点；同时，具有语词含义直观、易理解、易与所指称的地名体建立联系的品质。地名既然是大众的、地域的和民族的文化，就要求地名的语词含义，理应摒弃低俗、庸俗等不雅、不健康的成分，并尽量避免粗俗和过于直白。对于在以往各历史时期，由于各种社会、人文背景而产生、存在着的某些过于粗俗、不雅的地名，必然会随着社会的文明进化，逐步进行清理和调整，这也是地名规划应当理性地履行的任务之一。

在地名拟名采词时，特别要认识到地名的“雅”，不是漫无目的地转词、单纯片面地追求语词的华丽，哗众取宠；也不是地名采词攀洋附贵、脱离实际或言之无物。健康的雅的地名，必须满足两个重要的、必不可少的条件：一是所选语词本身的文化内涵健康、丰富、优雅，能引发想象，助力地名体景观、意境的拓展；二是地名指位较贴切，与地名体存在位、形、意的关联，或者与地名体所处的历史及社会人文背景等有着千丝万缕的联系，即雅的地名也要接地气。地名语词接地气，是使地名扎根于本应回归的精神和价值的土壤，二者缺一不可。

四、抵制不健康的地名文化观

改革开放后，由于经济建设的快速发展，在地名命名方面，一改历史的质朴与求实传统，出现各种声称与时代相匹配，但实际却是在脱离传统的民族文化、背离健康的大众文化的地名。例如，所拟地名语词雅得脱离实际、不着边际、陷入空洞；更有甚者“雅”得脱离本土，没有了灵魂；或者“雅”到渲染不健康的生活情趣；出现片面追求文雅、深奥难懂，或者生拉硬扯、千奇百怪，赶时尚；或者不尊重地名的结构要求，脱失应有的通名，让人不知所言为何物；或者渲染奢靡享乐的低俗情趣，扩大社会不同阶层的心理落差；或者一味崇洋、媚洋，以为只要语词沾洋气就是雅的，只要把洋地名搬过来，就与国际接轨了、先进了；等等。一部分地方官员更是大力推崇与地情毫不搭边的所谓大气和洋气。一些房地产开发商似乎生出一种“天性”，一接触到给其所开发建设的楼盘起名字，首先就想到某国外有个什么地名，把它搬过来，以为这样很现代、很有文化、很有品位。结果背离五千年的民族文化传统，出现追求虚幻的、无实际地理含义、毫无民族文化内涵的名称。凡此种种，这是一个时期以来，在地名命名中泛起的媚俗、媚洋、虚幻、空洞的文化潮。

笔者并不一概否认学外国地名的做法。但笔者认为必须结合本国、本市、本地的地名实际情况去学、去用，不能陷入盲目和机械，不能盲从；而且所要学习的，首先是它的命名方法、思路、它怎样体现本国的民族文化等，而不是不察其内容、不辨其良莠地照抄照搬。毛泽东在《矛盾论》中指出：“学习有两种态度。一种是教条主义的态度，不管我国情况，适用的和不适用的，一起搬来。这种态度不好。另一种态度，学习的时候用脑筋想一下，学那些和我国情况相适合的东西，即吸取对我们有益的经验，我们需要的是这样一种态度。”这是值得我们在地名拟名时深入思考和认真践行的。

过去有些私家建筑物，如别墅、园林、民宅官邸等的命名，虽然具有很大的自由度和广泛的拟名思维空间，它们在很大程度上反映业主的世界观、人生观、价值观和自身经历的坎坷曲折、得失感悟，反映其个体的修养、情怀、觉悟和向往追求，是拟名者个体的内心展示。这些名称虽然在社会需要时也借以进行指位，但对其文化内涵一般采取宽容态度，对其优劣得失不需予以评判。然而，新时期所产生的一些商品住宅楼盘的名称，却表现出罔顾传统、刻意崇洋、媚俗，宣扬和诱导享乐、奢靡之风。地名规划时要对此类不健康、不和谐的地名文化观进行引导，并在规划中需要注意，坚决予以抵制。

（本文选自谢前明著《地名规划研究》，中国社会出版社，2018 年版）

慎重处理地名用字 保护地名文化资源

刘保全

我国幅员辽阔，历史悠久，民族众多，不仅是世界上地名数量最多的国家，而且其文化底蕴之深厚也非一般国家所能比拟，是一座地名文化资源的“富矿”。在地名标准化和语言文字规范化进程中，强调对地名文化资源的保护意识，慎重处理地名用字、更名问题，使地名更好地为社会经济发展服务，有着重大的现实意义和深远的历史意义。

一、实　践

地名是一定地域的语言、文字标志，是语言中的专有名词。地名的正确读写，是语言文字规范化的内容之一。

20世纪80年代，国家组织开展全国地名普查和补查工作，对地名用字读音进行了全面调查、整理，但国家一级对地名用字与读音的审定未能及时进行。90年代末，民政部在与总参测绘局联合编制《中华人民共和国政区标准地名图集》的过程中，发现各地的人文、自然地名中存在着相当数量的生僻字、异体字、不规范的简化字及自造字，读音也没有一定之规，难以适应经济全球化和信息化的时代要求。

为此，民政部审时度势，与主管语言文字的教育部、国家语委（以下简称“两部一委”）合作，提出了总体设想：从现在起，分期分批对全国各类地名进行以用字与读音为主要对象的审定工作，使其成为真正意义上的标准地名，推进、深化我国的地名标准化，并促进语言文字规范化。

2000年4月，“两部一委”发出《关于开展全国政区名称用字读音审定工作的通知》，决定以政治性强、涉及面广、使用频率高的“政区名称”作为全国地名标准化这一巨大系统工程的试点和先导。其基本任务是:依据《中华人民共和国国家通用语言文字法》《地名管理条例》等现行法规,以规范汉字和普通话读音为标准,进行各级政区名称的“正字”与“正音”,达到减少生僻字,消除异体字、不规范简化字、自造字并确定规范读音的目标。

所谓地名标准化,其基本要求是地名的形、音、义都符合规范,主要包括:①字形统一,无重名、一地多名、一名多写的现象;用字规范,不用繁体字、异体字、自造字。②按普通话读音,用汉语拼音方案作为拼音书写的规范。③含义健康。依此,将具体衡量政区名称用字的标准确定为:

简化字——以 1986 年 10 月国家语委重新发表的新版《简化字总表》为准;生僻字——指国家语委、新闻出版署(2013 年,与广电总局进行职责整合,组建国家新闻出版广电总局)1988 年 3 月发布的《现代汉语通用字表》未收入的字;异体字——参见文化部、中国文字改革委员会 1955 年 12 月发布的《第一批异体字整理表》;自造字(又称土俗字、生造字)——没有全国通用注音、释义而为局部地方通用的字。

工作开展之初,我们的目标是理想化的:在政区名称中,不保留生僻字,确有必要沿用的,仍留在有关的村名中;政区名称的读音,原则上以普通话读音为准,仅保留少量另有含义的方言音;彻底消除异体字、自造字。然而通过初审的实践,看来完全照此办理确有较大难度。地方坚持保留的政区名称生僻字,大致有以下几种情况:

(1)姓氏用字。例如:茼(màn),山东文登区的山镇,当地姓“茼”的有几千人;郄(qiè),河北栾城县有郄马镇。

(2)另有特定含义的用字。例如:湴(bàn),方言指“烂泥”,江西萍乡市的源湴乡以地处山间多烂泥田得名;菉(luó),瑶语指“茅草”,湖南洞口县菉溪瑶族乡的名称起源,相传是明代有瑶族在溪边盖茅草屋定居。

(3)有特定含义的自造字。例如:鸂(chí),用于浙江永嘉县五鸂乡,相传猎人在此发现水边有五只美丽的水鸟鸂鶒(xī chì),后人为此地取名五“鸂”——因“鸂鶒”二字书写复杂,每字取一部分组合而成;砵(tài),广东英德市民间用以指称一边高一边低的石山,高处称上砵,下砵镇坐落低的一边,故名。

(4)有特定含义的异体字。例如:淼(miǎo),形容水大,江苏常熟市淼泉镇以境内河道纵横、水网密布得名，而其正体字“渺”却有微小意；甽（zhèn），“山下根之受山上流水处曰甽”（《释名，释山》），浙江宁海县深甽镇起名于千年前的宋代，且“甽”原是本字，而今之正体字“圳”却是岭南俗写；坉（tún），同“坉、屯”，意为寨子，在贵州省兴仁县坉脚镇则形象表现其“建村于土台之上”的地理特征，省旅游部门认为该字用于此地已有数百年历史，文化内涵深厚，是不可多得的旅游资源。

为什么我们良好的初衷不能得到人民的理解？为什么我们认为稳妥的工作计划反而显得举步维艰？

二、反　思

20世纪五六十年代，国家主管部门为配合当时的文字改革，更换了政区名称中部分异体、生僻及笔画繁多的用字，调整了若干少数民族语地名的译音用字。其中，以同音或近音的常用字取代生僻字，造成不少政区名称失义，留下难以挽回的遗憾。例如：

（1）陕西的盩厔县——古时称山曲为“盩”，水曲为“厔”，西汉置县时因境内“秦岭逶迤、渭河迂回”命名“盩厔”。1964年为简化用字改作“周至”，音虽同唯原义尽失。而当地人民念念不忘曲山、曲水的命名渊源，在县名更改20年后的1984年，将县城所在的城关公社改作“二曲镇”。

（2）陕西的醴泉县——因有泉水甘甜的醴泉得名，表明该县拥有丰富的优质矿泉水资源。而1964年为简化“醴”字改作“礼泉”，从语源上就讲不清楚了，是说这里为礼节的源泉之地，还是表明当地民众非常好客，礼节多如泉涌呢？

（3）江西的鄱阳县——我国素有山南水北为“阳”，反之为“阴”的地名命名原则，故番江北岸设县名曰“鄱阳”。1957年为简化字形更名波阳县，县名原意顿消，邻近的鄱江、鄱阳山、鄱阳湖一应俱全，唯独没有“波水”，又哪来的“波阳”？

曾深入探索我国古代地名学理论并颇有建树的金祖孟先生谈道：“中国最古的地名，往往同一字包括专名、通名两部，如‘嵩’字，上半‘山’字为通名，下半‘高’字为专名；‘汾’字，左旁‘水’为通名，右旁‘分’字为专名；‘郿’字，左旁‘眉’字为专名，右旁‘邑’[①]字为通名。此外，如岐、岢、岱、峭、岷、崞、峄诸山名，

---

① 右耳刀由“邑”（yì）字变形而来，“邑”字与城市有关，故从右耳刀的字。

汝、江、汶、沁、沂、沅、河、泌、沭、泗、洛、洙、洧、浙、淮、淝、济、淄、渭、湘、汉诸水名,郊、邢、邲、邳、郃、邽、郫、郢、郓、郑诸地域名,都是古代地名。这种古地名的产生,不仅是'用字命名',而且是'造字命名'。"

"造字命名"的传统,形成了众多具有唯一性、排他性的地名专用字。据陈梦家研究,殷墟卜辞中所见的地名用字有500多个;许慎《说文解字》收录地名用字800多个,为全书所收单字的近1/10;《现代汉语词典》也收录了部分地名用字,约400多个。我国究竟有多少个地名专用字,目前还没有一个准确的统计。电子行业标准《信息技术 信息交换用汉字编码字符集 第八辅助集》(报批稿)收录了2501个地名用字。据参与该标准起草的国家测绘局哈丹朝鲁先生讲,这些地名用字是从1∶25万国家基本比例尺地形图上选取的;如果依据1∶5万国家基本比例尺地形图,估计地名专用字在4000个左右,而且在更大比例尺地图上可能还要多。可见,实际存在的地名专用字,要比当前《现代汉语通用字表》和现有字典收录的多出不少,应该在语言文字领域给它一个特殊的、固定的位置。

反思政区名称用字读音审定的前一阶段实践,我们认为,地名作为一种语言文字符号,是人们共同约定给予地理实体的标志。开始,地名只有"音"和"义",待文字产生后便有了"形"。地名之所以不同于一般名词,在于它的意义是对个体事物的专指,而不是对某一类事物的泛指,以致地名专用字一般难以替换,同时要求我们对待各具特定含义的古今地名用字不能简单化。

"积极、慎重、实事求是",应当是我们开展地名用字读音审定的基本原则。在如何对待地名用字的问题上,既不能无原则地迁就那些明显违背规范的现象,也不能脱离实际去简单地照章办事、强行处理。地名用字的音、形、义三要素中,"音"与"形"承担着地名的交往功能,体现其现实的使用价值;"义"则蕴藏着该地理实体命名时所具备的各种自然或人文特征,体现其包括历史、文化、经济等方面的潜在价值,是地名的灵魂。因此,无论从理论上还是在实际应用上,都要把"义"的继承和发扬放到至关重要的位置上。

在随后的审定工作中,陈云同志"不唯上、不唯书、只唯实"的名言堪为我们的指导思想。据此,我们确定了"据义定字、定音"的原则,调整了处理办法,受到地方主管机关和当地群众的普遍赞同,一些难题迎刃而解,工作的进度大大加快。为了维护、促进国家语言文字规范化的大局,我们一方面要求地名工作者对地名用字认真溯源，据义审理；一方面提请语言文字部门注重地名用字的特殊性，尽快制定合理的地名异体字、繁体字、自造字的处理原则。

三、展　望

地名是各个历史时代人类活动的产物。它记录了人类探索世界和自我的辉煌，记录了战争、疾病、浩劫与磨难，记录了民族的变迁与融合，记录了自然环境的变化，有着丰富的历史、地理、语言、经济、民族、社会等科学内涵，是一种特殊的文化现象，是人类历史的活化石。

如今，地名除继续承担着交往功能外，还为许多领域的研究与开拓提供了释疑的钥匙。著名历史地理学家谭其骧先生是我国现代地名学的开拓者之一，他在主编《中国历史地图集》过程中接触到许多地名学问题，深感地名对历史地理、社会经济资料具有重要的佐证意义。

先秦时代，华北平原以“丘”“陵”“阜”命名的地名很多，这反映了当时的地理环境——地貌起伏不平，人们择高地而居以避洪水，“丘”的消逝则说明它们日后被黄河等河水漫流所挟泥沙淤平。两汉时，以“乡”“亭”“聚”命名地方，表现了当时的地方基层行政制度。六朝时，坞、壁、垒、戍、堡等地名用字的出现，应与当时豪族大土地所有制以及社会动乱需要防御有关。唐中叶以后，内地出现的“镇”“集”“市”反映小商业城市的兴起，“场”“务”表明了官营手工业的发达。谭其骧先生还从“不”这一古代东北滨海民族的发语音，论证“不而”“不夜”“不其”等沿海地名何以常带“不”字，认为这些凝聚民族、语言史料的地名，对于了解古代的部族迁徙有很大帮助。

又如，“物以类聚，人以群分”，宗法社会的人们往往按姓氏聚居，姓氏便成为地名中最富区别意义的亮点。在人口密集、地貌各异的地方，黄庄、李家庄、陈官屯、宋家沟、左各庄、苏家坡、陆家浜、潘墩、蔡畈、余家井……不胜枚举。据中科院遗传与发育生物学研究所袁义达副研究员统计，中国古今的姓氏超过22000个。由此可以推测，地名中涉及姓氏的用字也不会少。《中华人民共和国国家通用语言文字法》第17条规定姓氏可以使用异体字，同样，如果轻易改变充当地名主体的姓氏用字，无异于割断当地历史传统的主脉，造成新的地名“形不表义”，当地群众肯定不会接受。

近些年来，关于地名来历、沿革的学术研究硕果累累。一些地名考证成果，已经在国家和当地的“两个文明”建设中发挥了重大作用：

（1）四川安乐县有个“卧佛沟”，人们沿着这个耐人寻味的地名，果真发现了一尊巨大的石佛及盛唐时期释迦牟尼涅槃的岩刻画像，还发现古人埋藏的40多万字的佛经，为佛学研究和唐代文化的探索提供了新的资料。

（2）夏、商、周是我国上古时期三个相继的朝代，然而长期找不到夏朝的物证。1977年，考古学家以河南登封县（含登封市）一个叫“王城岗”的古地名为线索，在那里挖掘出城墙基槽，经碳－14测定为夏朝遗址。

（3）安徽桐城市根据清代重臣张英与邻里“各让地三尺成巷”的故事，保护、宣传古迹“六尺巷”，倡导宽厚待人，礼让为先；江苏淮安市发掘历史典故，在当年韩信受胯下之辱的地方设立“胯下桥”标志，成为城区旅游一景；北京市原宣武区追寻地名线索，在30个重要历史遗址设置景观标志，为古都增光添彩。

博大精深的中华文化，凝聚着中华民族的精神与情感、思想与道德、智慧与价值，渗透到社会生活的每一层面，地名正是一个独具特色的层面。教育部语言文字应用研究所李宇明先生“除考虑文字的交际功能外，还要特别重视其文化层面”的观点，在处理地名用字上同样重要。

据统计，我国2001年旅游总收入为4995亿元，名列世界第5位；世界旅游组织预测，到2020年，中国将成为旅游强国。其中，历史地名的旅游价值日益引起地方政府的重视，也以其独特、深厚的文化底蕴备受国内外游人青睐。

越来越多的人认识到：为使古老的地名更好地为当今、为后世服务，必须增强对地名文化资源的保护意识，从我们耳濡目染的一字一音做起……

（作者系原中国地名文化遗产保护促进会会长）

秦汉幽蓟地区历史地名的北方民族语言特征[①]

马保春

幽蓟地区北接内蒙古高原，东北与大兴安岭、辽河流域相连，西北与山西北部为邻，秦汉时期这里是民族文化碰撞、交流的前沿阵地，今从历史地名的命名方面，也可略窥其一斑。

李零先生在《黄盛璋先生八秩华诞纪念文集》中发表了一篇名为《滹沱考》的文章，李先生在文章中认为：

读先秦史籍和《史记·匈奴列传》，我们都能感受到，大漠草原与黄土高原、华北平原为邻、夷、夏交争，南北推移，陕西、甘肃、宁夏、山西、河北五省区是主要舞台，特别是这一地区的北部。河西的甘、宁是一块，黄河三围的陕西是一块，河东的山西是一块，太行山以东的河北是一块。很多人都以为，夷、夏之界是汉长城，其实不然。早期中国，三代主要分布在北纬34～35度，今天水、宝鸡、咸阳、西安、洛阳、郑州基本是在这两条线之间。它们的北部有大量的戎狄，情况与五胡十六国相似，诸夏攘夷，主要是把他们的势力推到北纬38度以北，今石家庄、太原、榆林、青铜峡和武威，基本是在这条线上。过了这条线，从考古遗物看，北方色彩很浓。再往北，到北纬41度左右，中原地区的影响更弱，几乎消灭。再以北，则完全是胡地。……秦汉之际，中国内乱……匈奴又尽收河南故地，把胡汉分界线推回到北纬38度，以朝那、肤施为界，并东侵燕、代（《史记·匈奴列传》）。汉武帝三次拒胡，再把这条线推回去，也还是不能改变这一带汉胡杂居的局面。汉代的边郡，

---

① 国家自然科学基金项目（40771051），北京市哲学社会科学“十一五”规划项目（06BdLS010）。

甘肃境内的敦煌、酒泉、张掖、武威四郡，陕西境内的北地、上郡、朔方、云中四郡，山西境内的雁门、代二郡，河北、辽宁境内的上古、渔阳、右北平、辽东、辽西五郡，原来都是各种戎狄，以及匈奴、东胡的故地。河北中部的常山、中山、真定也是白狄国家鲜虞、中山故地。甘肃、陕西、山西、河北都有滹沱，恐怕是以此为背景。我很怀疑，它们是北方民族留下的地名，惜含义不得而知①。

李零先生上述关于地名“滹沱”当是北方民族留下的意见，很有启发意义，我们在研究北京及周边地区早期历史地理的过程中，发现有一些地名在发音和文字组合上很有特点，和中原地区一般地名的命名风格并不一样，所以我们怀疑这些地名可能就是如李零先生所说的，当是北方民族在此区活动的时候留下，带有几分北方民族语言的特征。

从李零先生的文章中可以看出，农牧交错带的南北推移，在秦汉时期是一个很激烈的时代，所以这个时期很容易也应当有北方民族特色的地名留下。幽蓟地区在秦汉时期的地名，有很大一部分是郡县之名。因为郡级地名多是秦汉时期中原政权布置确立的，所以很少带有北方民族的特色，但是县级的地名，有些可能是沿用了原来的地名，所以能够保存一些与北方民族相关的地名信息。据《汉书·地理志》记载，有一部分地名是直接反映北方民族信息的，如上谷郡有雊瞀、夷舆，渔阳郡有狐奴、雍奴、厗奚，右北平郡有无终、白狼、徐无，辽西郡有令支、狐苏、肥如、孤竹城、徒河（屠何），辽东郡有番汗、沓氏等。另一部分是通过中原王朝的命名间接反映出来的，如广阳国蓟县，莽曰伐戎，代郡有狋氏县，代郡平邑县，莽曰平胡；代县，莽曰厌狄亭；上谷郡夷舆县，莽曰朔调亭；渔阳郡犷平县，莽曰平犷；右北平郡白狼县，莽曰伏狄；广成县，莽曰平虏；辽西郡交黎县，莽曰禽虏；文成县，莽曰言虏；等等。以下就上述具有代表性的地名加以申述，不当之处，敬请专家指正。

上谷郡雊瞀县，《集韵·虞韵》云：“雊瞀，县名，在上谷。”《汉书·地理志》“上谷郡雊瞀县”条下颜师古引孟康曰：“雊瞀，音句无。”关于“雊”字，《说文》中对“隹”部这样解释：“雊，雄雉鸣也。雷始动，雉鸣而句其颈。从隹，从句，句以

---

① 李零：《滹沱考》，《黄盛璋先生八秩华诞纪念文集》，中国教育文化出版社，2005 年版，第 347 – 348 页。

声。"《尚书·高宗肜日》记载:"高宗祭成汤,有飞雉升鼎耳而雊。"《诗经·小雅·小弁》记载:"雉之朝雊,尚求其雌。"这里,"雊"好似用作雄雉作鸣的意思。段玉裁注云:"释雊为鸣鼓其翼者,读雊为敂,敂击也,动也。鸡鸣必鼓其翼,知雉鸣亦必鼓其翼也。许云句其颈与《大戴》异,鼓其翼,句其颈皆状其鸣也。"可见"雊"本义为雉鸣时弯曲其颈以用力的样子,后引申为雉鸣之义。所以雊有颈弯曲的含义。关于"瞀"字,《说文》目部:"瞀,氐目谨视也。从目,敄声。"《集韵·侯韵》云:"瞀,俯视。""雊瞀"则可指颈部弯曲,惯于俯视的民族,或是一种贬称。

上谷郡夷舆县。夷,有使其平坦之义,舆,本义为古代用以载人或物的车厢,引申为大地、疆域。《史记·三王世家》记载:"御史奏舆地图。"司马贞索隐云:"谓地为舆者,天地有覆载之德,故谓天为盖,谓地为舆。"如此,则"夷舆"可以理解为平坦的大地或疆域。但是,如果将夷理解为少数民族的代称的话,"夷舆"又有夷族居住的疆域的含义,带有一定的民族特色。从汉代夷舆县位于今北京市延庆区以东的地理位置看,这里是怀-延盆地的东缘,平坦的地区并不广大,所以把"夷舆"县名的立名本义理解为北方少数民族的居住地区要比平坦的区域合理一些。

渔阳郡的狐奴县和雍奴县。狐奴,狐,是一种动物的名字,《说文》曰:"狐,祅兽也,鬼所乘之,有三德,其色中和,小前大后,死则丘首。从犬,瓜声。""奴"字可能与秦汉时期我国北方的匈奴族有很大的关系。王国维在《鬼方昆夷猃狁考》中认为,商朝时的鬼方、混夷、獯鬻,周代的猃狁,春秋时期的戎、狄,战国时的胡,都是后世所谓的匈奴[1]。所以北方少数民族在秦汉之际南下与中原农耕民族进行文化交流,在燕山以南地区留下他们的活动遗迹,从而影响到地名的取名,是可以想见的,春秋战国时期,燕山一带的山戎经常南下入侵燕国,以至于其桓公还北上助燕伐戎,所以燕蓟一带的农耕民族和其北的北方游牧民族在秦汉之前就已经有过相当频繁的交流。从地名上来看,像狐奴、雍奴等很可能与匈奴族有某种联系。据《史记》《汉书》等史籍所载,公元前127年,匈奴贵族集结大量兵力,进犯汉朝的上谷、渔阳,杀辽西太守,俘两千余人。可见,幽蓟一带是匈奴南下侵扰的重要地区之一,也是匈奴族文化波及之域。公元前119年,霍去病率

---

① 王国维:《鬼方昆夷猃狁考》,见《观堂集林》卷十三,史林五,河北教育出版社,2003年版,第296-307页。

东路汉军击败匈奴左贤王之东部兵，并猛追不舍，直至狼居胥山的那次军事行动，就是从代郡出发的，代郡在幽蓟地区左近，也是匈奴经常出没和匈奴文化浸透的地区。“狐奴”一词和西汉时期匈奴族一个单于的名字“狐鹿姑”音近，或许作为地名的“狐奴”和单于之名“狐鹿姑”有一定的关系。“狐涂”在匈奴语言中有“子”的意思[①]，那么“狐奴”是否就是匈奴的子族？另外一种理解是，因为中原民族对北方民族在文化上有偏见，所以经常会用一些不太优雅的词汇描述和形容他们。狐奴就是很好的例子，“狐”字在《说文》解释为“袄兽”，“袄”同“妖”，是贬义的。王莽曾改狐奴为举符，我们怀疑是不是在这里曾经出土过带有“举”字族徽的青铜器的缘故，因为在离其不远的房山琉璃河遗址 M52，就出过有举族徽号的青铜器[②]。而举字族徽所代表的很可能就是一个相对聚居的北方民族。张亚初先生以为举族是殷遗民族[③]，在商朝属于臣服于商王朝的部族。

而当双方势均力敌的时候，需要营造和平局面，在地名上也有所反映，如雍奴可能就是由此而来，《广韵·钟韵》曰：“雍，和也。”《切韵·钟韵》载：“雍，睦也。”《尚书·尧典》记载：“黎民于变时雍。”伪孔传云：“雍，和也。”又《论衡·艺增》云：“诸夏夷狄，莫不雍和，故曰万国。”所以，“雍奴”一名，很可能就是表达了中原农耕民族希望同南下定居的匈奴族和睦相处的愿望。

厗奚，东汉作傂奚。《说文》解释“厂”部云：“厗，唐厗，石也。从厂，屖省声。”段注云：“唐厗，双声字，石名也。”“奚”或与少数民族有关。厗奚可能就是居住在有唐厗岩石出露地区的奚族。傂为车轮，同(车斯)，《集韵·支韵》载：“(车斯)，轮之类。”厗是脂部字，傂为支部字，可通。傂奚则可以理解为擅长使用马车的民族。中国北方的古代民族中，南北朝时期在饶乐水(今西拉木伦河)流域生活着名为“库莫奚”的游牧民族，可能和“奚族”有关，《两唐书·奚传》说奚国国境南至白狼水，白狼水即今大凌河。唐代末年，一部分奚人在首领去诸的率领下西迁妫州(州治在今河北怀来县)，别称“西奚”，部分已经兼营农业[④]。看来奚族有自北方的西拉木伦河流域南迁的历史，由此可以推想，也许此前已经有

---

① 《辞海》(修订本)“民族分册”“单于”条下，上海辞书出版社，1978 年版，第 87 页。

② 琉璃河考古队：《北京附近发现的西周奴隶殉葬墓》，载《考古》1974 年第 5 期。

③ 张亚初：《燕国青铜器铭文研究》，中国社会科学院考古研究所编《中国考古学论丛》(考古学专刊甲种第二十二号)，科学出版社，1993 年版，第 328 页。

④ 《辞海》(修订本)“民族分册”，上海辞书出版社，1978 年版，第 91 页。

奚族人南迁。孙淼先生在《夏商史稿》一书指出，早在商代时期，东北地区就有奚族，与商朝进行过往来，并以白马与牛贡于商王朝，推测商代之奚与后世南北朝及唐代的奚为同一族①。所以在秦汉时期出现奚族的信息，当是可能的。唐末所迁居的妫州，其域东至延庆、怀柔北部山地一带，与汉代所置的厗奚县（今密云北部）已经很接近，或许厗奚县就位于其南迁的路途之上。

右北平郡无终县，这里在先秦时期有无终国族。传统观点以为，无终国的族属是北戎、山戎。春秋时代分布在今山西省太原市，后来迁至河北省玉田县西北的无终山，因山名得族名。随着考古工作的开展，一些学者从考古学的角度对无终做了新的研究。据考古发现表明，在西周初年周文化进入以前，蓟县一带存在着大坨头文化张家园下层类型——围坊三期文化——张家园上层文化系统的青铜文化，如蓟县范围内已发现多处属于这一系统的文化遗存②。其中蓟县西部的张家园③和刘家坟④两处遗址最具中心聚落址特征。

位于蓟县（今蓟州区）西部的张家园遗址，出土遗物除大量陶器外，还有刀、镞、金耳环等青铜器，大坨头文化结束后，这里发现了四座相当商代末年至西周初年的墓葬，墓葬中出土有鼎、簋等青铜礼器以及金耳环，表明墓主人有较高的身份，可能都是氏族部落的酋长。据四座墓中所出的夔纹鼎、涡纹鼎、乳钉纹鼎、垂珥簋和分裆鼎判断，其年代在商周之际或西周初年。如果将这批铜器和房山琉璃河燕国墓地作比较⑤，可发现其年代最晚的4号墓也不晚于琉璃河墓中年代较早的墓葬，故张家园墓地的上限始于商末，下限当和琉璃河墓地的上限接近。墓葬的文化性质，虽然出土的青铜器都属典型的中原商周青铜文化形制，但金耳环的形式却和燕山地区土著族特有的臂钏相同，再加上东西向、俯身葬的葬俗，表明这是一处土著方国首领的墓地，不属周人墓。按照墓葬的年代和土著文化的性质，这是一个商代氏族方国首领的墓地，而后又受到周人的封赐，因此随葬品组合出现周人的礼制习俗。这一变化与无终由“终北”国变成为“无终子国”

---

① 孙淼：《夏商史稿》，文物出版社，1987年版。

② 国家文物局：《中国文物地图集·天津分册》，中国大百科全书出版社，2000年版。

③ 天津市文物管理处：《天津蓟县张家园遗址试掘简报》，载《文物资料丛刊》第一集，1979年；天津市历史博物馆考古部：《天津蓟县张家园遗址第二次发掘》，载《考古》1984年第8期；天津市历史博物馆：《天津蓟县张家园遗址第三次发掘》，载《考古》1993年第4期。

④ 韩嘉谷等：《蓟县邦均西周时期的遗址和墓葬》，载《中国考古学年鉴》1987年。

⑤ 北京市文物研究所：《琉璃河西周燕国墓地》，文物出版社，1995年版。

的历史正相合。

到西周时期的张家园上层文化阶段，中心聚落已移到了南面4千米处的刘家坟，有居址也有墓葬，墓葬和张家园墓完全相同，其中有两座墓也出土鼎、簋为组合的青铜礼器，具有西周中期特征，因此这是一批属张家园上层文化的墓葬，其葬俗和规格与张家园墓一脉相承。

从大坨头文化到围坊三期文化再到张家园上层文化，这支文化在蓟县（今蓟州区）一带的发展经历了夏、商、周三代。作为周人进入以前当地唯一的青铜文化，无终国的遗存非此莫属。此文化出土文物的品位，如张家园、刘家坟两地出土的青铜器、金耳环等，也和有“子”爵称号的“无终子国”相匹配，蓟县是无终国故地的记载可信[1]。看来，蓟县一带自大坨头文化张家园下层以来的青铜文化很可能是先秦无终国族创造的，而“无终”这个名称既是国族名，也是地名。秦汉保留沿用了这一带有浓厚北方少数民族特色的地名。另外，张家园遗址M2铜鼎腹壁上的铭文“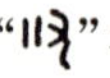”字，韩嘉谷先生释其为表示岁终的“冬”字，即“终”字，并认为可能是商代氏族小国的徽识[2]，正与无终国的地望相合。如果被释为“终”的“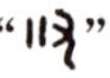”真是商代改国族的族徽，说明“终”作为国名、地名有着很强的民族特色。

右北平郡白狼县。可能与以白犬为图腾的犬戎族之北迁一支有关系。根据文献记载，犬戎是古戎人的一支，即畎戎，亦称畎夷、昆夷等。殷周时代活动于泾渭流域一带，是殷周西部劲敌。公元前771年，犬戎与申侯联合攻杀周幽王，迫使周室东迁。后来犬戎之一部向东北方向迁徙。本文所涉及的右北平郡白狼县的取名，或与东北迁徙之部有一定的联系。犬戎族自称他们的祖先是二白犬，因此以白犬为图腾，属于西羌族。《后汉书·南蛮传》记载：“昔高辛氏有犬戎之寇，帝患其侵暴，而征伐不克。”高辛氏就是黄帝的曾孙，尧帝的父亲，可见犬戎族的历史很悠久。

犬戎族除有北迁者外，可能还有南播之一部分。《后汉书·南蛮西南夷列传》记载，东汉时期在汶山（今四川汶川县）以西出现一个人口众多的西戎白狼国。东汉明帝时，“白狼……等百余国，户百三十余万，口六百万以上，举种奉贡”，自愿归属东汉。白狼王还命人向明帝献《乐德》《慕德》《怀德》等歌三首，合

---

① 韩嘉谷：《试探无终》，载《北京文博》2006年第1期。

② 韩嘉谷：《试探无终》，载《北京文博》2006年第1期。

称《白狼歌》。此白狼国就是早期犬戎南迁的一支，由其以“白狼”为国名，可推测他们是犬戎的后人，狼、犬同属，白狼很可能就是白犬。由东汉时期南迁犬戎以“白狼”为国名，可以推测犬戎的后裔都是崇拜白犬或白狼的。今辽宁喀左、建昌一带在汉代设置了“白狼”县，我们怀疑可能与北迁的犬戎族有某种联系，反映了幽蓟地区地名确定方面的民族特点。汉代白狼县位于今大凌河流域的上游，而大凌河的上源一支在汉代也称为白狼水，始见于《水经注》的记载。

右北平郡徐无县，徐无很可能与先秦晋东南一带的余无之戎有关。传统观点认为，“余无之戎”是“余无”和“无皋”二戎的合称，分布在今山西省屯留县西北壶关县东南一带①。《竹书纪年》云：“（商文丁四年），周公季历伐余无之戎，克之，命为牧师。”清徐文靖《竹书统笺》云：“成公元年，刘康公败绩于徐吾氏。”《上党记》记载：“纯（即屯）留县有余吾城，在县西北三十里。余无之戎，当即是。”《后汉书・西羌传》亦载：“后二年，周人克余无之戎，于是太丁命季历为牧师。”在典籍中，“余吾”又写作“余无”“徐吾”等，这就和“徐无”在发音上很接近了。余、徐皆是《广韵》鱼部字，无、吾音同，所以“徐无”县和少数民族的名称“余无”或许有连带关系。晋东南的“余无之戎”可能是此戎族南下的最远地区，实际上，更北的陕北至阴山一带也有“余无之戎”的信息。《集韵・鱼部》记载：“余，余吾，水名，在朔方。”《史记・卫将军骠骑列传》云：“（公孙敖）复以因杅将军再出击匈奴，至余吾。”司马贞索隐云：“水名，在朔方。”族名、姓氏名、地名（水体之名是地名之一种）互通的例子很多，如先秦的无终，既是族名，也是国名和地名；“义渠”是西戎一支，其族人用以之为姓，汉昭帝时期其分布地区有义渠安国。所以水名“余吾”和族名“余无”当有关系。按照历史时期北方游牧民族南下与中原农耕民族融合的大趋势分析，在余吾水一带的余无族可能在时间上更早，晋东南和右北平郡（有该族信息）的徐无县，可能都是自余吾水一带迁出的。汉代在右北平郡的今河北遵化一带设立徐无县，可能与迁徙至此的余无之戎有关。

辽西郡的令支县。令支为我国北方的少数民族，也称冷支、离支、离枝、不令支、令疵等，其活动地区大概在今河北省滦平县、迁安市一带。春秋时为令支国，曾一度为山戎族统治，为其属国，《国语・齐语》记载：“遂北伐山戎，刜令支。”《逸周书》作不令支，不发声字，《史记》作离支，即令支之讹也。关于令支的族

① 《辞海》（修订本）“民族分册”，上海辞书出版社，1978 年版，第 100 页。

源，有一种说法是来源于西羌支族。大约在原始社会的晚期，居住在青海省的大通河流域的“令人”，是西方以游牧为生的“西羌”部族联盟中一个以羚羊为图腾的部族。后来，可能是由于气候的变化，全新世大暖期逐渐结束，西羌族中的炎帝部落联盟也沿渭水东迁来到中原，一部分“令人”随之来到运城盆地。同时，原来居住在陕北高原的黄帝部落联盟沿北洛河流域迁到黄河北岸的山西晋南及河北等地。夏商时期，令人就在运城盆地繁衍生息。周灭商后，河东令人被迫迁徙。其中一支从运城盆地出发，溯汾河北上来到孝义，再辗转迁徙到河北滦县、迁安等地，被称作“令支”，或有“令人支族”之含义。其中大部分已成为华夏族，少部分还远徙朝鲜、日本等境外之地。汉代直接以少数民族的族民来命名县名，是当时民族文化在地理上的直接反映。

汉代辽西郡狐苏县，位于今小凌河流域的南票县附近。辽西郡肥如县，“肥”本身就是一个少数民族的名称，是春秋时期白狄的一支。早期分布在山西太原以东地带，也有部分居于今河北藁城西南。周景王十五年（前530），一部分并于晋国；另一部分北迁至今河北卢龙西北，称“肥如”，汉代以此为县名，很有少数民族特色。一说今山东的肥城也是肥人曾居住的地方①。

辽西郡汉代的令支、肥如两县城东南有一个孤竹城，是当时先秦孤竹国的孑遗。常征先生以为孤竹族是自今山西临汾一带迁至今河北卢龙县一带的。其祖先是“狐厨”，后音变为“孤竹”，属于“目夷氏”。孤竹在伯夷、叔齐让国之时，尚在汾河沿岸的临汾、洪赵一带，春秋之前其族一部分迁至今卢龙县青龙河一带。与当地之同宗令居及新从陕西、山西前来河北及京津地区的屠何（亦作徒河、为鲜卑人族姓）、貊、藁离（高丽）等“北戎”诸部落，还有诸北戎部落旧宗主韩侯，结为部落联盟，而以恒山地区的山戎无终氏为首，灭蓟、破燕、逐朝鲜、肃慎而南略齐国②。如果常征先生的考证不误，则孤竹也是一个地道的少数民族地名。

辽西郡徒河县，徒河一名可能与先秦古代北方民族屠何有关。《管子·小匡》载：“（齐桓公）中救晋公，擒狄王，败胡貊，破屠何。”《墨子·非攻中》曰：“虽北者且不一著（屠）何，其所以亡于燕代、胡貊之间。”《逸周书·王会解》云：“朝于内者……不令支玄貘，不屠何青熊，东胡黄罴。”孙怡让在《墨子·间诂》中引

---

① 《辞海》（修订本）“民族分册”，上海辞书出版社，1978年版，第86页。

② 常征：《说孤竹》，《史苑》第二辑，文化艺术出版社，1983年版，第13-21页。

孔晁注云："不屠何，亦东北夷也……屠、著音类同。"屠、著都是《广韵》鱼部字，故可相同。而"徒河"之"徒"亦是鱼部字，所以地名的"徒河"可能就是源于族名"屠何"的。"徒河"也可以理解为一条河的名字，这可能也是受到族名"屠何"的影响。作为水名的"徒河"，即今辽西大凌河支流女儿河。考古工作者曾在今女儿河北岸的台集屯英房一带发现过汉城和小荒地北山城等多处古城遗址[①]，其中的小荒地北山城，王锦厚先生认为就是先秦与北方民族屠何方国的"屠何城"[②]。其地在今辽宁锦州市一带。

代郡的狋氏县，当是一个反映北方民族的地名，位于今山西省浑源县东。《广韵·仙韵》记载："狋，狋氏县，在代郡。氏，音精。"《汉书·地理志》代郡"狋氏"下班固自注云："狋氏，莽曰狋聚。"颜师古注引孟康曰："狋，音权；氏，音精。"《水经注·漯水》云："漯水又东，径狋氏县故城北。"《汉书·地理志》辽东郡"沓氏县"条下颜师古曰："凡言氏者，皆谓因之而立名。"[③]则狋氏县之取名，当与狋有关。《说文》十篇上犬部"狋"字下云："犬怒貌，从犬示声。一曰犬难得。代郡有狋氏县，读又若银，语其切。"其中"犬难得"，段注据《集韵》《类篇》改为"犬难附"。则"狋氏"语义为像怒犬一样难以归附的一帮北方民族所居之地。这部分人很可能与当时的犬戎有关。犬戎是早期活动在我国西北部的一支北方少数民族，后来犬戎的一支北迁到蒙古草原，成为蒙古草原早期的游牧民族之一。汉代在今山西浑源一带设置的狋氏县，很可能和犬戎族有一定的关系，或者与被泛称为"犬"的北方民族有关。另外，韩嘉谷先生认为，在齐桓公助燕败山戎后，曾经与山戎一起"病燕"的无终国族民，有一部分自天津蓟县西迁至山西省北部，和从陕北高原东来的狄人部落杂处为伍，正好落户于浑源县一带[④]。他们是否与地名"狋氏"有关，还有待进一步研究。如果真有联系，则天津蓟州区一带的无终国其族属似与犬戎有关。

以上是我们从古代地名的命名方面，以语言学的眼光、民族迁徙的理论来探讨幽蓟地区秦汉时代北方少数民族文化因素留存的几个简单例子，这方面的资

---

① 土成生：《锦西台集屯英房古城址调查》，载《锦州文物通讯》1985年第2期。

② 王锦厚：《关于锦西台集屯三座古城的历史考察——兼论先秦"屠何"与"汉徒河"》，载《社会科学战线》1990年第3期。

③ （汉）班固：《汉书》卷二十八下，《地理志》下辽东郡沓氏条师古注，中华书局，1956年版，第1626页。

④ 韩嘉谷：《试探无终》，载《北京文博》2006年第1期。

料和相关问题还可以继续深入挖掘，希望拙文能够引起学界注意。上述地名作为北方民族文化特色的因素，被中原政权在建设其统一的政治体系中所采用，说明各民族文化之间是一种互相吸收和融合的关系。这种民族文化的交流遗存可能还存在于民族风尚习惯、语言、饮食、礼仪等不同的层面。因此，整个华夏民族在历史的长河中，始终处于一个民族碰撞、融合的过程之中。在中原政权疆域的周边地区，是少数民族与汉族进行文化交流的主要地带，特别是在北方交界地带，这个区域从地理环境、社会经济生产方式的层面上考虑，被称为农牧交错带，幽蓟地区处于整个地带的东北段。如果从文化交流的层面看，可以称之为民族文化的碰撞、交流和融合特区。从这个意义上说，以汉族为主体创造的华夏文明，是华夏各族人民共同努力的结晶。

（作者系首都师范大学历史学院教授）

浏阳市撤并村地名工作存在的问题和建议

刘正初

近30年来,浏阳市通过多轮的并村工作,从1000多个村合并为322个村和社区。并村工作对加强基层政权建设、减少行政支出、促进地方发展发挥了积极作用,取得了显著成绩。由于并村工作任务艰巨,相对敏感,并村时对地名工作有所放松。新合并成立并至今保留的322个建制村(社区),约200个建制村(社区)沿袭了老村的地名占60%,有120多个建制村(社区)采用了新村名占40%。这些新村名中,只有极少数的新村名继承了当地的老地名,多数为新取地名。新取村名造成了地名资源的极大流失,给市民生活和对外交往带来诸多困扰和不便,市内外人民群众尤其是浏阳籍在外人士有很大意见。浏阳市这些新取地名主要存在以下问题:

一、出现大量生造地名

新取名字中,有的简单地在所合并村村名中各取一个字合成一个新村名,如关口街道的长兴社区、古港镇的燕港村、永和镇的石佳村等;也有毫无根由地新取一个村名,如集里街道的锦美社区、星镇村,大瑶镇的汇丰社区、南阳村等。

二、村名与实际不符

有的村名取得过大,如荷花街道的浏河村、社港镇的浏北村、北盛镇的亚洲湖村。有的村名与事实完全不符,如古港镇的东盈村,古港境内历史上并没有东盈仓。有的村合并之后在老村村名中简单地加上一个新字,如达浒镇的椒花新村、大瑶镇的老桂新村、官渡镇的新云山村,这些村庄本来都历史悠久、山水秀美,但是新取的村名在人们的印象中破坏了村庄的原有形象。普迹镇原金江村合并之后取名书院新村，另外的几个村合并之后取名金江村，造成了新旧地名的混乱。

三、村名过于简单粗糙

一些新取的村名，没有体现历史文化内涵。如荷花街道的东环村、南环村、西环村，洞阳镇的东园社区、西园社区、南园社区、北园社区，沿溪镇的建设村、礼花村、金桔村，还有普迹镇的新街村、官桥镇的集镇村、澄潭江镇的集镇社区等。这些村名显得直白、简单、粗糙。宋任穷故里[①]乌石龙村合并之后，采用葛家园村的新村名，影响了宋任穷故里的品牌效应。

四、滥用人名作为村名

国务院《地名管理条例》规定："一般不以人名作地名。禁止用国家领导人的名字作地名。"浏阳市现有采用人名命名的村（社区）有社港镇淮洲村、荷花街道嗣同村、枨冲镇才常村、大瑶镇李畋村、金刚镇李畋社区、高坪镇志民村。这些命名，废弃了小水村、书塘村等老地名，多有不妥之处。尤其是李畋籍贯本身存疑，作为浏阳市内的两个主产乡镇都用李畋命名村（社区），产生了不应有的内耗。

五、滥用企业名称作为村名

按照惯例，一般不宜使用企业名、商标名、产品名命名地名。而在浏阳撤并村地名工作中，有少数乡镇采用企业名称作为村名，如文家市镇 10 个村（社区），有 5 个村采用企业名称取名，有过多、过滥之嫌。

六、存在村名重复及相近现象

村名重复及相近现象的问题，如大瑶镇李畋村与金刚镇李畋社区重名，关口街道和永和镇都有升平村，官渡镇与金刚镇都有南岳村，社港镇与中和镇都有清

---

① 宋任穷（1909—2005），中国人民解放军上将（1955 年授予）。宋任穷故居又名"咸恒泰"，面积 420 平方米，用材以土墙、青砖、木材为主，呈两纵一横摆设，共有住房 12 间。宋任穷故居为红色旅游经典景区、爱国主义教育基地。

江村。在同一个县级行政区内村名相同虽然在法律上是允许的,但是随着交通发展和信息化时代的来临,村名相同容易导致地名导航出错,建议尽可能避免。

七、部分村名更名频繁

地名一经命名就很容易被约定俗成流传下来,一旦再改则纠正的难度相当大。由于当初考虑不严谨,一些村新取名之后,遭到村民的反对。如普迹镇的大鸡头村、大瑶镇的三元村,命名不久又申请改名,三元村恢复枫林村老地名相对来说反响较好,大鸡头村改名金峰村至今存在不同意见。地名频繁更改,造成地名混乱。

地名是一个地方的标签和符号,既反映一个地方厚重的历史文化,又承载着一个地方的发展与变迁。做好地名管理工作,具有十分重要的意义。针对浏阳市并村之后地名工作存在的问题,现提出以下建议:

第一,对确实不妥的村名进行调整。组织历史文化专家,查阅历史资料,走访当地群众,开展田野调查,对现有村名进行一次集中研究,对一部分不妥的地名提出调整方案。尽可能以原有建制村名称中的一个作为合并后新建制村的名称。调整方案要组织专家反复论证,在媒体公示听取方方面面的意见,经过有关法定程序提请村民代表大会通过。汲取过去的经验教训,确保村名得到各方面认可。

第二,加强老地名的保护工作。并村之后,700 多个建制村的老地名废弃。对已经废弃的建制村村名,建议制定保护细则,按照非物质文化遗产和相关法律规定的保护标准及要求加以保护,防止老地名的消失,尽可能推动有价值的老地名的重新启用。建议把废弃的村名用于村民小组组名或者自然村村名继续使用,在现有的村碑路牌下方加上自然村的名称。在交通、建设、旅游开发过程中,继续使用老地名。在地图编绘出版时,继续标注老地名。

(作者系浏阳市文联副主席、档案和地方志学会副会长)

藏文“玉树”正字浅谈

温生云

2018年8月16日，笔者有幸参加青海藏族研究会与玉树藏族自治州人民政府共同举办的“三江源生态环境保护现状”论坛会。玉树的地理位置是西上卫藏（西藏），东下康区（四川、云南），北上安多（青海、甘肃）的重要通道。玉树自古就是茶马古道、唐蕃古道、丝绸南路、麝香之路、古盐道的重要节点，有着和西藏昌都、四川甘孜并称“藏区三大贸易集散地”的历史地位。同时它的地理环境也成就了玉树地区成为政治、军事、文化、交通、邮政的一个历史重镇。

这次会议的主题是研讨“三江源生态环境保护现状”。根据玉树市文化局的汇报材料，玉树三江源生态文化包括：历史文化、宗教文化、康巴文化、山水文化、草原文化、动物文化、游牧文化、农耕文化、半农半牧文化、藏族建筑风格文化、石雕文化、说唱文化、民族手工业文化、唐卡文化等生态文化，笔者认为汇集的这些文化都脱离不了地名，每一个生态文化都与地名息息相关。地名文化属文学范畴，同时又是一门边缘学科。地名文化涵盖面很广，可以说上至天文下至地理。从小的方面说，地名在人类的生活中无处不在；从大的方面讲，地名又关系到国家的主权，与国家的政治、军事、外交、航空、旅游、交通、测绘、宗教、历史、部落、家族等紧密相关。

玉树是青海省五大牧区之一的一个纯藏族聚居的藏族自治州，全州境内99%以上的地名是藏语地名，藏语地名正字书写关系到藏族文化的健康延续。如果我们不去使用本民族文化来证明自己的地域名称，而是借用其他名称来替代本民族自身称呼，笔者认为这是对本民族的不尊重。藏语地名在藏文正字书写上出了问题，当地有文化的藏族百姓看了心里不愉快，外地藏族同胞来玉树旅游的人看了也有想法。因此，地名考证是实现地名标准化的最基本环节，是稳定民族团结的根本所在。笔者就《藏文“玉树”正字浅谈》谈几点看法。

一、“玉树”一名的由来及藏文ཡུལ་ཤུལ的正字

最早探讨玉树名称由来问题的是民国政府官员周务学，他于1914年受民国政府之命前往玉树调查川、甘争界纠纷并负命撰写《查勘玉树界务报告》，他在报告中指出：“西宁旧志称该族为玉树等贡马番族；那彦成《平番奏议》犹云玉树等番子；同治兵燹以后，西宁案卷直称为玉树二十五族。玉树本二十五族中的细部之名，沿袭既久，辞无差别，遂致以专名为公名。”曾与周务学一道赴玉树勘界工作的著名边疆史地学者周希武于1919年撰写的《玉树调查记》中也有这样类似的记载，他说：“玉树本囊谦等二十五族中之四族，而甘肃历来旧案，以专名为公名，相沿已久，今姑仍之。”1935年，方范九先生在《新亚西亚》第九卷上发表的题为《青海玉树二十五族之过去与现状》一文中指出：“当年办理会盟诸事，以玉树族供差最为好，衙署公文多以玉树代表各族初谓，相沿日久，玉树遂变为各族之公名。”1943年，著名边疆史地学者马鹤天在《新青海》发表的题为《青海蒙藏民族之已往与现状》一文中指出：“……但囊谦千户为长，本应称囊谦等二十五族，玉树不过二十五族中之四族，唯因玉树为因西宁赴藏大道，常代表各族供差遂称为玉树等二十五族，久之直称为玉树二十五，是以专为名矣。”原青海师范大学教授，著名民族历史学家吴均先生在《西北世纪》上发表《玉树藏族部落之变迁》一文，对玉树名称的由来做了比较全面的介绍：“玉树区各族以囊谦千户为其长，其不称囊谦而称玉树者，以清初用兵西藏时，玉树族曾办理供应，故西宁案牍悉呼为玉树等三十八族，迨后日久，略去等字，直呼为玉树二十五族，遂以专名为公名。而玉树区本名，又另译为佑寿。”从以上情况来看，玉树为藏文音译名称，这个名称原来只是玉树二十五族中的四个部族（即玉树宗举、玉树雅拉、玉树夏西和玉树江塞）的名称，这四个部族位于“西宁赴藏大道”，经常代表玉树地区的其他部落向清政府“供差”“办理供应”等因，在衙门各种公文中经常出现玉树这个名称，“遂专名为公名”成为玉树二十五族的专用名称。

玉树（指汉文名称）之名大约形成于清朝，主要在官方文书中出现的频率较多。当时玉树所属范围基本上是玉树二十五族所生活和居住的地方，即与现在玉树州所属地理概念基本相同，但是写法不完全相同，有“玉舒”“玉书”“玉秀”

“一受”“佑寿”“玉树”等多种，其中“玉树”用得最多。到了民国，玉树的名称趋于统一，当时的官方文献中除了“玉树”外，其他写法基本看不到。由于玉树部族居住的地方具有如此重要的地位，明清中央政府率先与玉树部族建立了比较密切的联系，同时还让玉树部族经常代表玉树其他各族履行各种义务，久而久之玉树之名广泛出现于各种官方文牍中，被世人熟知，这是日后该名称成为玉树地区公名的主要原因。另外开始时，在有关官方文书中有“玉树等三十八族”或“玉树等二十五族”之称，“等”字显然是指除玉树部族以外其他各部落，可是后来正如吴均先生所述，“略去等字，直呼玉树二十五族，遂以专名为公名”，这也是玉树之名由来的一种说法。

中华人民共和国成立后，有关部门开展了包括玉树在内的民族地区的两次调查活动，其中地名普查工作最为重要，当时在尊重、保留传统地名和前人研究成果的前提下，纠正和规范了一部分历史遗留下来的地名，使地名工作得到规范化，产生了极好的社会效果。

1982 年，在青海省人民政府翻译室编译的《青海省各机关单位名称翻译录》（征求意见稿）里，玉树藏族自治州人民政府和玉树县人民政府书写的藏文字都是“遗址”ཡུལ་ཤུལ。

1985 年，《玉树藏族自治州概况》一书中明确写道：“玉树藏文ཡུལ་ཤུལ的音译，其含义为遗址。据传玉树的第一代头人垦布那钦建立部落地区是格萨尔王妃珠姆的诞生地，故而名部落为ཡུལ་ཤུལ。玉树土司在清朝时为囊谦千户属下的四十族份之一，系一百户部落。但因其牧地处于清朝官员往返青海与西藏之间的要津，为清朝官员所熟知。久之，在官场上竟然只知玉树而忽略了囊谦为四十族的总称。这一官方的偏见延续至今，已铸为历史事实。”1986 年青海省完成第一次地名普查，1996 年青海省民政厅编纂了《中华人民共和国地名大辞典〈青海省分卷〉》，书中对“玉树”一名写道：“‘玉树’一名的来历及含义是‘玉树’藏族部落名，因历史上辖区藏族诸部通称‘玉树二十五族’，始以玉树名县，续而名自治区、自治州，古为羌地。另，据传玉树第一代头人垦布那钦建立的地区（通天河中游地带）是著名的格萨尔王妃珠姆的诞生地，故而取口碑史迹为部落名，后来逐渐演变成地域通称和行政建置名称。”2005 年，玉树州政府编撰出版的《玉树州志》记载：“玉树为藏文的‘ཡུལ་ཤུལ’音译，其含义为遗址。据传玉树族的第一代头人垦布那钦建立部落的地区是格萨尔王妃珠姆的诞生地。故而名部落‘ཡུལ་ཤུལ’”。此后出版的《玉树》(画册)一书也指出:“玉树是藏文音译,其含义为‘遗址’而将音、义相连,恰好是‘在故址上盛开的美玉之树’”,该书还记载:“相传四十族分之一的玉树族建立第一代部落的地方,就是传说中的格萨尔王妃珠姆的诞生地,故而取名为‘玉树’。”

二、一名多写的问题

玉树为藏文名称,写作ཡུལ་ཤུལ,意为“遗址”,这在很大程度上都与当地老百姓的认识相同。提出了ཡུལ་ཤུལ原是藏族著名英雄格萨尔的妃子珠姆的诞生地,后来在此“遗址”上产生了玉树族第一代部落,故而得名。目前汉文音译名称(即ཡུས་ཧྲུའུ)主要由玉树藏族自治州、县党政机关及有关出版部门使用。如政府各机关的红头文字、各类文件、信息动态(如《玉树州动态》《青海玉树州信息》等)以及各职能部门的公章、门牌等。藏文名称(即ཡུལ་ཤུལ)主要由省内各种新闻媒体使用,如青海新闻网(藏文)、《青海藏文日报》、青海省电视台、广播电台等播放的《藏语新闻》、天气预报以及其他涉及玉树内容的节目以及企事业单位的门牌和长途汽车站等公共场所。其次就是ཡུས་ཧྲུའུ和ཡུལ་ཤུལ相互曲解使用。如1991年由玉树藏族自治州人民政府组织编辑出版的《玉树》(画册),书名用的是汉文音译名称ཡུས་ཧྲུའུ,可是解释该词义时却又按照ཡུལ་ཤུལ的词义解释为“遗址”,这种现象目前各类的刊物和文学小说、旅游画册中有之,这显然是张冠李戴、相互曲解造成的。ཡུས་ཧྲུའུ和ཡུལ་ཤུལ这种不规范使用现象看起来只是一个地名有两种藏文书写方式而已,如果我们不规范使用,必定会造成负面影响。因为:首先由于它是一个民族自治政权的名称,具有明显的政治属性。玉树解放有60多年历史,民族区域自治法颁布实施也有近40年的时间,在这种情况下,作为一个民族区域自治地方的名称竟然长期存在这样的不规范现象,显然不应该,特别是我们的政府机关和新闻媒体作为社会舆论导向的主体,在这个问题上更要有统一的认识,否则很容易造成误解。其次,如何取舍这两个藏文名称关系到这个名称的民族属性。从表面上看ཡུས་ཧྲུའུ和ཡུལ་ཤུལ,只是同一地名有两种写法而已,可是我们仔细分析后会发现问题,即如果认定ཡུས་ཧྲུའུ为玉树的藏文名称,那么它是根据汉文音译而来的,说明玉树一名就是汉语地名;如果认定ཡུལ་ཤུལ为玉树的藏文名称,那么这个名称是本民族固有的地名。二者如何取舍不仅关系到这个名称的民族性，而且关系到民族地区政权组织的严肃性。

国务院《关于地名命名、更名的暂行规定》国发〔1979〕305 号文的通知指出：第一章第二条规定“地名的命名、更名工作关系到国家领土主权和国际交往，关系到国家的经济建设和国防建设，关系到民族团结和人民的日常生活，是一项政治性、政策性、科学性都很强的工作。必须严肃对待，认真做好”。第三章第十三条规定“一地多名，一名多写以及少数民族地区的地名音译不准（译名还不稳定）、用字不当的，应予调整”。就玉树藏族自治州藏文“玉树”两种写法问题，笔者了解到，当地广大群众都强烈要求将玉树的藏文按当地本民族含义的地名正字书写。

地名是历史的缩影，是历史的活化石，唯有规范化和标准化的地名，它才能使一个地方的地名文化正确地延续下去。正因为我们怕一条地名的消失，所以才去论证藏文“玉树”正字的存在；正因为我们怕一条地名的失真，才去考证“玉树”地名的历史沿革。

（作者系青海省民政厅退休干部、青海藏族研究会常务理事）

地名标志设置和管理工作遭遇的四个瓶颈

罗剑兴

地名标志是指位、导向、寻址不可缺少的基础性公益设施，是地名管理的重要组成部分。近20年来，为方便百姓出行、加强社会治理、促进经济发展，我国集中开展了多轮地名标志设置工作。1995年12月，民政部、交通部、公安部、建设部发布《关于在国道两侧设置地名标志的通知》，开展国道两侧村镇地名标志设置工作。2000年3月，民政部、交通部、国家工商总局、国家质检总局发布《关于在全国城市设置标准地名标志的通知》，开展城市地名标志设置工作。2005年年初，民政部启动地名公共服务工程，将地名标志列为四个专项事务之一。2005年8月，民政部、交通部、国家工商总局、国家质检总局全面部署县乡镇地名标志设置工作。2014年7月，国务院启动第二次全国地名普查，将设置标准规范的地名标志作为主要内容之一，要求根据实际需要进行地名标志增设、修复和更换。

总体来看，近些年各级有关部门主动作为，积极协调，努力做好地名标志设置和日常维护管理，积累了丰富的经验，取得了一定的成绩。但同时，地名标志设置和管理也遭遇了四个方面的发展瓶颈。

一、体制机制理顺难

1993年中国地名委员会撤销，工作由民政部承担。但时至今日，地方地名管理中职能交叉、条块分割、多头管理等问题仍然没有彻底解决，地名标志管理方面尤为突出。地名标志的不同类别中，有些是地名主管部门负责，有些是其他专业部门负责，有些是多部门交叉管理，不同地方管理部门也不尽相同。以西南某市为例，街（路、巷）地名标志，主城区和个别远郊区县由市政部门负责，大部分远郊区县由民政部门负责；其他地名标志，全市门（楼）牌编码标志由公安部门负责，纪念地和旅游地地名标志由旅游部门负责，其他起导向作用的辅助地名标志由交通部门负责。除管理主体不同外，地名标志设置过程也涉及多个部门，选址、挖掘、设置、管理、维护等工作要与住建、规划、园林、城管等多个部门协调。政出多门不统一，再加上协调机制不健全，地名标志设置和管理中的许多问题无法解决，即便解决也要走不少弯路。

二、法规标准执行难

地名标志是国家法定标志物。为推进地名标志管理法治化、规范化、程序化，国家发布了《地名标志管理试行办法》等法规和《地名 标志》等标准。但地方地名标志工作一些具体方面仍存在无法可依、有法不依、执法不严的情况。例如，现行的法规标准体系，缺少二维码、三维码和芯片等新技术在地名标志上应用的要求，缺少设置过程中对地名标志进行抽查检验的要求。对于地名罗马字母拼写使用汉语拼音方案的规定，许多城市和专业部门常常使用英文（或缩写）等外文作为地名通名的拼写，违背地名单一罗马化国际原则。对于使用标准地名的规定，许多专业部门在地名标志设置时未与地名主管部门沟通，地名标志名地不符的情况时有出现。另外，地名主管部门没有执法权，缺乏执法队伍和处罚手段，对擅自拆除、涂改、遮挡、损毁地名标志等违法行为难以形成有效约束 。

三、人员经费保障难

地名标志设置要经历实地调查、编码制图、制作安装等过程，设置后还要日常维护管理，工作量大，专业性强，需要投入大量人力物力财力。但实际上，设置和管理任务最重的设区市和县级地名主管部门，往往只有 1 至 2 名地名工作人员，尤其缺乏专业技术人员。另一方面，地方投入到地名标志设置和管理的财政经费非常有限，无法保障地名标志的覆盖率和均衡性，也无法及时对损毁的地名标志进行维护或更换。虽然有些地方通过灯箱式地名标志附设商业广告的方式筹集经费，但这种方式也存在一些问题，不易保证地名标志质量和日常管护成效，有些不健康的广告内容也会给城市或设置部门带来负面影响。

四、产品质量监管难

质量是产品的生命线。近几年，地名标志检测和设置工作中，发现了一些质量问题。比如，版面、文字、规格不符合要求，反光膜光度性能、色度性能、附着性能不符合要求，蓄光粉脱落、耐盐雾性能、耐候性能不符合要求。这些问题或是不利其统一规范，或是影响其指位效果，或是减短其使用寿命，降低了地名标志公共服务成效。其实，现行法规对地名标志质量监管也有规定，要求参与竞标的企业提供产品检测报告，要求国家、省级地名主管部门定期进行抽查、检查。但是这些规定不够完善，质量监管成效有限。一方面，忽略了安装环节的质量监管，企业在送样检测时提供合格产品，实际安装时使用劣质产品；另一方面，检查制度只涉及国家、省级地名主管部门，检查频次和检查覆盖面不足，容易形成监管盲区，难以保证监管成效。

针对上述发展瓶颈，我们要坚持问题导向，突出精准发力，推进地名标志设置和管理工作。一要加强部门协调，形成合理规范的工作流程（主要是地名标志设置流程）和齐抓共管的长效机制，切实加强对专业部门使用标准地名和规范拼写的指导和监督。二要完善法规标准，抓紧修订出台《地名标志管理办法》，积极研制地名标志二维码、三维码等技术标准，加强地名标志法规、政策和标准的宣贯力度，提高实施成效。三要加强工作保障，结合第二次全国地名普查成果转化工作，积极争取人员和经费支持，建立健全人才经费长效保障机制。四要加强质量监管，落实监管主体责任，强化地名标志制作、采购和安装等全过程监管，充分发挥第三方检测机构作用，结合第二次全国地名普查验收抓好地名标志质量检查。

（作者单位：民政部地名研究所）

香港特别行政区去殖民化教育应从更改殖民色彩的地名开始

牛汝辰

在1997年香港回归之前，我国制定了“一国两制”的《中华人民共和国香港特别行政区基本法》（以下简称《基本法》）。“一国两制”是我国为解决历史遗留问题、和平实现国家统一所采取的策略和基本国家制度。“一国”强调一个中国原则，强调国家主权的原则，强调统一的中国，强调香港是中国领土的一部分；“两制”是强调两种不同的制度能够和平共存和发展。

但从现在看来，我国对香港回归以后产生的问题预计不足，对于“一国两制”的内在矛盾以及长期性、复杂性和艰巨性认识尚不足。

香港的去殖民化教育任重道远，着眼于潜移默化的、日常频繁使用的、具有殖民色彩的地名更名不失为良策之一。

一、香港殖民色彩地名概述

当打开香港特别行政区地图，特别是港岛地图，或漫步在港岛中西区，你一定会为这满目的不明其含义的译自英文的街道名称所惊讶。虽然路牌上也有与英文对照的汉字，但总是给人一种难以名状的置身于异域文化氛围的感觉。

纵观香港地名，使人们有这样一种深切的感受——在世界上还没有哪一个地区像香港这样，其地名受殖民统治的影响如此深刻，这样全面地反映英国殖民统治的历史。例如：从英国女王、亲王到王子、公主；从英国首相到英外交大臣；从英军司令到侵华“功臣”；从历届港督到政府要员；从英军登陆地点到侵华舰船；从英国商人到西方传教士等林林总总所有为英国立下“汗马功劳”的各界“名流”“名物”都在香港留下了他们的“芳名”。这些名字被命名到香港的大街小巷、湖海山岗、海港码头、公园广场，随后又转入医院学校等地方。同时，作为一条惯例，当时的港督还把地名命名作为对这些有"贡献"的人士的一种极高的政治奖赏，凡是他们认可的"有功之臣"便把这些"臣名"贴在新开辟的街道等地方。因而香港地名中的殖民色彩也就愈益浓重，以致成为世界上其地名受殖民统治影响最深的地区。①

据苏金智对《香港街道地方指南》中的地名进行的统计，在3101个街名中有500个直接来自英语，占1/6弱；1805个大厦名称中有640个受英语影响，占1/3强；483个中学及大专书院名称中有70个受影响，占1/7弱；118个医院诊所中有41个受影响，占1/3强；74个公园名称中有12个受影响，占1/6弱；82个教堂及庙宇中有62个受影响，占3/4强；1204个地方名称中有120个直接受影响，占1/10弱。在上述6869个地名中，有1446个受影响，约占21%。由此可见，英国的殖民统治对香港地名的影响是如此深刻，如果仅就香港岛（以下简称港岛）而言，这种影响就更大了，大约有80%的港岛地名受到英语的影响。②

二、以英国女王及王室成员命名的香港地名

以英国女王及王室成员命名的地名以"女王"为代表，因英国占领香港期间正是英国女王维多利亚当朝的时期（1837—1901），因而维多利亚的名字遍布在香港的大街小巷、海港码头、公园山岗、大厦广场等，俯拾即是。③ 如皇后大道，位于港岛北部，贯通东西，是港岛最长的街道。英国占领香港后，于1842年开始在港岛北部大规模开山筑路，并于当年完成，1842年3月将这一主干道命名为皇后大道。即今皇后大道中，以纪念维多利亚女王而命名。早期的中文译员不知"Queen"是女王，以为是皇后，便将原意"女王大道"译成了"皇后大道"。

维多利亚公园（Victoria Park）位于港岛铜锣湾。该公园并不是维多利亚女王时代建成的，公园的原址是旧铜锣湾避风塘，是在20世纪50年代初将旧避风塘填平并辟作公园的。把公园命名为维多利亚公园，主要是和维多利亚女王的铜像有关。

---

① 中华书局：《中华香港街道图》，中华书局，1996年版。

② 苏金智：《英语对香港语言使用的影响》，载《中国语文》1997年第3期。

③ 樊桂英、牛汝辰、吴郁芬：《香港地名词典》，中国社会出版社，1999年版。

维园道(Victoria Park Road)位于港岛铜锣湾。该道的英文路名意为维多利亚公园道,又因该道在维多利亚公园的北侧,故名维园道。

域多利道(Victoria Road)位于港岛坚尼地城之西。该道修筑于维多利亚女王时代,所以用维多利亚命名。

维多利亚港(Victoria Harbour)是位于港岛和九龙之间的海域。当年英国占领这个海港时,正是维多利亚女王在位期间,因而得名。

太平山(Victoria Peak),英文名称意为维多利亚峰。该峰为港岛最高峰,为纪念维多利亚女王而命名。

维多利亚城(Victoria City),又名女王城。该城建于1841年,为香港早期的城区名。因纪念英国维多利亚女王而命名。该城分为3个区域:海岸、半山和山顶。海岸区为商业区和华人住宅区;半山区是高级住宅区,多居住外国人;山顶区为纯外国人居住区。

英皇道(King's Road)位于港岛东区。建成于1935年。另外还有域多利皇后街、域多利监狱、域多利戏院、皇后街、皇后码头、皇后山、皇后商业大厦、皇后戏院、皇后像广场、皇后中心等。

乔治五世公园位于九龙油麻地,1909年将官涌山夷为平地,并开辟成公园。因当时英王乔治五世在位,便以乔治五世命名公园。

伊丽莎白为英国女王,因而以伊丽莎白命名的场馆学校也有许多,如伊丽莎白体育馆、伊丽莎白医院、伊丽莎白中学、伊丽莎白青年馆、伊丽莎白大厦等。

沙田银禧体育中心,现名香港体育学院,位于新界沙田新城。1977年为纪念英国女王银婚之喜构思新建,并获英女王银禧纪念基金资助1260万元。1982年正式启用。

英王室成员也在香港街道中留下了他们的名字。具体如下:

圣玛加利大堂(Saint Margaret's Church)为香港天主教堂。建于1923年。位于港岛跑马地。教堂以女王妹妹的名字命名。

公主道(Princess Margaret Road)位于九龙何文田,中文名为译自英文的简称,全译应为玛嘉烈公主道。玛嘉烈公主是英女王伊丽莎白二世的妹妹,她于1966年6月1日访问香港,并在香港主持"英国周"的英国工业展览会开幕式。为了纪念她这次访问香港而将楠道改为公主道。

干诺道(Connaught Road)位于港岛西北部。干诺又译为康乐,康乐广场及康乐大厦同样是用Connaught这个名字命名,也由于康乐大厦(后改为怡和大厦)在干诺道中,所以用同一英文命名,只是中文译法不同而已。1890年3月31日,英国王子干诺公爵自印度来港访问。为纪念英王子来港访问,将新填海建成的海旁道命名为干诺道。

亚厘毕道(Albert Road)分上亚厘毕道和下亚厘毕道,前者是位于港岛中西区,环绕港督府的道路;后者是香港政府合署所在地。由此可见,这两条路都位于香港政治中心。亚厘毕是维多利亚女王的丈夫亚厘毕亲王。他是德国萨克森-科堡-哥达公国(Saxe-Coburg-Gotha)的公爵,和维多利亚女王于1840年结婚。

太子道(Prince Edward Road)位于九龙北部,为九龙最长的街道。1922年4月6日,英王乔治五世的太子爱德华应邀赴日访问,顺道访问香港,4月8日他到九龙游览,对其中一条正在开发为花园和住宅区的街道极为欣赏。这条街道宽阔,两旁都是英式的花园别墅。当时这条街道尚未命名。次日太子离港赴日,便将这条街道命名为爱德华太子道,简称太子道。后来由于他坚持爱情至上,宁愿放弃王位,成为轰动一时的"不爱江山爱美人"的风云人物。后被封为温莎公爵。

三、以港督命名的香港地名

在约150年的时间里,28位香港总督中除了日本侵华时的投降港督杨慕琦和末代港督彭定康之外的26位港督的名字都保留在了当今的地名中,类似这种情况,在世界上是绝无仅有的,这可说是香港地名的一大特色。不仅如此,许多在历史上对港英当局的"有功之臣",其名字也被大量地保留在了当今的香港地名中。这种现象可称之为"香港地名现象"。

现在按上任港督的先后顺序对以港督命名的香港地名作以下梳理。

砵甸乍街(Pottinger Street)位于今港岛上环,在德辅道与皇后大道中之间并与之相交,在利源西街西边与之并行的一条小街,就称为砵甸乍街。由于整条街是用石块铺砌,又被称为石板街。砵甸乍(Henry Pottinger),在我国史书和大臣奏折中被称为"璞鼎查""波廷杰"。他1789年生于英国。1840年在对阿富汗的战争中晋升为海军少将,并被封为男爵。1841年8月,乘"女王号"炮艇抵港,接替义律任英驻华全权代表并任商务监督;他是率英军北上,攻占舟山和攻入长江内陆的统帅。1842 年 8 月，迫使清政府签订《南京条约》。当时，逼迫中国接受这些蛮横条款并代表英国在《南京条约》上签字的便是砵甸乍。

爹核士街（Davis Street）位于港岛坚尼地城北部，接坚尼地城海旁道与卑路乍街相交。由于早期翻译的原因，Davis 被人译作“爹核士”，又译作“德庇时”“戴维斯”。戴维斯（John Francis Davis），1795 年生于英国。他既是一名英国外交官，又是一位著名的汉学家。他 18 岁时就在东印度公司服务，1816 年随外交使团访问北京，对中国历史和文学颇有研究。1834 年任英国驻华商务监督。1844 年 5 月被委任为第二任港督，并被封为爵士。

文咸街（Bonham Strand）位于港岛上环，东接皇后大道中，西接德辅道西，分东西两街。该街由填海造地建成。由于填海建街在港督文咸任内，故以其名命名。该街英文名“Strand”，意为“海滩”，可见命名此街时，此街填海工程尚未完成。文咸街的命名是纪念他首次为香港填海得地。该街又俗称“南北行街”。

文咸（Samuel George Bonham），又译作“文翰”“文安”“濮亨”，1803 年生于英国。早年任职于东印度公司，1837 年起，先后被任命为新加坡、马六甲及威尔斯王子岛的总督。于 1848 年 3 月被委任为香港第三任总督。

宝灵街（Bowring Street）位于尖沙咀西侧，在柯士甸道北部并与之平行的街道，叫宝灵街。另外还有宝灵商业大厦 Bowring Centre 等。宝灵（John Bowring），于 1792 年生于英国埃克塞特。1854 年 4 月出任香港第四任总督，并受封爵士。

罗便臣道（Robinson Road）位于港岛西环半山区，东与花园道相接，西接巴丙顿道，并与屋兰士街相交，是一条沿山开筑的山区道路，路多弯角而曲折。罗便臣（Hercules Robinson），又译作罗士敏。1824 年生于爱尔兰。曾任西印度殖民地总督，于 1859 年 9 月接任香港第五任总督。他在任期间，其财政收支由平衡达到盈余，从此，港岛的市政建设不再需要英国政府的财政补贴，并承担驻港英军每年 2 万英镑的费用。他确立了香港的货币为港元，并制定了香港的邮政制度。1865 年 3 月任满离港，赴锡兰任总督。后为纪念他，特将半山区的一条道路命名为罗便臣道。

坚尼地道（Kennedy Road），又称二马路，为第七任港督坚尼地（Arthur Edward Kennedy）开辟的一条道路。坚尼地在任内曾计划兴建一道海堤，连接东区和中区，因受军方反对而罢，于是在半山区开筑一条连接中区与东区的公路，即今日之坚尼地道。该道西起坚道，东与皇后大道相接，为港岛第二条横贯东西的大路。坚尼地1810年生于爱尔兰，1872年4月被委任为第七任港督。

轩尼诗道（Hennessy Road）位于港岛湾仔，为港岛的交通干道。该道兴建于轩尼诗任港督时期，此道也是在一片新填海地上筑成。全路东西横贯湾仔全区，西接金钟道，东连怡和街。此道也是香港最繁华的街道之一。轩尼诗（John Pope Hennessy），1843年生于爱尔兰。1877年成为香港第八任总督。

宝云径（Bowen Drive），在港岛金钟道南，东接坚尼地道。宝云道（Bowen Road）在港岛半山区，西起山顶缆车宝云道车站，沿山势向东伸展至湾仔区，再向跑马地伸延至黄泥涌道交汇处止。宝云（George Ferguson Bowen）在任时这条路原是一条小路以利铺设输水管，后来扩充为大马路，因此以他的名字命名。他1821年生于爱尔兰，1883年3月被委任为香港第九任总督。

德辅道（Des Voeux Road）位于港岛上环，与皇后大道中平行，在中央市场北，为港岛的主干道之一。德辅道分德辅道西和德辅道中两段。该道建于1859年，建成于1862年，即成今日之德辅道。该道的修建是由港督宝灵主持，故当时称宝灵海滨道，以纪念宝灵。30年后，由于中区填海工程的完成，干诺道建毕，该道又拓宽延长，故改名为德辅道，以纪念当任港督德辅（George William Des Voeux）。德辅1834年生于英国，1887年10月6日抵港任第十任港督。

布力径（Black's Link）位于港岛跑马地，在香港仔隧道南端。卜力（Henry Arthur Blake），1840年生于英国。1898年11月25日抵港接任第十二任总督。

弥敦道（Nathan Road）为九龙主要街道，呈南北走向，南起尖沙咀的梳士巴利道。南起向北贯穿尖沙咀、油麻地、旺角等地。末端止于界限街，是香港有名的“不夜街”。1904年弥敦任港督时，大力翻修扩展这条路，历时两年完成，故改名为弥敦道。

四、以英国军官和战争命名的香港地名

19世纪中叶的香港史，是一连串的西方国家对中国的干涉和战争史。军人在这一时期的历史舞台上扮演着重要角色，因而早年的香港地名，有许多便是为纪念率领远征军来中国作战的舰队统帅和驻港陆军将领的。

卑路乍街（Belcher's Street）位于港岛坚尼地城。该街建成较早。卑路乍是

一位英国军官，他是最先率领英军登陆香港的先遣部队的指挥官。他的全名为爱德华·卑路乍(Edward Belcher)。1841年1月25日上午8时，他奉命率领英军乘军舰在水坑口街登陆，为翌日正式占领香港举行升旗仪式做准备。

歌赋街(Gough Street)位于港岛中环皇后大道中南侧，南连荷李活道，东接鸭巴甸街。另外还有歌赋山，在歌赋街附近。歌赋并非是歌舞流连、饮酒赋诗的风流胜地，而是人名的音译。他是1840—1841年间多次领兵进攻广州的歌赋中将，是臭名昭著的侵华分子。

柏架山(Mount Parker)位于港岛东区筲箕湾南部，海拔531米，为港岛第二高峰。柏架又译巴尔克，他是英国贵族，出生于1781年。1841年5月12日，任英国远征军总司令兼驻港英军司令。

金马伦道(Cameron Road)位于九龙尖沙咀。金马伦为英军少将，是第九任港督宝云爵士任职期间的驻港英军司令。1885年曾出任两个月的护督。1887年亦曾有5个月的时间署理香港总督职务。香港有以驻港英军司令命名街道的习惯，故尖沙咀街道之一便以金马伦命名。金马伦的名字还被命名在了金马伦里和金马伦山等地方，作为对他的纪念。

奇力岛(Kellett Island)，又名吉列岛，位于港岛铜锣湾畔。1839年，英国曾派军舰东来活动，其中一艘军舰的舰长名叫Kellett，他的军舰停靠在铜锣湾内时，突然遇到台风的袭击，他忙将舰驶靠在那里的一个小岛畔幸而平安。事后，他就以自己的名字为那小岛命名。

加士居道(Gascoigne Road)位于九龙油麻地东南，又译为加斯觉。加斯觉是第十二任港督卜力任职期间的驻港英军司令。他曾参与1898年拓展新界界址事件，后任护督职务。

爱秩序街(Aldrich Street)位于港岛筲箕湾。爱秩序街因街尾贴近海湾边，而这个海湾原名爱秩序湾，因此用海湾的名字命名为爱秩序街。爱秩序是一名英军少校，他是香港开埠初期被派到香港整顿英军军纪的一位军官。

白加士街(Parkes Street)位于九龙油麻地南端。白加士为人名，我国史书上译作巴夏礼，但当地的译员却将其译为白加士。当初为纪念巴夏礼主持九龙半岛割让仪式而命名该街。

伊利近街(Elgin Street)位于港岛中西区，与荷李活道和鸭巴甸街相邻，为香港早期著名街道。由于每当下雨这里都是泥泞,故又称为泥街。伊利近全称为 Earl of Elgin and Kincardine,中国文献上译作额尔金,他是第二次鸦片战争的主角。额尔金于 1857 年 7 月以英国特使名义被派往香港。订立《天津条约》和《北京条约》,九龙半岛被割让给英国,这一系列行动的主持者就是额尔金。1861 年 1 月 19 日,中英双方在九龙举行土地割让典礼时,额尔金就在场,他可谓立下了"汗马功劳"。

海防道(Haiphong Road)位于九龙尖沙咀九龙公园附近,原名为伊利近道(Elgin Road)。该道建于 1865 年。在尖沙咀开辟道路之初,建成两条道路:一条路用港督罗便臣爵士的名字命名;另一条路便用额尔金的名字命名。1909 年香港整顿街道名称时,将伊利近道改为海防道。

五、以英港政府要员及商人、传教士命名的香港地名

在英国统治香港初期,英国为了达到其殖民统治的目的,一方面以军事武力相威胁,另一方面对香港民众进行文化渗透。自英国占领香港的第一天起,英语就开始对香港的语言文字应用进行全面渗透。要求社会用字普遍使用英中文对照,如告示、路牌、门牌、单位名称、商品名称等;地名、人名各有两套;用英港政府要员的名字命名香港地名,特别是街道名,这已成为早期香港地名命名的一个惯例,凡是对英港有贡献的政府要员,其名字在香港地图上大都可以找到。这已成为文化渗透的方式之一和对这些"功臣"的政治奖赏。①

卑利街(Peel Street)位于港岛中西区皇后大道中。卑利是香港开埠时期的英国首相,全名为罗伯特·卑利(Sir Robert Peel)。

梳士巴利道(Salisbury Road)位于九龙尖沙咀南端。该道源于 Marquis of Salisbury 梳士巴利侯爵名。他是 19 世纪末很有作为的政治家、首相。曾三度组阁英国政府,并兼任过外相。

鸭巴甸街(Aberdeen Street)位于港岛中环,是香港早期建成的街道。鸭巴甸为英国外交大臣的名字。

加连威老道(Granville Road)位于九龙尖沙咀东北。该道源于加连威老伯爵,他是 19 世纪英国著名的殖民地大臣。

① 牛汝辰:《名实新学:地名学理论思辨》,中国社会出版社,2015 年版,第 294 - 301 页。

金巴利道(Kimberley Road)位于九龙尖沙咀北部。金巴利伯爵(Earl of Kimberley)曾在英国首相格莱斯顿组阁时出任英国殖民地大臣。

林德赫斯特街(Lyndhurst Terrace),中文名为摆花街,位于港岛中西区。林德赫斯特是男爵,他三次出任英国大法官。

香港地名中又有许多以香港布政司的名字命名的街道。例如,必列者士街(Bridges Street)位于港岛荷李活道附近,柯士甸道(Austin Road)位于九龙尖沙咀北,马师道(Marsh Road)位于港岛湾仔区,菲林明道(Fleming Road)位于港岛湾仔区,杜老志道(Tonnochy Road)位于港岛湾仔区中心地带,等等。

六、香港殖民色彩地名的更名三步走建议

香港殖民色彩的地名,最明显的有30余个。这30余个地名的更名和清理可以分三步走。

第一步,在3~5年内,先更改以英国“女王”“英皇”“皇后”“维多利亚”等为代表的18个地名,包括维多利亚港、维多利亚公园、维园道、域多利道、维多利亚城、英皇道、域多利皇后街、域多利监狱、域多利戏院、域多利中心、皇后街、皇后码头、皇后山、皇后像广场、维多利亚公众殓房等。另外,以皇后名字命名的企事业单位和大厦名称可根据企业主意愿综合考虑去留,如皇后商业大厦、皇后戏院、皇后中心等。更名应按照先易后难和兼顾经济成本的原则。

第二步,在5~10年内,更改以26位港督名字命名的地名。对于以港督命名的地名,要综合研究,重要地名优先更改,次要的小地名可以缓改或者不改。一次更改地名不能太多,如一次更名上百条,更名太多则会影响香港民众日常社会交流和地名的稳定性。

第三步,再过10年或20年,可根据情况,综合研究,更改以英国军官命名的香港地名。最后达到清理殖民色彩的香港地名的目标,进而在其他方面共同推进香港的去殖民化教育。

“宜城”一名由来浅释

李福新

宜城市，是湖北省襄阳市下属的一个县级市。据《汉书·地理志(上)》“南郡·宜城”条下自注云“故鄢，惠帝三年更名”，知宜城一名源于西汉惠帝三年，即公元前192年，更鄢县名而得，距今已有2200多年的历史了。然而，两千多年前，它是因何得名，由于史籍无载，我们不得而知，以致今天有人或望文生义，或无端推测，出现了一些错误的诠释。如认为宜城之“宜”是由流经宜城境内的今之蛮河、古之夷水的“夷”雅化而来，“宜城”即“夷邑”，出土于楚皇城古城址内的“汉夷邑君印”“当为汉改鄢为宜城后的县印”。[①] 其结果是对科学地塑造宜城形象，正确地展示、宣传宜城形象造成了不应有的负面效应。为此，笔者认为，有必要利用考古学资料和古地名学研究成果，并结合相关的文献资料对“宜城”一名之由来进行一次认真的甄别和考察，力求得出一个正确的诠释。

一、“夷邑”不能诠释为“宜城”

在古代，尤其是在魏晋以前，语音雅化、相互通假和出现异体字都是有一定的原则和要求的。首先是假借字，“语音必须相同或相近。有时候假借字与本字虽然也可以只是双声或者叠韵，但是如果韵部相差很远，即使是双声，也不能假借；如果声母相差很远，即使是叠韵，也不能假借”[②]。夷和宜的现代读音虽然相同，但在魏晋以前，两个字的读音却相差很远。夷的古音读“hei”，而宜则读

① 王仁湘:《楚鄢都访古记》，载《汉江论坛》1979年第2期；楚皇城考古发掘队:《湖北宜城楚皇城勘查简报》，载《考古》1980年第2期；宜城县地名领导小组编纂《宜城县地名志》附录一《“宜城”的由来及其含义浅释》；牛汝辰:《中国地名由来词典》，中央民族大学出版社，1999年版。

② 王力:《古代汉语》上册，第二分册，中华书局，1980年版。

"nian"，两个字的古音，其韵母虽然相近，可以旁转，但声母的发音却相去甚远，既不能旁纽，也不能粼纽，故按上述原则，夷和宜在魏晋以前是不可能因语音雅化而相互假借的。其次是异体字，必须是"两个（或两个以上的）字的意义完全相同，在任何情况下都可以互相代替"①。夷，《说文解字》曰："东方之人也。从大从弓。"宜，《说文解字》曰："所安也，从宀之下，一之上"，两字的字义风马牛不相及，故按上述要求，夷和宜就不能视为异体字而互相代替，既然夷和宜在魏晋以前的读音不同，不能相互假借，字义也不同，也不能成为异体字而互相代替，由此，"夷邑"也就不能诠释为"宜城"了。

二、宜城市在三国前的建制沿革

从传世和出土的历史文献资料看，在三国以前（包括三国）的宜城县建制沿革中，不曾有宜城被称为"夷邑"或"夷城"的记载，也未见有将宜城书写为"夷邑"或"夷城"的史籍。

有关宜城县三国以前的建制沿革记载，目前见到最早的传世文献资料当数前文所引的《汉书·地理志（上）》。据该书所载，宜城县的前身是鄢县，而设置鄢县的时间是在秦国占领该地之后的战国晚期，还是在秦国统一中国之后的秦朝？它却没有明确的交代。幸好，中华人民共和国成立之后考古发现的地下文献资料，对于解决这一问题提供了一定的佐证。下面，我们将依据传世文献并结合出土文献，来梳理三国以前的宜城县建制沿革，并从中寻找出有无被称为"夷邑"或"夷城"的记录，有无将"宜城"书写为"夷邑"或"夷城"的史籍。

其一是1975年发现于湖北云梦睡虎地十一号墓中的秦简《编年记》。② 该《编年记》所记之事始于战国时期秦昭襄王元年（前306），止于秦始皇三十年（前217），其中涉及十一号墓墓主人喜的简历。据马雍先生的考证③，喜生于秦昭襄王四十五年（前262），终年46岁。喜在23岁时曾为鄢令史，即简文曰："（今）七年，正月甲寅，鄢令史。"秦昭襄王之后是秦孝文王，为秦始皇的祖父，在位仅1年。再其后是秦庄襄王，为秦始皇的父亲，在位3年。又其后就是秦始皇了。

---

① 王力：《古代汉语》（修订本）第一册，中华书局，1984年版。

② 睡虎地秦墓竹简整理小组：《睡虎地秦墓竹简》，文物出版社，1990年版。

③ 马雍：《谈云梦秦简〈编年记〉书后》，《云梦秦简研究》，中华书局，1981年版。

由此推断，此“七年”，就只能是秦王嬴政七年，公元前240年，此年距喜出生年，正好23年，与简文记载喜23岁出任鄢令史吻合。“鄢令”，当为鄢县县令，此乃秦汉时对大县之长的习惯称谓。而“令史”一职，刘向明先生认为是秦县县令的属官，也是县丞、县尉的属官，职责涉及县级行政、司法、经济、监督和军事等事务。[①] 据此“鄢令史”，当为鄢县县令的属官。既然喜这个人于秦王嬴政七年（前240）担任了鄢县县令的属官，这也就说明至少在秦王嬴政七年（前240）就有了鄢县。但按常理，这一年不应是最早设置鄢县的时间。据出土文献资料证明，鄢县最早设置的时间应在战国中晚期之际。这已超出了本文的讨论范围，恕不赘述。笔者将在《宜城市建制沿革考》一文中讨论此事。

其二是2002年发现于湖南龙山的里耶秦简，其中简J1（16）52有“鄢到销百八十四里”的记载。马怡先生校注云：“‘鄢’，秦县名。汉时为宜城县，属南郡。”[②]此简虽然没有书写纪年，但J1（8）147号简上有“迁陵已计三十四年余见弩臂六十九”的纪年，此三十四年，马怡先生校注云：“即秦始皇三十四年。”[③]公元前213年。据此推断，J1（16）52所记简文的时代应与此简文上的年代相去不远，抑或就在同一年，即公元前213年。此时已属于秦朝。

其三是《汉书·地理志（上）》于“南郡、宜城”条下原注：“故鄢，惠帝三年更名。”惠帝三年，为西汉初年，即公元前192年。此年当为鄢县存在的下限年，宜城县出现的上限年。

其四是1983年发现于湖北江陵的张家山汉简，其中的《二年律令·秩律》所列的“秩各八百石”县令中有“宜成”。[④] 此“宜成”，原注以为是济南郡之“宜成”，而周振鹤先生在其《〈二年律令·秩律〉的历史地理意义》一文中指此当为南郡之“宜城”。[⑤] 在先秦和西汉间，“成”是“城”的简化字，“成”和“城”可互通。如荆门包山战国楚墓竹简中包二·二简文写作“城”，而在包二·二〇二反面简文中则写作“成”，此为省掉字的偏旁简化。[⑥] 又如同在《二年律令·秩律》中简

---

① 刘向明：《从出土秦律看县“令史”一职》，载《齐鲁学刊》2004年第3期。
② 马怡：《里耶秦简选校》，载《中国社会科学院历史研究新学刊》第四集。
③ 马怡：《里耶秦简选校》，载《中国社会科学院历史研究新学刊》第四集。
④ 张家山汉墓竹简整理小组：《张家山汉墓竹简（二四七号墓）》，文物出版社，2006年版。
⑤ 《学术月刊》2003年第2期，简帛研究网2003年11月23日。
⑥ 滕壬生：《楚系简帛文字编》，湖北教育出版社，1995年版。

454“新成”和简456“阳成”的“成”都是“城”字的简写。[①] 故周说甚是。至于《二年律令》的时代，为吕后二年，即公元前186年，这已是专家学者的共识。[②] 由此可证，汉惠帝三年更名为宜城县是可信的。

其五是《香港中文大学文物馆藏简牍·河堤简》中有两处提到“宜成”。第一处是简221：“宜成河堤凡三百二十三里二十六步”；第二处是简222正面：“宜成堤凡三百二十三里二十六步。”据彭浩先生考证，此“宜成”，即“宜城，秦为鄢县，西汉惠帝三年更名为宜城，属于南郡，位于沔水（今汉水）旁”。至于《河堤简》的时代，彭浩先生认为是西汉早期。[③]

其六是2004年发现于湖北荆州区纪南松柏汉墓一号墓中的木牍，其中35号木牍的正面第一栏：“南郡免老簿”下，记有“宜成免老二百三十二人”；正面第三栏：“南郡新傅”下，记有“宜成新傅五百四十六人”；背面第一栏：“南郡罷癃簿”下，记有“宜成罷癃六百四十三人，其五百七十人可事”。[④] 此三则木牍文均言“宜成”为南郡所辖，这正与《汉书·地理志（上）》所记相符。此墓的时代，整理者推断为西汉武帝早期[⑤]，此时属于西汉中期前段。

其七是《后汉书·郡国四》“荆州南郡”条下云：“宜城，侯国。”

其八是《后汉书·宦官列传》载宦官孙程于东汉顺帝永建元年（126）被封为“宜城侯”。

其九是《三国志·蜀书·先主传》载刘备于东汉献帝建安元年（196），因抗击袁术有功而被封为“宜城亭侯”。

其十是《三国志·魏书·韩崔高孙王传》载韩暨在建安十三年（208）前受荆州牧刘表的征召，担任宜城长。其后又于黄初元年（220），因“在职七年，器用充实”而被封为“宜城亭侯”。

其十一是《三国志·魏书·王毋立诸葛邓钟传》载王凌因“与诸将逆击，捕斩首虏，获舟船，有功”而被封为“宜城亭侯”。

其十二是《三国志·魏书·明帝纪》云：“景初元年……丁巳，分襄阳临沮、

---

① 张家山汉墓竹简整理小组：《张家山汉墓竹简（二四七号墓）》，文物出版社。

② 李学勤：《张家山汉简研究的几个问题》，载《郑州大学学报》（哲学社会科学版）2002年第3期；晏昌贵：《〈二年律令·秩律〉与汉初政区地理》，《历史地理》第21辑，上海人民出版社，2006年版。

③ 彭浩：《〈河堤简〉校读》，载《考古》2005年第11期。

④ 荆州博物馆：《湖北荆州纪南松柏汉墓发掘简报》，载《文物》2008年第4期。

⑤ 荆州博物馆：《湖北荆州纪南松柏汉墓发掘简报》，载《文物》2008年第4期。

宜城、旍阳、邔四县，置襄阳南部都尉。”

其十三是北魏郦道元的《水经注·沔水》载：“（宜城）城故鄢郢之旧都。秦以为县，汉惠帝三年，改曰宜城。”此“鄢郢之旧都”据南朝刘宋时人裴骃在《史记·卷四十·楚世家》“（灵）王乘舟将欲入鄢”句下，《集解》引服虔曰：“鄢，楚别都也。”别都，即陪都，《太平寰宇记·卷一百四十五·襄州·宜城》条下称其为鄢都，其时代为战国。清人杨守敬在《水经注疏》中亦云：“《汉志》，宜城故鄢。惠帝三年，更名。是秦曰鄢，汉改属南郡，后汉因，魏属襄阳郡，晋因，宋废。在今宜城南十里。”由此可见，宜城在战国时为楚国的陪都，亦称鄢都。秦为鄢县，汉惠帝三年更名为宜城县。直到南朝刘宋时期，一直沿袭不变。

据上述十三则传世和出土的历史文献资料，我们已清楚地看到今宜城市在三国以前（包括三国）的建制沿革是：至迟战国晚期，秦王嬴政七年，公元前240年，这里是秦国的鄢县之所在，直到秦始皇三十四年（前213）仍为鄢县；西汉惠帝三年（前192）更鄢县名为宜城县；自此以后，至西汉吕后二年（前186）直至东汉灭亡，至南朝刘宋时期，这里仍为宜城县之所在。其间：仅见西汉惠帝三年（前192）更鄢县名为宜城县，未见有更鄢县名为“夷邑”或“夷城”的记载；而张家山汉简、香港中文大学藏《河堤简》、松柏汉墓木牍等出土文献资料也只有将宜城的“城”书写为成功的“成”，未见有一例将宜城书写成“夷邑”或“夷城”的。即使是孙程、刘备、韩暨、王凌被封为宜城侯或宜城亭侯，其封地书写的也是宜城，未见书写成“夷邑”或“夷城”的。更何况韩暨在东汉献帝建安十三年（208）前还担任过“宜城长”，这个“宜城长”就是当时宜城县的县长，这也是我们目前所见到的宜城历史上有史记载的最早的一个县长，它也没有被书写成“夷邑君”或“夷城长”。由此可见，无论是传世文献，还是地下出土文献，到目前为止，我们既未发现有改鄢县为夷邑（夷城），或是改夷邑（夷城）为宜城的记载，也未发现自战国晚期至三国，其间存在着改称夷邑（夷城）的档期。尤其是在西汉武帝早期以前则更是不可能存在这个档期。因为，如前文所述里耶秦简J1（16）52的时代是秦始皇三十四年（前213），这一年是截至目前出土的文献资料中，记载鄢县存在最晚的一年，其下距西汉惠帝三年（前192）改鄢县为宜城县之年仅差21年。这21年中，于公元前209年爆发了秦末农民起义，随后是楚汉战争，前后共耗时8年。连年战争，导致汉初社会百废待兴，国力极其羸弱，刘邦想找四匹颜色相同的马驾车都办不到。试想，在这样的社会环境下，执政者能有精力去考虑一个地方政区的名称吗？因此，这一时期的秦王朝和汉王朝统治者是根本无暇顾及地方政区名称的变更的。而在西汉王朝重焕生机之后，才有可能考虑到地方政区建设，以致出现汉惠帝三年（前192）更鄢县名为宜城县。至于此后到西汉吕后二年（前186）的张家山汉简《二年律令》，其间相距只有6年，此后紧接便是西汉早期的《河堤简》和西汉武帝早期的纪南松柏墓出土的木牍均有宜城的记载。而这些出土文献在证明《汉书·地理志》记载汉惠帝三年更鄢县名为宜城县是历史事实的同时，也证明了在这一时期内不曾有宜城县名改为其他名字，或是将宜城县名书写成其他假借字的可能。

三、"汉夷邑君"印的时代和性质证明它不是"汉改鄢为宜城后的县印"

（一）关于"汉夷邑君"印的时代

"汉夷邑君"印于1976年出土于宜城市郑集镇皇城村境内的楚皇城古址内的农田里。印章为铜质方形，边长2.3厘米，羊形纽。印文为"汉夷邑君"，系阴刻白文，字体为汉隶，排列顺序是由右至左，先上后下。至于该印的时代，据《后汉书·百官志五》云："四夷国王、率众王、归义侯、邑君、邑长，皆有丞，比郡县。"可知邑君在东汉中央政府赐封少数民族的五个等级中，位列第四个等级。进而证明"汉夷邑君"印的时代，上限当不能超过东汉。又据马国权在《汉印概说》中的总结："东汉官印，铸凿均有。铸印作圆笔的甚少，呈现方笔的比较多。……尺寸大小，多在2.2厘米至2.6厘米之间。"①今观"汉夷邑君"印为铸印，其印文字体呈扁方形，笔画扁宽，转角明显，且尺寸为2.3厘米，这正合上述东汉印章的特点。故黄盛璋、王人聪二位先生将其时代定在东汉晚期甚是②。为此，将"汉夷邑君"印定为西汉初年"改鄢为宜城后的县印"，于时代不合。由此证明，"宜城"不可能源之于"夷邑"。

（二）关于"汉夷邑君"印的性质

其一，据前文所引《后汉书·百官志五》可知，"邑君"是东汉时中央政府赐

① 《印学论丛》，西泠印社，1984年版。

② 黄盛璋：《关于湖北宜城楚皇城遗址及其相关问题》，《历史地理论集》，人民出版社，1982年版；王人聪：《汉晋官印考证》，载《故宫博物院院刊》1983年第4期。

封给少数民族的封号,由此断定它应是当时少数民族的封君印,不可能是东汉中央政府直接管辖下的地方行政官吏的印章。

其二,从两汉时期印章的用字上得知,但凡汉王朝中央政府直接管辖的官吏的印章,其用字"大抵只刻官号,上、下一律"[①]。如"安陵令"印[②],即为安陵县县令印。安陵县,汉置,因汉惠帝的安陵所在而得名。它是汉王朝中央政府直接管辖的官吏,所以印章上只刻了官号。而"汉夷邑君"印则在印文之首冠上了"汉"字,即汉朝的称谓。此等做法当为汉朝中央政府赐予少数民族的官印,其始于西汉后期宣帝(前73—前49),延至于东汉,直至魏晋,如"汉匈奴归义亲汉长"印[③]、"汉卢水仟长"印[④]、"汉鲜卑率众长"印[⑤]等,均为少数民族封君印。因此,该印当数东汉晚期少数民族的封君印,不是西汉初年"改鄢为宜城后的县印"。

其三,从印纽的形制上分析,但凡两汉时期中央政府直接管辖下官吏的印章,其常见的印纽有鼻形纽、桥形纽、坛形纽、龟形纽等,覆斗形纽多用于玉质印,螭虎纽仅用于皇帝和皇后之印,如前文提到的"安陵令"印,系龟形纽。又如"西汉农令"印,系鼻形纽。[⑥] 而羊形纽、驼形纽是专用于颁授给西北方少数民族头领的官印,蛇形纽则是专门用于颁授给西南少数民族头领的官印,如"汉率善胡长"印,为驼形纽,"汉邑长印",系羊形纽。[⑦] "汉夷邑君"印的印纽亦为羊形纽,因此,"汉夷邑君"印只能是东汉晚期少数民族的封君印,而不是西汉初"改鄢为宜城后的县印"。

鉴于上述,王人聪先生在《汉晋官印考证》一文中明确指出:"'汉夷邑君'印系东汉政府赐给南郡一带(按:东汉时宜城县属南郡管辖)归顺汉廷的蛮族首领之物。"

实际上,据《南齐书·州郡志》"雍州"条的记载,南朝齐时,曾于侨置襄阳的雍州治下别置宁蛮府,在宁蛮府的领郡中就有蔡阳郡,而此蔡阳郡就置于今湖北省枣阳市境内。由此可见,当时襄阳宜城周边应居住有蛮夷少数民族。因此,无

---

① 朱剑:《金石学》,文物出版社,1981年版。
② 马国权:《汉印概说》,《印学论丛》,西泠印社,1981年版。
③ 马国权:《汉印概说》,《印学论丛》,西泠印社,1981年版。
④ 马国权:《汉印概说》,《印学论丛》,西泠印社,1981年版。
⑤ 马国权:《汉印概说》,《印学论丛》,西泠印社,1981年版。
⑥ 马国权:《汉印概说》,《印学论丛》,西泠印社,1981年版。
⑦ 马国权:《汉印概说》,《印学论丛》,西泠印社,1981年版。

论如何“汉夷邑君”印都不可能是西汉初年“改鄢为宜城后的县印”。

四、宜城一名之由来，当源于美愿和嘉名之规则

通过上述论证，我们知道“宜城”不是由“夷邑”或是“夷城”而来，而“宜城”的得名又于史无载，那么“宜城”之名究竟源于何由？要想了解个中缘由，我们认为还应将其置于中国古代地名命名或更名所应遵循的规则下去进行探究。

关于中国古代地名命名与更名所应遵循的规则，华林甫先生在《明刻本〈郡县释名〉的初步研究》中，将其归结为9项，而他在《吕式斌〈今县释名〉的地名学价值》一文中则将其归纳为28项之多。限于篇幅，这里只将其主要的列举如下：

1. 以水名命名：如黑龙江漠河市，因漠河水而名；
2. 以山名命名：如广西宜山县（今宜州市），因有宜山而名；
3. 以地形命名：如辽宁宽甸县，平地曰甸子，因有长甸、永甸等六堡而名；
4. 以物产名命名：如陕西原榆林县，因多榆树而名；
5. 以人物姓名命名：如广东中山市，因孙中山先生而名；
6. 以国号命名：如四川广元市，因元朝国号而名；
7. 以方位命名：如湖南和湖北，因在洞庭湖以南、以北而名；
8. 以乡村、亭驿名命名：如河南原新乡县，取“新中乡”而名；
9. 以美愿和嘉名命名：如湖北钟祥市，取“瑞祥钟聚”之义而名；
10. 以年号命名：如陕西淳化县，因宋朝淳化年号而名；
11. 因避讳而更名：如江苏原义兴县，因避宋太宗名“义”，而更名“宜兴”；
12. 以古国、古城名命名：如新疆尉犁县，因汉代的尉犁国而名。

凡此种种，这些规则既来自当今专家学者对中国古代地名学的总结和归纳，同时也是我们今天和以后诠释中国古代地名由来的有效方法和重要途径，是不可背离的规则。下面，我们将遵循这些规则，对我国历史上带有“宜”字的县名由来进行一次认真的梳理和总结，以达到客观、科学地破解宜城市名由来的目的。

笔者根据《中国古今地名大辞典》《郡县释名》和《中国地名由来词典》三本书中所载古县名而作的统计，我国历史上共有28个带“宜”字的县名。其中有19个县名的由来于史有载，它们中有以山名命名的1个，以水名命名的4个，以古城名命名的2个，以美愿和嘉名命名的3个，以方位命名的1个，因避讳而更

名的6个，因从老县中分置出来而得名的1个，以人物姓名命名的1个。余9个县名的由来，尚于史无载。详见下表。

县名	沿革	由来
宜山县	唐置龙水县，北宋改曰宜山县。今属广西壮族自治区	因山得名。县北有宜山
宜北县	清置安化厅，民国改曰安化县，后改宜北县。今为广西壮族自治区环江毛南族自治县	因方位而得名。县置在宜山县北，故名
宜川县	汉置定阳县，晋省。西魏置义川县。北宋太平兴国年间改曰宜川县。今属陕西省	因避讳而更名，避宋太宗名讳而更“义”为“宜”
宜君县	东晋置宜君护军，后魏置宜君县。今属陕西省	因水而得名。境内有宜君水
宜民县	辽置，金、元因之，明初废。今为辽宁省北票市	无载
宜禾县	汉置宜河都尉，晋置宜禾县。北周废，今属甘肃省安西市	无载
宜盛县	后魏置，西魏省。今为甘肃省民勤县	无载
宜安县	战国时赵国宜安城，隋置宜安县。唐武德四年(621)省入藁城，今属河北省藁城市	因古城而得名。境内有战国宜安古城
宜昌县	汉置夷陵县，晋置宜昌县，今为湖北省宜昌市夷陵区	无载
宜都县	汉置夷道县，蜀汉置宜都郡，南朝刘宋永初元年析夷道县置宜都县。今为湖北省宜都市	无载
宜城县	秦置鄢县，汉惠帝三年更名宜城县，今为湖北省宜城市	无载
宜芳县	隋置岚城县，唐改宜芳县，元省，今为山西省岚县	以人物姓名命名。《资治通鉴·卷二一五》云：“三月，壬申，上以甥杨氏为宜芳公主，嫁奚王李延龙。”胡三省注：“宜芳县，属岚州”
宜伦县	隋置义伦县，北宋更名宜伦县，元省。今属海南省儋州市	因避讳而更名，避宋太宗名讳而更“义”为“宜”
信宜县	南朝梁、陈年间(502—589)置梁德县，隋开皇十八年(598)改曰怀德县，唐武德四年(621)析怀德置信义县，北宋太平兴国年间更名信宜县。今属广东省	因避讳而更名，避宋太宗名讳而更“义”为“宜”
宜梁县	西汉置，东汉末省。在今内蒙古自治区包头市以西	无载
宜迁县	东魏改河南县名曰宜迁，北周又复名河南县。在今河南省洛阳市西北	以美愿嘉名命名。《隋书》卷三十五，《地理志》于“河南郡”条下云：“置河南县，东魏迁邺，改为宜迁，”寓意东魏迁都至邺是适宜之举

续表

县名	沿革	由来
宜阳县	战国时为韩国宜阳邑，秦置宜阳县，今属河南省	因古城而得名。境内有战国时宜阳古城
宜兴县	秦置阳羡县，晋惠帝永兴元年(304)，阳羡人周玘三兴“义兵”，平定叛乱，故设义兴郡，辖阳羡等县。隋文帝撤义兴郡，置义兴县。北宋太平兴国元年改曰宜兴县。今属江苏省	因避讳而更名，避宋太宗名讳而更“义”为“宜”
宜丰县	汉置建成县，三国吴析置宜丰县。今属江西省	以嘉名命名，“取此地炎凉适宜，物阜民丰而得名”
宜春县	汉高帝四年(前203)置宜春县。今属江西省	因水而得名。县有宜春泉，夏冷冬温，莹媚如春，饮之宜人，故名
宜黄县	西汉为南城县，东汉分属临汝，南城二县，三国吴析临汝置宜黄县。今属江西省	因水而得名。县城位于宜水黄水交汇处
分宜县	北宋雍熙元年(984)，析宜春县置分宜县。今属江西省	因分自宜春县而得名
宜章县	隋置义章县，北宋太平兴国年间改曰宜章县。今属湖南省	因避讳而更名，避宋太宗名讳而更“义”为“宜”
宜宾县	汉置僰道县，唐更名为义宾县，北宋政和年间改名宜宾。今属四川省	因避讳而更名，避宋太宗名讳而更“义”为“宜”
宜良县	西汉置昆泽县，元宪宗六年(1256)设大池千户，至元十三年(1276)升大池为宜良州，至元二十一年(1284)改宜良州为宜良县。今属云南省	以嘉名命名，“宜之为言，善也；良，易、直也。顾名思义，则邑人朴茂，习俗简易可知”
宜成县	西汉侯国，东汉省。故址在山东济阳县西北	无载
宜禄县	在今陕西长武县境，秦置鹑觚县，北朝西魏废帝元钦元年(552)改曰宜禄县，北宋咸平四年(1001)改曰长武县	因水得名。县城南临宜禄川，故名
宜兰县	清嘉庆十五年(1810)置噶玛厅，光绪元年(1875)设宜兰县，后废，1950年由台北县分置宜兰县。今属台湾地区	无载

既然上述28个带“宜”字的县名中有19个县名的命名是遵循了中国古代地名学命名的规则，那么尚余的9个县，其县名由来理应也是遵循了中国古代地名命名的规则。否则，将无法名之。现在的问题是我们今天如何去破解它们，对此，笔者认为不外乎一点，这就是着眼于大背景，着手于小环境，依照中国古代地名命名的规则，去寻找与这些县名有一定内在联系的人和事，并用这些人和事去对这些县名进行诠释，或许能得出一个合理的解释。下面，我们将试择其两个略作阐述。

1. 关于宜民县的命名。据《辽史·卷三九·志第九》记载,宜民县设置于辽代统和年间,位于今辽宁省北票市境内。公元982年,辽景宗卒,辽圣宗继位,改元统和。由于圣宗时年十二岁,由其母萧太后摄政。萧太后是中国历史上著名的女政治家。她摄政期间,重用汉人士大夫,整治弊蠹,改革法度,实行科举,释放奴隶,创设义仓,豁免逋赋,安辑流亡,凡此种种,致使统和年间在中国历史上被称为"统和之政"。在如此的大好形势下,置县取名"宜民",不免其俗地予以赞美也应是常理之事。所谓宜民,《诗·大雅·假乐》云:"假乐君子,显显令德,宜民宜人。受禄于天……"《毛传》曰:"宜安人,宜官人也",即安民任贤均皆适宜。因此,笔者认为宜民县名当出自《诗·大雅·假乐》,它表达的是一种赞美之义,即借用赞美周天子的诗来赞美当时的当政者。故宜民县当是以嘉名的规则而命名的。

2. 关于宜梁县的命名。宜梁之梁字,古通粱,如《淮南子·人间训》云:"至而养以当豢黍梁。"此梁即粱,故宜梁县应为宜粱县。它位于内蒙古自治区包头市以西,西汉时期设置。中国古时对河套地区的开发始于西汉武帝时期,至西汉后期形成了西汉王朝对河套地区开发的第一次高潮,时间长达60余年。当时,西汉王朝采取了设置郡县,建筑城池;迁民屯垦,增加河套的劳动力;进行大规模军事屯田;妥善安置归附的匈奴;兴修水利等措施。使河套地区的经济达到了高度的繁荣,社会秩序呈现出一派祥和的景象。正如《汉书·匈奴传》所云:"是时边城晏闲,牛马布野,三世无犬吠之警,黎庶无干戈之役。"对此,在当时河套地区设置的一些县名也可证明。如西河郡的美稷、广田、谷罗、饶、富昌和五原郡的田群等县。从这些县名中,我们似可看到当时的河套地区应是良田广辟、庄稼茂盛、粮食丰产、生活富饶。因此,这些县名均应是以嘉名而名,而同为河套地区的宜梁县,其县名也理应是以嘉名而名之。所谓宜粱,就是赞美此地适宜种植稻粱作物。

既然宜民、宜梁二县之名是因美愿和嘉名而得名,那么尚余的宜禾、宜盛、宜城、宜成、宜昌、宜都、宜兰7个县名虽因限于篇幅,这里不能一一地进行翔实的分析、推断,但若简而言之,笔者认为它们中除宜兰县可能因其境内适宜种植国兰(国兰现在是宜兰县的县花)而得名外,其他亦应是因美愿和嘉名而得名。如宜昌县(今宜昌市)和宜都县(今宜都市),其县名由来尽管于史无载,但近年来已有地方史志工作者认为:宜昌于东晋末年析夷陵县置宜昌县,因西陵峡内黄牛岩至黑岩子之间是险峻地带,故以祈求“宜于国运昌盛”之意而名之;宜都是刘备于东汉建安十四年(209)改临江郡而置宜都郡,取“宜于建都”之意而名之,有预祝刘备西取益州,出师大捷,定都成都之愿望。由此可见,宜城县当亦是遵循以嘉名命名的规则而名之。下面,我们将对此作详尽的阐述。

其一,看大的历史背景。刘邦建立西汉王朝后,最初以古栎阳城为临时国都,直到高祖五年(前202)才开始在渭河以南,秦朝兴乐宫的基础上重修长乐宫。高祖七年(前200)又建造了未央宫,同年将都城由古栎阳城迁至于此,命名为长安城,但此时尚未构筑城墙。至于长安城始筑于何时,史上有两说:一是《史记卷九·吕太后本纪第九》所云:“(惠帝)三年,方筑长安城,四年就半,五年、六年城就。”说的是惠帝三年(前192)始筑长安城。二是《汉书卷二·帝纪第二·惠帝》所云:“(惠帝元年)春正月,城长安。……三年春,发长安六百里内男女十四万六千人城长安,三十日罢。……六月,发诸侯王、列侯徒隶二万城长安。……(五年)春正月,复发长安六百里内男女十四万五千人城长安,三十日罢。……九月,长安城成。”说的是惠帝元年(前194)始筑长安城。无论是惠帝三年始筑,还是惠帝元年始筑,从这两则史料中,我们看到惠帝三年在西汉初年修筑长安城的工程中应是至关重要的一年。因为,按《史记》的说法,惠帝三年是始筑之年,此年当是值得纪念和赞美的一年;按《汉书》的说法,惠帝三年虽然不是始筑之年,但一次性在如此广阔的区域内,征调如此众多的民工筑长安城,这在《汉书》记载汉初修筑长安城工程中,当数之最。此年亦应是值得纪念和赞美的一年。因此,无论是始筑之年,还是工程之最年,汉惠帝三年在汉初修筑长安城工程中都是至关重要的一年。而这一年,又正是改鄢县名为宜城县之年,这就不由得让我们产生一种联想,即修筑长安城与更鄢县名之间似乎有一种必然的内在联系,这就是更鄢县名为宜城县,是为了纪念和赞美汉王朝于惠帝三年开始修筑长安城,或者是为了纪念和赞美修筑长安城的工程达到高潮。所谓宜城,乃赞美适宜修筑长安城也。在中国历史上,用更改县名来纪念、赞美当时朝廷所为之大事不乏其例。如前文提到的河南省历史上的宜迁县,就是因东魏政权于535年将都城由洛阳迁至邺,而更当时河南县名为宜迁县,用于纪念和赞美东魏政权的迁都之举。

其二，再看小环境。纵观中国古代城市的选址，除政治、军事因素外，还必须高度重视自然因素，它包括水陆交通、农业经济、水源水质、气候条件以及自然灾害状况，等等。宜城于春秋早期至战国早期之间，作为楚国的疆郢和为郢两个都城[①]之所在，就已充分说明它具备了上述条件。

第一，就地理形势而论，宏观上看，宜城具有极为重要的战略地位，它位于汉水中游，江汉平原的北部，扼据在荆（州）襄（阳）之间，素有南北咽喉之称。它东有大洪山可依，西有荆山可控，北有桐柏山可阻，南可俯瞰江汉平原，汉水自北而南穿境而过。如此天堑水陆要冲之地，与著名的古城西安、洛阳、南京相比，大有异曲同工之妙。“西安南阻秦岭，北滨渭河，居于‘八水绕长安’的关中平原中心；洛阳南系洛水，北邻邙山，古人称之为‘天下之凑’。……南京，当大江之滨，秦淮河在此入江，沿江多山矶，形势险要，古人称其为‘钟山龙盘，石头虎踞’。”[②]由此而言，宜城已具备了作为一个通都大邑而应具有的战略位置。微观上看，宜城实乃为形胜之地，“两耳（今名两乳山，在汉水以东）东峙，石梁（在今小河镇山河村与南漳交界处）西拱，北连鹿（鹿门山）岘（岘山），南接安（指古安陆府，即今钟祥市）荆（荆州市），汉水环其东，蛮河绕其西”[③]，是一个较为封闭的地理单元，其进可攻，退可守，具备了古代城市选址所需的军事因素。

第二，城市的需求，决定了经济因素是其先决因素。在古代，无论哪一个朝代，在筑城之前选址时，虽然要考虑诸多因素，但首先要考虑的还是经济因素，尤其是在一个以自然经济为基础的封建社会里，农业经济是一个决定性因素。正如《墨子·七患》中所云：“食者，国之宝也；兵者，国之爪也；城者，所以自守也。此三者，国之具也。”《管子·权修》亦云：“地之守在城，城之守在兵，兵之守在人，人之守在粟。故地不辟，则城不固。”由此可见，在古代中国，农业经济在城市选址条件中占据着何等重要的地位。宜城市的中部地区是因汉水和蛮河的冲积而形成的河谷平原，即宜城平原，位列汉江流域四大平原之一。其东有汉水，西有蛮河，古长渠和古木渠自北而南泽被其中；它地势平坦，土质密实，土壤肥沃，陂塘密布，沟洫交错，水源充足，水质甘冽，四季分明，无霜期长，无大的自然灾害

---

① 赵平安：《试释〈楚居〉中的一组地名》，载《中国历史研究》2011年第1期；张硕、肖洋：《从〈楚居〉看昭王时代楚国都城的迁徙》，《楚文化研究论集》第十集，湖北美术出版社，2011年版。

② 陈桥驿：《〈中国六大古都〉序言》，《中国古都研究》，浙江人民出版社，1985年版。

③ 清同治五年纂《宜城县志·卷一·方舆上》。

和极端气候，适宜种植稻麦棉和油料作物，自古就是一个农业经济高度发达的地区，即使在今天，仍然是国家粮食生产的重要基地之一，素有“小胖子”之称。因此，宜城市尤其是宜城平原具有古代建城的经济优势。

第三，就自然环境而言，因地制宜、环境实用是古代城市选址的重要原则。《管子·乘马》曰：“凡立国都，非于大山之下，必于广川之上，高毋近旱而水用足，下毋近水而沟防省，因天材，就地利。”这里既明确了城市选址的基本原则，同时还指出了城市选址的基本方法。由此可知，古代城市的所在地应当是地势平坦、宽阔，依山有充足的水源；傍水又不易被洪水淹没。如前文所述，宜城平原为低平岗地，海拔高度在50～70米，它居于汉水与蛮河之间，其东西两侧均为低山丘陵地带，旱可汲取汉水和蛮河之水灌溉，涝则可泄洪于汉水和蛮河，旱涝无大碍。因此，宜城平原既符合古代城市选址的原则，又适用古代城市选址的方法。

第四，交通发达是古代城市选址的基本要素。宜城市自古就有“八省通衢，五邑要道”之称。以这里为中心，走陆路，北可达襄阳，渡汉江，直通中原；南可至荆州进抵湖广；西越巴山、秦岭即为川陕；东经随枣走廊可至吴越；走水路，溯汉水而上至襄阳转陆路北上可到中原，若继续走水路西进，可直达陕西汉中进而挺进关中平原。沿汉水而下，可直抵汉口（古代称为夏口）进入长江后，西可至四川，东可达上海。如此四通八达的交通，足以使宜城成为古代城市选址的理想之地。

第五，历史已证明宜城市在古代是一个理想的筑城之地。由于宜城市的战略位置独特，交通发达，自然环境优越，早在原始社会晚期，这里就是人类繁衍生息的理想之地。据全国第三次文物普查资料证明，宜城市境内发现原始社会聚落遗址共有43处，其中不乏中心聚落遗址，其面积已达24万平方米之多。进入春秋以后，仅宜城平原上就发现春秋战国时期聚落遗址近百处，充分说明在春秋战国时期这里已是一个人口稠密、社会繁荣、经济发达的地区，以至于当时的楚国于春秋早期先后将都城迁到宜城境内的郭家岗古遗址和楚皇城古城址，地下出土文献称其为疆郢和为郢[①]。战国早期以后，宜城是楚国的陪都，史称鄢都。历史已充分证明楚国自春秋早期以后选择宜城作为春秋时期至战国早期的都城，是一个十分英明的抉择。纵观楚国历史，楚国在迁都于宜城之前，虽然经过

---

① 赵平安：《试释〈楚居〉中的一组地名》，载《中国历史研究》2011年第1期；张硕、肖洋：《从〈楚居〉看昭王时代楚国都城的迁徙》，载《楚文化研究论集》第十集，湖北美术出版社，2011年版。

三百多年的艰苦奋斗，但始终未能摆脱部落联盟时代，即蒙昧时代，而一经迁都于宜城，不仅随即进入了文明时代，建立了完整的国家机器，而且还国力猛增，开始大规模地向外扩张，至春秋中期楚庄王时，仅用了不到120年的时间就击败了中原地区的强国晋国，当上了中原霸主，成为春秋五霸之一。对此，我们不能不说，是宜城帮了楚人的大忙。

因此，笔者认为正是由于上述诸因素，才导致汉初当权者为了纪念、赞美适宜修筑汉长安城，同时也为了赞美宜城是一个适宜建城，适宜建都城的地方，更鄢县名为宜城县。此名，是以嘉名的规则而命名。

总之，以上是笔者对宜城市名的诠释，它既不是因语音雅化将夷变成宜，也不是因宜字而代替夷字，“汉夷邑君”印更不是汉代宜城县令印，它的得名是由中国古代地名学中以美愿和嘉名命名的规则而来。

（本文选自李福新、周义庆著《千年古县——宜城论文集》，中国社会出版社，2018年版）

隋唐时期的幽州城及城坊地名考

钟　军　朱昌春　蔡　亮

一、隋唐时期的幽州城

北周静帝大定元年(581)二月,杨坚废静帝,代周建隋,建元开皇,是为隋文帝。隋初,为了加强中央统治,简化地方行政制度,于开皇三年(583)改州、郡、县三级制为州、县两级制。隋大业元年(605)废诸州总管府,大业三年(607)改州为郡。隋大业十三年(617),今北京地区分署涿郡、安乐郡、渔阳郡。涿郡治所在蓟县(今蓟州区),领九县,四县在今北京境内,为蓟县、良乡县、潞县、昌平县(今昌平区),又怀戎县东部亦在今境。安乐郡治所在渔阳县,领二县,在今境者为燕乐、密云。渔阳郡治所在渔阳县,领一县,为渔阳县,其西北部在今境。今怀柔区北部和延庆区东北部为奚族活动地区。

蓟城本为北方重镇,又因隋炀帝多次用兵辽东,其军事地位日渐重要。隋大业四年(608),炀帝征发河北诸郡百万男女开凿永济渠,第一次开辟了自南而北直达蓟城的运道,它通达蓟城的最后一段,是沿着当时桑干河(永定河)直抵蓟城南郊。其后炀帝三次用兵辽东,应征兵和所需粮饷主要经水运集中蓟城,再转运前方。大业七年(611),“发江淮以南民夫及船,运黎阳及洛口诸仓米至涿郡,舳舻相次千余里”(《资治通鉴》)。由于有运河沟通南北,增加了蓟城的对外联系,成为推动城市发展的重要地理因素。在蓟城西北方向,据说还开辟有西起榆林、东到蓟城的“御道”。

隋炀帝亦在涿郡修建行宫临朔宫,大业七年(611)炀帝北巡涿郡,至临朔宫,征天下兵,“无问远近,俱会于涿”(《资治通鉴》)。第二年,“大军集于涿郡……总一百一十三万三千八百,号二百万”(《隋书·炀帝纪》)。据《隋书·礼仪志》,“征辽东,炀帝遣诸将,于蓟城南桑干河上,筑社稷二坛,设方土遗,行宜社礼。帝斋于临朔宫怀荒殿……又于蓟城北设坛,祭马祖于其上”。数百万大军集结于蓟城,这在蓟城历史上尚属首次,使蓟城的军事名声,威震天下。

公元618年,李渊废隋恭帝而自立,国号唐,改元武德。唐初地方行政制度沿袭隋代制度。武德元年(618)以州统县,贞观元年(627)在州上设道,分全国为10个道,开元二十一年(733)增为15个道,形成道、州、县三级行政区划。中唐时,以数州为一镇,置节度使,称为“方镇”或“藩镇”。天宝元年(742)以后,节度使又兼任各道采访使,道、镇基本合一。今北京地区属河北道,下置幽州、檀州,也包括妫州及饶乐都督府部分地区。

幽州治所在蓟县,领十个县,四个县在今北京境内,为蓟县、潞县、良乡县、昌平县。其中的范阳县西北部也在今境内。天宝年间,还侨置燕州等19个羁縻州于幽州境内,其中有14个州在今境。檀州治所在密云县,领两个县,在今境内有密云县、燕乐县。密云亦置武威军,燕乐县东北的北口为长城要塞。妫州治所在怀戎县,初置北燕州,贞观八年(634)改名为妫州。长安二年(702)迁治所于清夷军城(旧怀来县城)领一县,即怀戎县,其东部在今境。饶乐都督府又称奉城都督府,以内附奚族部落置,今北京境内北部山地以北皆属之。

唐太宗时,国力日渐强盛。贞观十八年(644)冬,太宗有意亲征高丽。次年四月,除分兵莱州(山东掖县)泛海趋平壤外,太宗率主力,仍从陆路过蓟城趋辽东,并在蓟城南郊誓师,大飨六军。但是由于高丽顽强抵抗,又加上天寒粮尽,被迫而退。是年十一月,太宗兵退蓟城,为安抚军心,在城内东南隅建寺,以志悼念,命名为悯忠寺,这就是现在法源寺的前身。

唐武德七年(624)即于幽州置大都督府,九年(626)改都督府;开元十三年(725)又为大都督府。总之,蓟城不仅是幽州的中心城市,又是各时期总管府、大总管府、都督府及大都督府的驻节地。总管、都督为使持节镇守并统辖各属州军政事务,因而任职者多系朝廷要员,这是幽州城政治地位上升的重要标志。

幽州地位的上升,城市职能的扩展,以及唐王朝对幽州的高度重视,与东北各民族的崛起及其向南发展密切相关。自隋代以来,中央王朝一方面对边郡加强管理,增加驻防,以防范和抵御游牧民族南进;另一方面对内附之北方游牧民族采取“无所役属”“因俗而治”的羁縻方针,从而推动了民族关系的历史发展。

在这一背景下,蓟城作为民族交往的场所,也势必为北方民族所重视。

总的来说,蓟城在中原王朝的东北方占有非常重要的地位,其作用有如华北平原北部的一个门户。简要说,从秦时起一直到唐朝末年,每当中原统治势力强大,对外足以扩张势力、开拓疆土的时候,就一定要以蓟城为经略东北的基地。反之,东北的游牧部族也常常乘机内侵,于是蓟城又成为中原统治者一个军事防守的重镇。最后防守无效,东北游牧部族一旦侵入之后,蓟城又成为必争必夺之地,并以之为继续南进的跳板。例如,前燕之建都,由龙城而蓟,由蓟而邺,十分典型地说明了东北游牧部族入侵的道路。后来的契丹、女真,也差不多是沿着同一道路南下的。

当然,在比较安定的历史时期,蓟城会很快发展,显示其经济文化都会的功能,成为中国北部的一个经济中心,并促进了汉族与游牧部族之间经济文化的交流。司马迁曾明确写道:"夫燕(蓟城)亦渤碣之间一都会也,南通齐赵,东北边胡……有鱼盐枣栗之饶。北邻乌桓、夫余,东绾秽貉、朝鲜、真番之利。"这寥寥数语,已经把蓟城在汉族和游牧部族间交换关系的优越地位阐述无遗了。蓟城从古代一直到唐,作为华北平原北部的一个经济中心,是不可忽略的。

到了五代,在北京城的历史上发生了巨大变化。后唐河东节度使石敬瑭为了做皇帝,竟以今北京和大同附近一带边防重地,史称"幽云十六州",拱手而让给契丹。936 年契丹入蓟城建为陪都,号称南京,这就是中国历史上的辽。从此以后,北京从一个华北平原的北方门户,逐步发展,在中国王朝时代的最后数百年间代替了前期长安城的地位,形成了全国最大的一个行政中心。

从长安的衰落到幽州(北京)的兴起,是具有极其复杂的政治、经济以及历史原因的。在中国王朝时代的前半期,长安城是全国最大的政治中心,其余如洛阳、金陵(南京)虽然也号称名都,却很难与长安相比拟。远自周初,文王作丰,武王治镐,都在泾渭盆地。到了秦始皇统一天下,经营咸阳直到渭南,从地理上看,这都可以认为是长安城的先驱。汉唐长安,虽然不在一地,也只能看作是前后城址的转移。长安城的兴起,一如其他城市一样,首先决定于社会经济的发展,但是悠久的历史因素也是值得考虑的。随着中央集权国家的出现,长安城在全国的位置更加重要起来。同时由于地方农田水利的开发、贸易的发达,长安城所在的关中地区,到了汉朝时候,可以称得上是全国首富之区。关于这一点,司马迁在历述了关中地区地理条件、历史发展、地方资源和贸易情况之后，总结写道："故关中之地，于天下三分之一，而人众不过什三；然量其富，什居其六。"

但是到了王朝时代前半期的后期，情况却不同了。唐都长安之后，表面上看来，其城市规模和繁荣情况以及国际交往的频繁、文化艺术的昌盛，似乎都在汉代长安之上。不过它的经济基础，从全国各地区比较来看，却已远不像汉代长安在全国中所占有的那种优越地位了。简单说来，自东晋而后，长江中下游已经全部开发起来，其面积之广大、条件之优越、物产之富饶，是关中地区所不能比拟的。因此，在汉时富冠天下的关中，到了唐朝竟不得不依靠江南的供应。甚至皇帝在歉收之年，还不得不迁居洛阳，就食江南之漕。相对的关中水利之废驟，自然也是事实。总之，除开一切政治原因不说，唐代长安城的繁荣，可以说是已经缺乏了应有的物质基础。作为全国性的政治中心来说，它已经失去了过去所具有的绝对优势。这是问题的一方面。

问题的另一方面，是幽州（北京）城在王朝时代的后半期之日趋重要。这主要是因为唐代中叶以后，东北边外的游牧部族，随着唐朝内部社会矛盾以及统治阶层内部矛盾的日趋激化，也加强了对中原的劫掠和入侵，其中最重要的就是契丹。事实证明，来自这一方面的游牧部族，前后相继，势如潮涌。自有史以来，中国的东北方，从未遭受过如此连续不断的进攻力量。而幽州所在，作为华北平原北方的门户，也正是游牧部族入侵所首先要占领的地方。实际上只是汉族与游牧部族之间的矛盾，在东北边防急剧发展的形势下，幽州城在全国范围内的重要意义，才日益增加起来。在这一过程中，北宋之开封、南宋之临安（杭州），作为全国性的政治中心，曾先后和幽州（北京）形成相互争夺的局面，但却未能取得胜利。结果，北京终于代替长安，而成为王朝时代后半期全国最重要的政治中心。

二、城坊地名考

历史地理学家侯仁之和苏天钧教授在《北京城市历史地理》一书中，对唐代幽州城的城垣地理位置和部分城坊名称做了论述。本章援引其著，作为唐代幽州城地名的重要内容。

按文献记载，唐幽州城至辽代为辽南京，辽南京袭用唐幽州城未加改变。《太平寰宇记》记载：幽州城，"南北九里，东西七里"。又据《辽史·地理志》记载，南京城方三十五里；城有内外两重，子城（内城）位于大城西南隅，西、南两面城垣即利用大城西垣南段和南垣西段。

关于唐代幽州城的情况，文献记载很简略。但北京地区出土的唐代墓志铭中，则保留有大量的相关资料。自20世纪70年代以来，考古人员根据出土的唐墓志和唐代石经题记等，结合实地考古，对唐幽州城址与城坊进行了研究。根据所出土的唐代墓志，幽州城的东西南北城垣大致可以确定。

东垣。1951年，在东单御河桥工地，发现唐元和三年（808）及八年（813）任紫宸夫妇合葬墓。《任紫宸志》载："宅兆于幽州城东北原七里余。"其妻《桑氏志》云："葬于幽州城东北五里。"1956年，在永定门外安乐林出土唐建中二年（781）《棣州司马姚子昂志》称："葬于幽州城东南六里。"上述二墓，一为东北，一为东南，几乎在一条直线上，即幽州城东墙当在此二墓之西北、西南五六里的连接线上。另据唐景福元年（892）沙门南叙撰《重藏舍利记》："去大燕城内东南隅，有悯忠寺，门临康衢。"大燕城即指幽州城，悯忠寺即今法源寺。悯忠寺位于城东东南隅，其东当距幽州城东墙不远。清人赵吉士《寄园寄所寄》云："京师二月掏沟，秽气触人，南城烂面（今烂漫）胡同尤甚。深广各二丈，开时不通车马，此地在悯忠寺东。唐碑称寺在燕城东南隅，疑为幽州节度之故濠也。"今新文化街（原石驸马大街）东，旧大明濠，直抵城下闸口入护城河，与烂漫胡同故濠南北相直，唐时当同为幽州东之濠也。其东墙似在烂漫胡同稍偏西一点地方。

西垣。1959年在海淀紫竹院三虎桥出土唐文德元年（888）《唐卢公夫人赵氏墓志》称"葬于府城西北十里"，府城及幽州城，在墓地（今三虎桥）东南十里。1966年西八里庄京密引水渠工程出土唐天宝十三年（754）《云麾将军青山州刺史李永定墓志》谓："葬郡西北十五里。"郡即指幽州城，时为范阳郡治所。其墓地（今西八里庄）东南十五里即幽州城之西墙所在地。1972年在马连道甘石桥的北京钢厂院内，出土唐大中九年（855）《涿州范阳县主簿兰陵肖公夫人侯氏墓志》云："殡于幽州幽都县西三里仵原。"这是所见唐墓中距城郭最近者，其墓地（北京钢厂）东三里即幽州城之西墙。据上所述，可推测唐幽州城西垣似在今会城门村稍东一带地方，莲花河过甘石桥之小河，在唐似为城西故濠。

南垣。1965年在右安门外四倾三村出土唐元和六年（811）《唐王郅墓志》云："起坟于蓟县姚村南一里之原。"其妻《崔氏墓志》云：元和六年，"窆于府城南十里姚村之南原”。1982 年于右安门外东三条发现唐文德元年(888)《唐刘钤墓志》云:“归葬于蓟县姚村北原之先茔。”1981 年 11 月在丰台区大葆台西汉墓博物馆南 500 米许,发现唐永泰二年(766)《唐阳氏墓志》,有称:“宅兆于蓟城西南里。”1985 年 5 月,在丰台区槐房乡六必居酱菜园工地发现唐会昌六年(846)《唐王时邕墓志》,载文:“卜葬于蓟县南一十三里广宁乡鲁村东一里之原。”尤其重要的是,1952 年 11 月,在陶然亭迤西姚家井第一监狱前,发现《大唐故信州刺史河东薛府君墓志之铭》十六字墓志盖,其墓还出土有汉白玉石雕兽首人身的龙、蛇、羊、鸡、猪十二辰神像。综上所述唐墓志出土地点,幽州城之南墙大概在今陶然亭迤西姚家井一线以北、白纸坊东西街一带地方。

北垣。据《日下旧闻考》卷三十七载,清康熙二十年(1681)在西安门内发现唐贞元十五年(799)《唐故濮阳卞氏墓志》云:“窆于幽都县东北五里礼贤乡之平原。”1956 年,在旃檀寺西街(今爱民街)出土唐开成三年(838)《唐卢龙节度使都押衙周元长墓志》云:“葬于蓟城东北七里龙道之古原。”1976 年在二龙路教育部院内出土唐咸亨元年(670)《唐仵钦墓志》云:“咸亨元年,迁柩于城东北五里之平原。”证明唐初幽州城北城垣在今二龙路西南约五里。据上述诸墓地观之,唐幽州城之北墙当在今头发胡同一线,这与 1974 年白云观附近“蓟丘”工地所发现的西晋蓟城之北墙的延长线相一致。白云观北之河向东流,穿东西太平胡同,达头发胡同之北的受水河胡同(原臭水河),似唐幽州城之北护城河。

唐代的城市基本居民单位是坊、里。宋人路振《乘轺录》云:幽州,“城中凡二十六坊,坊有门楼,大署其额,有罽宾、肃慎、卢龙等坊,并唐时旧名”。北京出土的唐、辽墓志和石经题记中,记录下很多唐幽州城及辽燕京城的坊名,为考稽唐幽州城坊地名提供了珍贵资料。

卢龙坊 1956 年在永定门安乐林村出土《唐姚子昂志》云:“夫人康氏……建中元年(780)十月二十八日终于卢龙坊。”1958 年海淀区温泉白家疃出土《唐要氏夫人墓志》云:“殁于卢龙坊私第。”

燕都坊 1985 年 5 月,在丰台区槐房乡六必居酱菜园工地出土唐会昌六年(846)《唐王时邕墓志》,载文:会昌元年(841),“终于燕都坊私第”。1982 年在右安门外东三条出土《唐刘钤墓志》,云:文德元年(888),“捐馆舍于幽州蓟县燕都坊”。

花严坊 1976年在马连道商场前出土《唐周氏墓志》,云:唐元和三年(808)七月五日,“绖花严坊私第”。

归仁里 1972年12月,在西四羊肉胡同西口出土《唐任希墓志》,云:“贞元己巳岁(789)十二月二十日奄化于蓟县归仁里之私第。”

东通圜里 1949年在石景山庞村(今首钢院内)出土《唐乐邦穗墓志》,有记:中和二年(882),“终于蓟县界东通圜里之私第”。

通圜坊 1981年在万寿路出土《唐温令绶墓志》,称:“咸通十五年(874)二月二十二日,殁于幽都县通圜坊之私第。”

通肆坊 1983年在海淀区二里沟进出口贸易大楼后出土《唐茹弘庆墓志》,载文:“乾符五年(878)秋季月,终于蓟县通肆坊私第。”

时和里 1971年在石景山庞村出土《唐清河张氏夫人墓志》,云:“大中二年(848)戊辰岁在五月三日,谢于幽都县界时和里之私第。”

遵化里 1972年4月,在房山县崇各庄乡西北焦庄村出土《唐故夫人郑氏墓志》,云:“以贞元二年(786)己巳,终于幽都县遵化里之私第。”

平朔里 1965年在通县高碑店出土《唐高行晕墓志》,载文:“大历元季(766)七月二十九日,终于幽州平朔里之私第。”1969年西直门拆南城墙时发现《唐侯元知墓志》,称:“元和二年(807)二月二十八日,属纩于幽都县平朔坊之私第。”证明幽州城内确有平朔坊。

辽西坊 1972年在阜成门外甘家口出土《唐姚季仙墓志》,云:“以咸通四年(863)三月二十二日,卒于辽西坊私第。”

归化里 1956年在旃檀寺西街(今爱民街)出土《唐周元长墓志》,有记载:“唐开成三年(838),终于幽都县归化里。”民国初年,在西直门外出土《唐常俊墓志》,云:“大历十四年(779),逝于辽西县归化里之私第。”辽西县乃幽都县的前身,唐建中二年(781)改辽西县为幽都县。

蓟宁里 1985年在永定门外四路通市邮局汽车修理厂内发现《唐赵悦墓志》,称:“大历十二年(777)二月十一日,终于幽州蓟宁里之私第。”

肃慎坊 《唐陆日岘墓志》云:“元和九年(814)四月二十六日疾,终于肃慎坊私第。”《唐陈立行墓志》亦云:大中十一年(857)夏四月甲戌,“殁于府城之肃慎坊私第”。

蓟北坊 前引在西安门内出土《唐故濮阳卞氏墓志》云:“贞元十五年(799)岁次己卯朔一日癸卯夫人……卒于幽州蓟县蓟北坊。”房山石经《大般若波罗密多经》题记载:“大唐幽州蓟县界蓟北坊檀州街西店弟子刘题弘……卷四百七十一。”故可知唐幽州城内有蓟北坊。

铜马坊 《唐中山郡郎氏夫人墓志》载文:“大中元年(847)十一月而疾焉,十二月十日终于铜马坊私第。”

军都坊 西直门外出土《唐王晟夫人张氏合墓志》云:“以咸通十一年(870)庚寅岁夏六月二日,属纩于蓟县军都坊之私第。”

招圣里 据《宝禄堂收藏金石记》收录之《唐崔载墓志》云:“元和十四年(819)五月二十三日疾,终于幽州蓟县招圣里之私第。”

劝利坊 《唐清河张氏墓志》载:“咸通四年(863)……殁于幽都县界劝利坊私第。”

此外,近年来北京地区出土的辽代墓志中,也记载有关辽代南京(燕京)城的坊名。辽代的坊名,或沿袭唐幽州城坊之旧名,可供参考。

隗台坊 1956年在永定门外海会寺出土《辽赵德钧墓志》云:“应历七年(957)五月二十二日,薨于燕京隗台坊之私第。”

永平坊 1970年在丰台镇桥南出土《辽故陇西郡夫人李氏墓志》:“重熙十二年(1043)夏六月一日,国朔薨于燕京永平坊之私第。”

罗北坊 1964年在八宝山革命公墓出土《辽韩资道墓志》载:“咸雍五年(1069)二月十二日,终于燕京罗北坊之私第。”

齐礼坊 1957年在复兴门外公主坟出土《辽王师儒墓志》云:夫人韩氏,“天庆四年(1114)二月二十八日终于燕京齐礼坊之第”。

裳阴坊 据《元一统志》载:“大昊天寺,在旧城。寺建于辽。按乾文阁待制孟初所撰燕京大昊天寺传菩萨戒故妙行大师遗行碑铭:道宗清宁五年(1059),秦城大长公主舍裳阴坊第为寺……”

(本文选自钟军、朱昌春、蔡亮著《隋唐运河:故道地名考》,中国社会出版社,2018年版)

广州历史地名考证(上)

王　荣

秦代番禺县与南越国都番禺城是在今广州旧城区,南越国都番禺城在西汉元鼎六年(前111)毁于战火,两汉时期番禺县治南迁于今广州市番禺区市桥北一带台地区,东汉末年即建安二十二年(217)又将番禺县治北徙于故址,唐代番禺县治又南迁至今广州海珠区珠江南岸之海幢寺一带,宋代番禺县治先迁至今广州市番禺区西南的紫坭,再迁至广州城东北,而元代以后的番禺县治也经历了多次迁徙。自秦汉迄于宋元,珠江三角洲地区的开发实际上经历了若干不同的历史阶段,即先后经历了先秦时期的海湾沙丘开发阶段,秦与南越国时期以今广州旧城区为中心的低丘、台地开发阶段,两汉至隋代的番禺市桥台地开发阶段,唐代广州江南洲沙田初步开发阶段,宋元时期珠江三角洲沙田大规模开发阶段。其中,第二、第三个阶段的出现,是区域政治中心变动的产物,而后两个阶段的出现,则是与番禺县治的南迁以及香山县、顺德县(今顺德区)的分置等重要行政区划调整举措紧密联系在一起的。

一、秦代番禺县治与南越国都番禺城的位置

秦代的番禺城是今天广州城的前身,为当时南海郡及其附郭县番禺县的治所,也是当时岭南地区最为重要的政治中心和经济中心所在地。秦汉之际,天下纷争,赵佗割据称雄于岭南,建立南越国,国都亦在番禺。于此,东汉班固的《汉书・地理志》明确记载:"南海郡,秦置。秦败,尉佗王此地。武帝元鼎六年开。属交州。户万九千六百一十三,口九万四千二百五十三。有圃羞官。县六:番禺,尉佗都。有盐官……"(《汉书・地理志》"属交州",清人已辩其误)。全祖望撰《汉书・地理志・稽疑》卷2云:"南粤七郡至后汉末始称交州,前此但称交趾

刺史，班史安得遽称交州，是必后人妄行窜改者。”依此权威记载，则赵佗南越国都城与秦汉番禺县城是在一地的。

然而，关于南越国都与秦汉番禺县治问题，唐人李吉甫却别有说法，其名著《元和郡县图志》广州南海县条云：“赵佗故城，在县西二十七里。即尉佗都城也。”而广州番禺县条则说：“本秦旧县，故城在今县西南二里。县有番山、禺山，因以为名。或言置在番山之隅。隋开皇十年改置南海县，即今县是也。长安三年，于江南洲上另置番禺县，取汉名。其洲周回约八十里。”唐时广州及南海县治皆在今广州旧城区，既是如此，则按照《元和郡县图志》的记载，赵佗都城应当在今广州旧城区以西 27 里处，而秦汉番禺县是在唐番禺县（在广州城南的“江南洲上”）“西南二里”。显然，在李吉甫看来，不仅南越国都与秦汉番禺县治不在一地，而且皆不在今天广州旧城区的位置。

据《史记·南越列传》记载：“元鼎五年秋，卫尉路博德为伏波将军，出桂阳，下汇水；主爵都尉杨仆为楼船将军，出豫章，下横浦；故归义越侯二人为戈船、下历将军，出零陵，或下离水，或抵苍梧；使驰义侯因巴、蜀罪人，发夜郎兵，下牂牁江：咸会番禺。”此事《汉书》所记略同。元鼎五年（前 112）秋，南越国出现内乱，汉武帝兴兵讨伐南越，汉军五路进攻南越，而要“咸会番禺”，可见当时的南越国都与番禺城是在一处。另外，《史记·西南夷列传》也记载：建元六年（前 135），“大行王恢击东越，东越杀王郢以报。恢因兵威使番阳令唐蒙风指晓南越。南越食蒙蜀枸酱，蒙问所从来，曰‘道西北牂牁，牂牁江广数里，出番禺城下。’”唐蒙出使南越而到了番禺城并吃到了来自蜀地的枸酱，显然也说明当时的南越国都就是番禺城。1983 年在广州旧城西北的象岗山发现了南越国文帝墓，为南越国的研究提供了实证。而在此之前的 1974 年，考古工作者在广州中山五路市文化局（原禺山书院）距离地面 5 米下发现了南越王宫砖石走道，砖石走道之下为大型木结构遗迹，从木块的碳-14 年代测定为 2190 ±90 年（北京大学），为越城遗物。曾昭璇在《广州历史地理》所说的“越城”即南越国都番禺城，又称赵佗城。1995 年和 1997 年，又先后在广州旧城的中心位置发现了秦汉南越国宫署遗址，为南越国都城及宫署的存在、概貌及确切地点提供了重要物证。经考古研究确定，已发掘的两处宫署遗址均为南越国宫署中的御苑遗址。南越国都在今广州旧城中心区一带，看来应当是了无疑问的。赵佗南越国都即是番禺城，在今广州市旧城，说明秦及南越国时期的番禺县治确实是在今广州旧城一带。李吉甫之说法不可轻信甚明。

然则唐人李吉甫在《元和郡县图志》中何以说“赵佗故城”，“即尉佗都城也”，是在唐广州南海县“西二十七里”？清初舆地学集大成者顾祖禹《读史方舆纪要》于广州城的变迁过程考证颇详：“广州城，今府城也。《通历》记载：楚伐扬越，自是南海事楚，有楚亭。旧《图经》：广州州城始筑自越人公师隅，号曰南武。《吴越春秋》：阖闾子孙避越岭外，筑南武城。后楚灭越，越王子孙避入始兴，令公孙隅修吴故南武城是也。秦以任嚣为南海尉，初居泷口西岸，俗名万人城，在今城西二十七里。既乃治番山隅，因楚亭之旧，其治在今东二百步，俗谓之任嚣城。又相传南海人高固为楚威王相时，有五羊衔谷穗于楚亭，遂增筑南武城周十里，号五羊城。及赵佗代嚣，益广嚣所筑城，亦在今治东，今谓之赵佗城。”看来，秦时南海尉治曾有过变化，李吉甫是将南海尉任嚣初居的南海尉城（即万人城）与后来任嚣、赵佗先后增筑的南海尉城（即后世所谓任嚣城或赵佗城）混为一谈了，故有误说。

二、南越国都番禺城的焚毁

历史上广州城的发展并不是一帆风顺的，因其曾多次罹受战火摧残，其中最早、最严重的一次就是汉武帝平定岭南之际南越国都番禺城的惨遭焚毁。史载元鼎五年（前112）秋，汉武帝乘南越国内乱之际，发兵五路讨伐南越，但因路途不近，加之南越国军队的抵抗，一年后即元鼎六年（前111）冬，伏波将军路博德、楼船将军杨仆等才分兵进至番禺城下，其中“楼船自择便处，居东南面；伏波居西北面。会暮，楼船攻败越人，纵火烧城”“楼船力攻烧城”。《史记》卷113《南越列传》记载了此事的经过，与《汉书》所载略同。

元鼎六年冬，楼船将军杨仆纵火烧城的后果如何？历史地理学家曾昭璇教授曾经考证说：“按《史记·南越列传》：‘楼船力攻烧城’及‘楼船攻败越人’等语，而这里正好有火烧过的炭屑和红烧土层堆积在瓦残片层之上，厚达10厘米。反映当日火势很大，也说明王宫是毁于火的。”当时的番禺城何以易致火焚？据曾昭璇先生推测，似与当时南越的宫室、民居建筑形式有关，即“番禺城多茅屋而被烧毁，王宫亦焚”。可见，依照曾昭璇先生的看法，元鼎六年冬南越王宫既被火焚，整个番禺城大概也毁坏殆尽。对此，学术界也有类似的说法，认为“南越国都番禺，被大火烧毁。南越王赵佗苦心经营的江山历经93年之后，被汉武帝所灭”。然而对于杨仆烧城的后果和影响，人们却有一些不同的看法，如有人认为杨仆放火烧城之后，“番禺守军大部向伏波将军投降，只剩下一座空城”；也有人说“汉武帝平南越时，曾火攻番禺城，使番禺城遭到重大的损伤。但是，番禺城并没有在这场大火中消失。从广州市四郊发现大量西汉中期至东汉墓葬来看，番禺仍然是岭南地区人口最稠密的地区和南海郡的郡治”。可见，关于汉武帝平定南越国后番禺城的状况，学术界至少有三种看法，一是认为因被火焚完全毁灭，二是认为留下一座空城，三是认为虽遭到重大的损伤但并未消失。

其实，元鼎六年冬南越国都番禺城毁于战火，不仅见于《史记》《汉书》的记载，而且也已被近年来不断取得的考古发掘成果充分证实。

三、两汉番禺县治的南迁

关于汉番禺城故址，历代文献记载多有歧义，导致今人也有诸多不同意见，传统主流观点认为是在今广州旧城区，最近又有学者相继提出番禺沙湾说、顺德简岸说等不同说法。诸说似皆不确，兹略作考述。

（一）广州旧城区说

关于秦、汉番禺县的治所，历来学者多认为是在一地，即在今广州市旧城区。如唐人张守节《史记正义》即说：番禺为“潘虞二音。今广州”。唐时广州城在今广州市旧城区。后来的学者多从其说，如清人汪士铎《汉志释地略》释为“今县”，即当时广州府附郭之番禺县。今人钱穆亦云：“秦、汉南海郡治番禺”，在“今广州市”。在历史地名考证及标识方面最具权威性的《中国历史地图集》，亦将秦、西汉、东汉南海郡治番禺城址均标绘在今广州市旧城区的位置上。按照前引《元和郡县图志》的记载，赵佗都城在今广州旧城区以西27里处，秦汉番禺县是在唐番禺县“西南二里”，而唐番禺县是在广州城南的“江南洲上”。关于唐番禺县的具体地点，《肇域志·广东·广州府·番禺县》记载：“疑即卢循城，在河南村。”如此则其“西南二里”仍当不出旧时广州城南珠江南岸的“河南”地区（今属广州市海珠区）。但宋人乐史《太平寰宇记》所记略有不同：“五羊城，按《续南越志》：旧说有五仙乘五色羊、执六穗秬而至，今呼五羊城是也。按其城周十里，初，尉佗筑之，后为步骘修之，晚为黄巢所焚。”“废番禺县，州南五十里，秦汉旧县，属南海郡。”可见，以乐史看来，赵佗都城是在唐宋广州城（在今广州旧城区），与李吉甫之说有异，而秦汉番禺县城则在其南50里处，也较李说稍南一些。然而，《元和郡县图志》《太平寰宇记》这两部古代地理总志名著也有共同点，就是都认为汉初尉佗南越国之都城与秦汉番禺县城不在一地，具体来说就是秦汉番禺县城在今广州市旧城之南面。但是如果依照笔者前文之考证，秦代的番禺县城与南越国都番禺城本在一地，而南越国都番禺城在元鼎六年（前111）已被火焚。当时整个番禺城大概毁坏殆尽，这可能是汉武帝在平定南越国后，要在别处另行改置南海郡治和番禺县治的一个重要原因。如此，则《元和郡县图志》和《太平寰宇记》所说的位于唐宋广州城南的秦汉番禺故城就只能仅仅以元鼎六年新置的汉番禺县城当之，不及于秦与南越国。

（二）番禺沙湾说

已故历史地理学家徐俊鸣认为：“汉武帝平定了南越之后，为了加强中央的统治，把原被赵佗割据的地区划分为九郡（后缩为七郡），广东大部仍属南海郡。由于南海郡所管辖的地区远不及赵佗割据时辽阔，南海郡治和番禺县治已他迁，越城又受到战火的破坏，自不免较前衰落。”至于迁徙的具体方位，则认为是“龙湾与古坝之间（今番禺沙湾附近）”。今按徐氏的番禺沙湾说实本于明清志书之有关记载。明嘉靖四十年（1561）黄佐编纂的《广东通志》就记载说：“番禺县治，汉始建于郡城南五十里，今龙湾、古坝之间，坝乃晋刺史邓岳所筑，刺史并治于此。”另外，此志尚有多条记载涉及汉番禺治所，如明末清初顾炎武编撰的地理总志《肇域志》，也有类似记载。清人顾祖禹于此也详有考说：“汉平南越，改筑番禺县城于郡南六十里，为南海郡治，今龙湾、古霸（‘霸’亦为‘壩’字之误，下同）之间是也，号佗故城曰越城。后汉建安十五年，步骘为交州刺史，以越城就圮，乃廓番山之北为番禺城，后又迁州治于此，自是不改。”然则黄佐《广东通志》、顾祖禹《读史方舆纪要》等的“龙湾、古坝之间”说确实也有不足取信之处。历史地理学家曾昭璇考证说：“越城自前196年被烧毁后，汉于郡南五十里，西江东岸，再建一南海郡城。《汉书》只说：‘筑番禺城于郡南五十里，西接牂牁。沮洳难居’。明黄佐据此定在今龙湾、古坝间。黄佐《广东通志》（1561）称：‘在广州城南五十里，汉建安末交州移治于此。吴分交州为广州，亦治于此。《汉书》所谓浮牂牁，下漓津，盖乘斯水入粤者也。今之沙湾、紫坭港是矣。’”“番禺城迁徙于沙湾、紫坭（即龙湾、古坝间），似不确。今人吴壮达于1976年去考察，据说没有结果。作者去两次亦无所得。当地为江边小村，开村在宋代，沙洲众多。江岸常变，不易成大聚落。沙湾亦唐代以后才成聚落。显然是按里数求得。”按曾氏所说“越城自前196年被烧毁”以及所引《汉书》、黄佐《广东通志》之语多有疏误之处，但判断沙湾、紫坭诸地形成聚落的时间不早于唐代却是不争的事实。考古学家麦英豪亦考证说：“至于南海郡治南迁60里于改筑的番禺县城内，此说未见于《读史方舆纪要》之前的史籍记载，不知所据何自。如依顾说，则南海郡的政治中心有328年不在今广州城了。按照郡南60里的方位推算，南迁地点相当今日番禺县县城市桥镇的位置。笔者曾两次到当地调查，在市桥和相邻的沙湾这一带，正是笔者老家毗邻的村镇。这一带为珠江三角洲较晚形成的冲积地，当地族谱记载是宋代才开村的。这里未见一座汉墓，也没有汉代遗物发现，甚至宋以前的墓葬也未见。但在广州近郊，由西汉前期到东汉末年的汉墓分布以及年代衔接都无间断或突然衰落的现象出现。这种延续不断的情况，为当时岭南地区各郡县的治地（如贵县、梧州、合浦等）所无。因此，汉平南越后，番禺（今广州市）应仍为南海郡治所，‘番禺南迁说’纯属误传。”麦氏所谓“此说未见于《读史方舆纪要》之前的史籍记载”“‘番禺南迁说’纯属误传”云云虽然失之武断，但所说今市桥、沙湾一带开村较晚，却与曾昭璇的见解略同。从古墓葬、村落历史调查等方面的情况来看，黄佐《广东通志》、顾祖禹《读史方舆纪要》的“龙湾、古坝之间”说未必可成定论。或许正因如此，徐俊鸣在据之提出“番禺沙湾说”之时，也说“按龙湾、古坝在今番禺县沙湾附近。但访问该地父老，已无知有古城。而广州市郊则发现了不少汉代墓葬，是则汉代的番禺是否他迁，尚待进一步研究”。这就显得信心不足，其说不被同行学者所认同，也是情理中事。

（三）顺德简岸说

曾昭璇先生在否定黄佐《广东通志》“龙湾、古坝之间”说的同时，又提出了自己的新说。据史料记载，五代十国时期南汉政权曾析南海县为常康、咸宁两县，北宋开宝六年（973）与番禺县一道并入南海县。其中咸宁县所在，清同治《广东通志》只提到：“咸宁废县，南汉置，在南海西。”曾昭璇先生又进一步考证说是在今广东顺德简岸一带，因为据说“在顺德简岸村侧（西侧），细海南岸（细海是当地一条小河的名称),是在河岸地势较高一处的瓦砾场所。笔者 1978 年考察时还是一片砾堆荒地,瓦砾厚达 1 米以上,混有唐、南汉瓦片甚多,随手已捡出唐末‘六出碗’残片不少。……石桥头有古桥一座,还有咸宁社设在桥头,社坛已毁,但村民仍称为‘咸宁社’”这段考证,有文献记载与野外调查所得相参证,似大致可从。但曾氏考订南汉咸宁县故址的目的乃在于寻求汉番禺城的所在,所以他又进一步推论说:“咸宁县废址即汉初番禺城所在。”曾氏的推论在历史文献和考古上的依据方面显得有些单薄,不可盲从。

其实要考得汉番禺县城之具体方位,还需要从较古的相关文献记载入手。北魏郦道元《水经注》卷 37《泿水》云:“泿水东别迳番禺,《山海经》谓之贲禺者也。交州治中合浦姚文式问云:何以名为番禺?答曰:南海郡昔治在今州城中,与番禺县连接,今入城东南偏有水坈陵,城倚其上,闻此县人名之为番山,县名番禺,倘谓番山之禺也。”又上述《水经注》引文,现行诸本略有不同,其中“今入城东南偏有水坈陵,城倚其上”一句,王国维校、袁英光、刘寅生整理标点的《水经注校》、陈桥驿点校的《水经注》均作“今入城东南偏有水坈,陵城倚其上”,显误。其中之“水坈陵”一词,历史地理学家与地名学专家吴壮达曾进行过专门研究,认为“无疑是解决古广州前身的古番禺城或‘番禺之都’所在地点的关键”。他认为“不论‘水坈陵’一词的第二字读音是‘坑’或‘冗’,其与‘水’和‘陵’连同起来的含义,都不应有很大的差别。它指的应是多面临水,或被水所环绕的一片高阜地区。既然是‘陵’,就不会是很高峻的地势;既然用‘水坈(坑)’,则不会是辽阔的水面(后者是今粤人对‘坑’的惯用词义)。”“《水经注》所说的‘今州城’,应是东汉末自广信迁治的交州州城,即步骘为交州刺史时所筑的城;其后不久,即有三国吴时初置广州,因而这也应是新设的广州州城。这座由古番禺演进而来的州城,就是位于旧广州城内偏东高地之上,并包括其边缘部分临水岸坡在内。这个为州城所倚的‘水坈陵’,与当时辽阔的珠江江岸远较今天接近。在海潮消涨影响所及的江边地带,居民点的兴起,依靠上述高地及其边缘岸坡,正是很自然的发展。况且这些高地的北邻,又有高达百米上下的‘北山’(粤秀山等)为之屏障;加以从此开始,远接白云诸山,在形势上完全符合《史记·南越列传》的任嚣语赵佗‘番禺负山险,阻南海’之言。”吴氏据《水经注》所记揭示了秦汉时期广州城市赖以兴起发展的地貌环境条件,颇有启发意义。但依笔者之见,吴说仍有值得商榷之处：其一，汉武帝元鼎六年（前111）曾改置番禺县，东汉末年交州刺史步骘又曾徙治于旧地，而《水经注》所记交州治中合浦姚文式问答之语，不系时间，难知其是步骘徙治之前或之后，所以不能肯定“水坑陵”三字就是说的徙治旧地后之形势；其二，番禺之得名历来颇有争议，吴氏认为“应是源自‘番山之禺’，而不是‘番山’和‘禺山’”。但曾昭璇先生却认为“番禺”二字“按《越绝书》的古越语译出‘番’即村，‘禺’即盐或咸之意，番禺即为‘盐村’或‘咸村’”。又有人认为“古代蕃、藩、番相通，‘九州之外谓之蕃国’，后世谓中国以外国家为‘番国’，称外国人为‘番人’。‘禺’作区域解，即地域也。番、禺结合，为‘岭南蕃国蛮夷之地’也，此为‘番禺’最初得名之本意。”如此，则“番山”和“禺山”极有可能为晚出之词，后于番禺设县，并可能随着番禺县的迁徙而发生地名搬家现象，所以尽管《水经注》中将“水坑陵”与“番山”记在一起，但不可认定两者必在一处或相邻，并进而依“番山”之位置而求“水坑陵”之所在；其三，“番山”和“禺山”之地名虽然历经变迁，其具体地点言人人殊，但大致不出今广州旧城区范围，显示出其与秦汉以来的番禺县有一定的渊源关系，但是在今广州旧城区范围内却很难找到与《水经注》所载“水坑陵”有关的地名，这说明这个历史地名可能原来就不在今广州旧城区。

在笔者看来，《水经注》所载的“水坑陵”，并不是“解决古广州前身的古番禺城或‘番禺之都’所在地点的关键”，而恰恰应是解决汉武帝元鼎六年（前111）改迁后直到东汉末年交州刺史步骘迁回旧址前的两汉南海郡治和番禺县治所在地点的关键。检20世纪80年代初所编绘的有关地图，广东省番禺县市桥镇（即今广州市番禺区政府与市桥街道办事处所在地）以北地区颇多与“水坑陵”有若干联系的聚落地名，东北方向有旧水坑、新水坑（别名水濂）、横坑、坑头、驼背坑、金坑等多个涉“坑”聚落地名，西北方向则有官坑、深坑口等涉“坑”聚落地名。再据新编《广州市地名志》的《番禺县地名图》，市桥街道办事处东北方向尚可补充多个涉“坑”地名，计有珠坑、塘尾坑、梅山（又名上坑）、眉山（又名苏坑）、思贤（又名严坑）等。合计起来，市桥北一带的涉“坑”聚落地名竟然达到13处之多。这一地区涉“坑”聚落地名如此普遍，为广州城郊及其附近地区所少见，似多为与古时水坑（即“水坑”）地貌相关的历史聚落地名遗存。值得特别注意的是，市桥东北方向的涉“坑”聚落地名比较密集，北起金坑，南至珠坑，形成一个半弧形的密集分布区，尤其是这个半弧的东南部，分布有旧水坑、新水坑、横坑、坑头、塘尾坑、珠坑等地名，更是涉“坑”聚落地名的密集区，而在这个半弧的内侧（西侧）即市桥正北方向则为一大片低丘台地区，其北部南村镇植地庄北的大镇岗地势最高，海拔为146米。根据历史地名遗存及地貌状况的种种迹象，再结合前引北魏郦道元《水经注·泿水》所说“南海郡昔治在今州城中，与番禺县连接，今入城东南偏有水坈陵，城倚其上”的记载，就不难推断出，今番禺区市桥以北至南村镇之间的低丘台地区，大致应该就是《水经注》所说的古“水坈陵”的所在，也就是两汉番禺城故址的大致方位。从里数上讲，广州市番禺区市桥北一带也可以说在广州旧城南“五十里”或“六十里”。曾昭璇认为“古书所记，里数和方位只是一个约数，未经精密测量，尤以方位为然。‘郡南’方位在佛山以东，新造以西地区都可用上”。其说颇有道理。前引宋人乐史《太平寰宇记》有“废番禺县，州南五十里”之记载，比之市桥西南的龙湾、古坝、沙湾、紫坭诸地，市桥镇北一带稍偏于东北，但仍在今广州旧城区之东南，在方位、里数上均可以说得上是比较吻合。

这里还可以提出其他一些旁证来支持笔者的这个新推测。曾昭璇曾指出市桥西南的“沙湾、紫坭均无唐迹，更无汉迹”，“只有市桥北才有东汉墓区”。可惜因其着力于顺德简岸说的论证，并未对市桥北一带东汉墓区的存在过多留意。而麦英豪则以“广州近郊，由西汉前期到东汉末年的汉墓分布以及年代衔接都无间断或突然衰落的现象出现”为据来否定诸多历史文献关于汉番禺城曾经南迁的记载。广州考古界似乎普遍认同这一说法，以至于以先入为主的思想将西汉中后期和东汉时期广州南郊（即海珠区）汉墓点的逐渐增多也相应地解释为：“自西汉中叶以来，经济日益发展，人口逐渐增加，随着城区的扩大，葬地也跟着向南延伸。”其实这样的看法是值得商榷的。据有关考古资料，近年来番禺区北部至少已有6处汉墓（群）被先后发现，可知市桥北一带至迟自两汉时起就是人烟比较密集之地。

四、东汉末年番禺县治的回迁

汉武帝元鼎六年（前111）平灭南越国以后，改迁南海郡治与番禺县治于旧治之南，虽然旧城相应衰落，而新番禺城仍然发挥着区域经济中心的作用。《史记》记载：“番禺亦其一都会也，珠玑、犀、玳瑁、果、布之凑。”。《汉书》云：“（粤地)处近海,多犀、象、玳瑁、珠玑、银、铜、果、布之凑,中国往商贾者多取富焉。番禺,其一都会也。”在《史记·货殖列传》中列举的汉初全国19个区域中心城市中,被称作“都会”的城市只有9个,而番禺即居其一,可见其商贸经济发达的程度。今广州市番禺区市桥北一带北近珠江及其枝津三枝香水道和沥滘水道,东邻莲花山水道和狮子洋,南有市桥水道和沙湾水道,西侧邻近陈村水道,这些水道历来即为内河水运及海外交通的重要通道,至今仍有通航之利,秦汉时期这些诸水道当更为宽阔,由于市桥以南成陆时间较晚,秦汉时期市桥南面的市桥水道和沙湾水道所在地当时尚为海域,自有海港可资停泊商船。水运交通之利自然更为显著。番禺城在元鼎六年(前111)南迁后,商业贸易仍然发达并保持着区域经济都会之地位,显然得益于其河海港口优势和便利的水道交通条件。但是,新设立的县城却有不利的方面,以致后来不得不将县治回迁故地。据明嘉靖《广东通志》记载:“初,州治在番禺城南五十里,西接牂牁末流,沮洳难居。(建安)二十二年,(步)骘徙治尉佗故都,筑立城郭,民用绥集。”“沮洳难居”之说虽不见于今本《汉书》《后汉书》《三国志》等正史记载,但绝不会是明人所杜撰,或出于已佚之古书,在无反证提出之前,其说大致是可以相信的。“沮洳难居”这样的历史城市生态环境的局限,应当是东汉末年吴交州刺史步骘迁徙南海郡治与番禺县治于旧地的一个重要原因。但客观地说,历史时期珠江三角洲地区河网如织,符合“沮洳难居”的环境地方一定不少,不能任意指定,必须结合方位、里数、地形地貌环境、历史交通形势等其他因素进行综合分析才能得到确定。若以“沮洳难居”而论,市桥北一带最为符合。一则这一地区在历史时期本身就是诸多水坑分布区,现在这些水坑仍多有遗迹可寻,加之区内又有不少河、涌交错其间,古时水网当更为复杂一些,颇符合“沮洳难居”之说;二则如前已述,市桥北一带四周为多条宽阔的水道所环抱,这些水道历来即为内河水运及海外交通的重要通道,所以使得两汉时期的番禺城虽经改置而不至于完全衰败,并且还有一定程度的发展,但是汉代新置的番禺城所处地理环境也有严重的缺陷,水运固然通畅,但因其地河网如织,地势低洼,对外陆路交通十分不便,难以控制整个岭南地区的政治形势。如果从位于珠江三角洲顶端水陆交通枢纽地点的秦番禺旧治即今广州旧城一带南下汉南海郡治和番禺县治所在的新番禺城,则需要三渡珠江河道(今广州市河南地区即海珠区南北皆为珠江河道,海珠区以南、番禺区北境的三枝香水道与沥滘水道亦为珠江支津），现在主要依靠轮渡或桥梁来渡人行车，古时江面更为宽阔，陆路交通之不便可想而知，这可能更加深了当时人们南到新番禺城一带而产生的“沮洳难居”的印象。可以说，正是“沮洳难居”这样的历史城市生态环境制约了这座新城市的进一步发展，这也导致东汉末年最终还是要将南海郡治和番禺县治一并迁回旧址。

东汉末年将番禺县城迁回旧址一事，素来未引起人们的充分关注，其实从史料记载中可发现一些蛛丝马迹。《元和郡县图志》云：“献帝末，孙权以步骘为交州刺史，迁州于番禺，即今州理是也。孙皓时，以交州土壤太远，乃分置广州，理番禺。交州徙理龙编。”这里仅仅简单地提到了“迁州于番禺”与交广二州分治之事，而北魏郦道元《水经注》卷37《泿水》述迁州番禺事由更详：“建安中，吴遣步骘为交州，骘到南海，见土地形势，观尉佗旧治处，负山带海，博敞渺目，高则桑土，下则沃衍，林麓鸟兽，于何不有。海怪鱼鳖，鼋鼍鲜鳄，珍怪异物，千种万类，不可胜记。佗因冈作台，北面朝汉，圆基千步，直峭百丈，顶上三畮，复道回环，逶迤曲折，朔望升拜，名曰朝台。前后刺史郡守，迁除新至，未尝不乘车升履，于焉逍遥。骘登高远望，睹巨海之浩茫，观原薮之殷阜，乃曰：斯诚海岛膏腴之地，宜为都邑。建安二十二年，迁州番禺，筑立城郭，绥和百越，遂用宁集。”其中“建安二十二年，迁州番禺”之句，清人杨守敬疏云：“《续汉志 · 注》引王范《交广春秋》，建安十五年(210)，交州治番禺。《晋志》同。《舆地广记》亦同。《宋志》在十六年，此作二十二年，又异。”指出了史书记载在具体时间上的分歧。而其“筑立城郭”一句，熊会贞疏云：“《元和志》，广州城，步骘所筑。《寰宇记》引《续南越志》，旧说有五仙人，乘五色羊，执六穗秬而至，至今呼五羊城。其城周十里。初，尉佗筑之，后为步骘修之，晚为黄巢所焚。”熊会贞引《元和志》说“广州城，步骘所筑”，似与原文有些出入，自是演绎之词，但却不无道理。因为《史记》《汉书》已明言南越国都番禺城在西汉元鼎六年（前111）冬曾受火攻，《水经注》又记建安中步骘观尉佗旧治处时只是盛赞其形胜之壮、物立之饶，并未说到宫室建筑的情况，显然已是废墟，所以当是在后来“迁州番禺”之时，才有“筑立城郭”之举动。

关于东汉末年步骘迁州番禺的时间，明清志书也多有不同。清人顾祖禹在《读史方舆纪要》卷101《广东一 · 广州府 · 广州城》系年于建安十五年(210)，与

《水经注》二十二年(217)说异。明人黄佐所记则颇多混乱,或谓"建安十五年,交州刺史步骘以越城久圮,乃廓番山之北为番禺城,二十二年迁州治于此",或谓"建安十五年交州刺史步骘徙治于此,后改交州牧,俄而复旧。吴分交州为广州,俄亦复旧。二十二年,步骘用治中姚文式言,徙治五羊城,因尉佗故国筑而固之"。郭棐则仅取黄佐前一说法,谓"建安十五年交州刺史步骘开番山之北,广故越城,筑而固之,二十二年复徙治焉"。前人说法既众,值得一辩。

史书确有建安十五年(210)徙交州于番禺的记载,《续汉书·郡国志》注引王范《交广春秋》云:"交州治羸县,元封五年移治苍梧广信县,建安十五年治番禺县。诏书以州边远,使持节,并七郡皆授鼓吹,以重威镇。"《晋书·地理志》记两汉交州沿革及交广分治事颇详:"武帝元鼎六年,讨平吕嘉,以其地为南海、苍梧、郁林、合浦、日南、九真、交阯七郡,盖秦时三郡之地。元封中,又置儋耳、珠崖二郡,置交阯刺史以督之。昭帝始元五年,罢儋耳并珠崖。元帝初元三年,又罢珠崖郡。后汉马援平定交部,始调立城郭置井邑。顺帝永和九年,交阯太守周敞求立为州,朝议不许,即拜敞为交阯刺史。桓帝分立高兴郡,灵帝改曰高凉。建安八年,张津为刺史,士燮为交阯太守,共表立为州,乃拜津为交州牧。十五年,移居番禺,诏以边州使持节,郡给鼓吹,以重城镇,加以九锡六佾之舞。吴黄武五年,割南海、苍梧、郁林三郡立广州,交阯、日南、九真、合浦四郡为交州。戴良为刺史,值乱不得入,吕岱击平之,复还并交部。赤乌五年,复置珠崖郡。永安七年,复以前三郡立广州。"

另据《三国志·吴书·士燮传》:"建安十五年,孙权遣步骘为交州刺史。骘到,燮率兄弟奉承节度。而吴巨怀异心,骘斩之。"其相关行事,宋人司马光《资治通鉴》也系年于建安十五年(210),元人胡三省做作注则引用了《晋书·地理志》建安十五年移州居番禺的说法。建安十五年移州说,后代地理志书多采之,南宋欧阳忞《舆地广记》广州条云:"建安十五年兼立交州,吴永安六年分立广州。"王象之《舆地纪胜》也说:"《通鉴》:建安十五年,孙权以步骘为交州刺史,而交趾太守士燮率兄弟奉承节度。则交州刺史时已治交趾矣,自步骘为刺史之后,始理番禺,又以番禺为广州,而交州复治交趾。"然而事情可能未必如此简单,因为据《三国志·吴书·步骘传》:"建安十五年,出领鄱阳太守。岁中,徙交州刺史、立武中郎将,领武射吏千人,便道南行。明年,追拜使持节、征南中郎将。刘表所置苍梧太守吴巨阴怀异心，外附内违。骘降意怀诱，请与相见，因斩徇之，威声大震。士燮兄弟，相率供命，南土之宾，自此始也。”关于步骘赴任交州的具体时间问题，胡守为先生以为是：“建安十五年（210），孙权任命步骘为交州刺史，正式插手交州的事务。步骘有名于吴国，方受任为鄱阳太守，孙权急忙把他调往交州，就是迫切要解决交州的问题，而步骘所具备的名望和才干，又是合适的人选。翌年，步骘率武吏1000人赴任，孙权又加授使持节、征南中郎将的头衔，提高他的地位。若以此考证，则建安十五年（210）孙权确曾遣步骘为交州刺史，希望其移治于南海郡番禺县，进而控制交州形势，但步骘似乎次年即建安十六年（211）才到任上，故而绝不可能于建安十五年（210）就发生如明人黄佐所说的“乃廓番山之北为番禺城”之事。如单纯从时间上分析，《宋书·州郡志》“十六年，徙治南海番禺县”之说似乎也不是全无根据，但建安十六年（211）步骘初来岭南，关注的重点应是如何尽快铲除刘表所树立的敌对势力，岂有时间和精力来“筑立城郭”？如此说来，建安十五年孙权遣步骘为交州刺史当属事实，其到任的时间可能是在次年，按照当时岭南的政治、军事形势，步骘绝不可能于孙权委任交州刺史的当年即建安十五年（210）或者次年即建安十六年（211），就在南越旧都之地大兴工程作为交州的新治所。

这样看来，东汉末年“迁州番禺”的时间有多种说法，但交州与番禺县皆曾迁建，却了然已明。以笔者的意见，建安步骘“迁州番禺”可能分作两步，建安十五年（210）是将交州从其原治所即苍梧郡广信县徙置于汉武帝新置的南海郡番禺县（此事大概实际上是在建安十六年即211年才落实的），待岭南形势初定之后，乃采纳交州治中合浦姚文式的建议，于建安二十二年（217）又将交州治与南海郡、番禺县一道北徙于赵佗旧治处，并“筑立城郭”，以为官署之用，步骘新修筑的番禺城，可能比秦时及南越国时的番禺城要稍大一些，但具体范围尚有待进一步考证。有人认为：“时赵佗城已毁坏，步骘将原番禺城向东扩充至赵佗故城东27里，以后县城便以此为基础。”显然是错误地理解了《元和郡县图志》的有关记载，并误“西”为“东”，不可为信。若此说不误，则从西汉武帝元鼎六年（前111）到东汉献帝建安二十二年（217），共计327年间，两汉番禺县城与南越国都旧址并不在一处，而在其南50里处的今广州市番禺区市桥北一带。

赵佗旧都所在的番禺，“负山险，阻南海”，自古为岭南形胜之地，清人顾祖禹评论说广州“不特为广东之根本，亦制广西之肘腋也”。秦末汉初天下纷争之际，赵佗正是因为据有这样的形胜之地，努力经营，才得以割据一方，与汉朝长期对峙。汉武帝胸怀远略，在元鼎六年（前111）平定南越后，力图南拓疆土并经略海外，遂将岭南区域政治中心南移交趾，又因越城已焚，加之想要根绝割据之患，才在赵佗旧都之南另建南海郡及番禺县城。但时过境迁，东汉末年，军阀并起，或据一郡，或占数郡，相互攻伐，无有宁日。孙权据有江东之后，欲遂其争霸中原之志，首先必须稳固后方，铲除刘表在岭南的势力，所以才在建安十五年（210）遣步骘为交州刺史，并移交州治所于汉番禺城中。待岭南形势初定以后，步骘于建安二十二年（217）又将番禺县徙治于秦时旧地，“广故越城，筑而固之”，交州、南海郡治当亦并依其城，方使得这个岭南地区新的政治中心自此既摆脱了“沮洳难居”困境，又重新占据陆海形胜之地，可谓是一个明智的选择。这样的分析，也可从后来的交州以及交、广分治后广州所发挥的军事作用上得到一定的印证。据《三国志·吴书·步骘传》：汉献帝延康元年（220），“权遣吕岱代骘，骘将交州义士万人出长沙。会刘备东下，武陵蛮蠢动，权遂命骘上益阳。备既败绩，而零、桂诸郡犹相惊扰，处处阻兵，骘周旋征讨，皆平之。”胡守为先生认为“这些所谓‘交州义士’，便是吴在交州征发的丁壮”，“孙权为征调劳动力而夺取交州的目的，于此又可证明”。其说或近于史实，但对已迁回旧址的新交州治所番禺城军事形胜的分析略有不足。而据《三国志·吴书·士燮传》，孙权“以交趾县远，乃分合浦以北为广州，吕岱为刺史；交趾以南为交州，戴良为刺史”，但士燮之子徽不忍其父开创的割据基业轻易让人，故“发宗兵拒良”，于是“吕岱被诏诛徽，自广州将兵昼夜驰入，过合浦，与良俱前”，顺利平定交趾之乱。此事则更显出东汉末年交州即后来的东吴广州治所在军事地理的独特优势。由此观之，如果说汉武帝元鼎六年（前111）改置南海郡及番禺县于旧治之南尚属权宜之计的话，那么，建安二十二年（217）步骘重移交州、南海郡及番禺县于越城旧地，应该视为是广州城市发展史上的一件大事，因为这一英明的举动，始为广州城市的正常发展重新赋予了生机。

重庆三问

李正权

一、为何"重庆"

重庆得名于南宋淳熙十六年(1189)。是年正月,宋孝宗之子赵惇封恭王,二月又即帝位,为宋光宗,自诩为"双重喜庆",遂按常规,将其名义上的封地恭州升格为府,命名为重庆府。也有人认为,是光宗即位时正逢太上皇(孝宗)与皇太后(高宗皇后)"俱临庆典",是"喜庆双重"而得名。还有人认为,是因为重庆位于绍庆府(今彭水)与顺庆府(今南充)之间,以双"庆"之意为名。不管哪种说法,重庆都是"双重喜庆"之意。

重庆古称江州。据《华阳国志・巴志》载:"巴子时虽都江州,或治垫江,或治平都,后治阆中。其先王陵墓多在枳。"有人认为,江州的"州"是秦以后才有的行政区域名,巴国不可能设州。还有人认为,江州以及平都(今丰都)、枳(今涪陵)、垫江(今合川)、阆中都是秦灭巴之后才有的名字,它们当年可能都叫"巴"或巴都。正如楚国国都虽然多次迁徙,在今湖北、河南、安徽三省范围内的枝江、荆州、宜城、淮阳、阜阳、寿县都建过都城,但不管迁到哪儿都叫"郢"。《华阳国志》毕竟是东晋时的著作,离巴亡已经600多年,这些说法或许也有道理。例如平都,是东汉永元二年(90)才分枳县地所置,巴国时肯定没有"平都"这样的地名。又如垫江,因嘉陵江、涪江二水在城北鸭咀汇合,其水如衣重叠,因而原名亵江。哪知《汉书・地理志》误记为垫江,竟然沿袭至今(现垫江县建于西魏恭帝二年,即555年,与合川无关)。合川在巴人入川前是濮族人的主要居住地,巴人在合川建有巴子城,巴子城曾作为巴国的别都。显然,垫江之名也不是巴国时就有的。但是,笔者认为,江州之名却可能在巴国时就有了。《说文》记载:

“水中(高地)可居曰州。”《诗经》云:“关关雎鸠,在河之洲。”后来因被行政区域的“州”假借,原意的“州”只好改为“洲”。重庆城位于长江嘉陵江汇流处,三面环水,形似浮在水中的岛屿,也可以称其为“州”(洲)。实际上,江州就是“江洲”。因此,江州之名在巴国时就应当是有了的。

重庆城沿长江东下40多里,右岸有一面积达六七平方千米的小岛,现名广阳坝。广阳坝是长江里的“水中高地”,曾是巴人聚居之地,肯定是“州”(洲)了。或许广阳坝最先叫江州,有人就认为巴人曾设“都”于广阳坝长江对岸的滩城。但是,广阳坝虽然有江水环绕,但却无险可守。或许是巴人发现渝中半岛更险要,更适合设“都”,便将江州从广阳坝迁来。后来,巴人参与周武王讨伐商纣王的战争,“巴师勇锐,歌舞以凌,殷(商)人前徒倒戈”(引自《华阳国志·巴志》)。周王朝建立后,周武王分封姬姓宗族于巴国,赐予子爵,称为巴子,巴才真正称为巴国,也才有了名正言顺的“都”。即使最早的江州是广阳坝,但《华阳国志·巴志》说“巴子虽都江州”的时候,江州早已迁往渝中半岛了。

周慎靓王五年(前316),秦惠王遣张仪和司马错伐巴蜀,“执王以归”。张仪是战国时著名的纵横家,此时还担任着秦国相。灭掉巴国后,设巴郡,辖江州县,郡、县均治江州。他深知江州重要,下令筑城,取名巴郡城,也称江州城,史称“仪城江州”。鉴于巴人江州并没有留下史迹,也没有留下文字记载,严格说,江州之名只能从“仪城江州”算起。两汉三国时期,重庆一直设巴郡,辖江州县,郡、县均治江州。南北朝期间,重庆不断更名,先后使用过荆州、楚州、巴州,江州县也改名为巴县,但州、郡、县均治江州。西魏废帝二年(553),江州县改名为垫江县,取消了江州之名。作为地名,江州前后使用了800多年。

隋开皇三年(583),改楚州为渝州,治巴县县城(原江州城)。宋崇宁元年(1102),因发生赵谂谋反之事,宋徽宗以“渝”有“变”的意思,改渝州为恭州。辖巴县,州、县治均在原江州城。作为地名,渝州使用了500多年。

从南宋淳熙十六年(1189)得名重庆后,800多年来,再也没有更改,而且在今后的时期里,可能也不会更改。那么,重庆这个地名的魅力又在哪里呢?又为什么受到人们如此的喜爱呢?首先,“重庆”二字的字面上充满了喜庆,而且是双重的。自古以来,中国人经历了诸多天灾人祸,灾害多多,吃苦多多,因而追求喜庆,追求乐感。李厚泽先生说,中国文化就是一种乐感文化。重庆这样的地名,与汉民族的无意识相协调，当然就舍不得丢掉。其次，重庆历史上使用过的地名，除江州外，均不具有地方特色。楚在长江中游，重庆命名为楚州，名不副实。重庆虽然也产荆，但荆州之名早在春秋时候就已经成为楚国的别称，把重庆命名为荆州肯定不妥。渝州虽然以嘉陵江为名，但长江对重庆更重要。还有恭州，更是莫名其妙，与重庆人的性格截然相反。此外还有诸如巴郡、巴州，虽然贯以“巴”，有某种继承性，但巴作为一个部族或一个诸侯国，早已不存。诸如江、巴、楚、荆用字，在中国古地名中都不是独一无二的。从字面上看，重庆虽然与命名前的重庆历史和地形地貌不相关，但在国内外却是独一无二的地名。长江嘉陵江环绕重庆城，也可看作是“重”。长江嘉陵江为重庆城带来财富，开敞大门，也可视为“喜庆”。最后，江州虽然也是一个好地名，但中国靠江的城市太多。东晋时所置江州，“洲”已经变为“州”，辖境为现江西省大部。后南朝多次分割，使江州辖境变小，后来就专指九江。“江州司马青衫湿”，指的就是九江。此外，叫过江州的还有今安徽潜山县城，北齐就称为江州。广西崇左市也曾经叫江州，至今仍有江州区、江州镇。至于自称过江州的地方，那就更多了。与其与人打架，不如独占鳌头。虽然四川原有崇庆（现崇州），但那只是音同字不同，意思更大相径庭。“重庆”二字既祥瑞喜庆，又独一无二，值得重庆人珍惜。

二、何为“重庆”

秦国首创郡县制后，我国的地方行政机构长期都是两级。后来，作为省级的郡逐渐演变成州、道、路、省。在县级上面又先后出现了地级的州、府、道。除了秦国所设的巴郡之外，重庆一直只是地级的州、府、道。重庆升格为府后，辖有巴县、江津、璧山（后改为璧山）、南川（治今綦江古南镇北）4 县（后来又多有增加），却并没有自己的直接辖地。即使有什么需要管的，往往也要通过县去管，一般不能直接去管。旧时，说某人的籍贯，一般只说到省和县，不会说省和县之间的州、道、府。例如，邹容，只说他是四川巴县人，而不会说他是四川重庆（1997 年 6 月 18 日成为直辖市）人或四川重庆巴县人，后来才在巴县后面加个括号（今重庆）而已。这样，重庆这个地名就显得有些尴尬，指代的区域不仅经常在变化，而且并不明确。在不同的语境下，重庆指代的地方往往并不相同。一般来说，州、府、道最早都以其治所地为名。因州、府、道的治所都筑有城，州、府、道之名就成为城名。在这个城里，既有州、府、道的官衙，又有所在城的县衙。因此，像重庆这样的地名，一般并不是指重庆府的辖区，而是指重庆城。

这种情况并非重庆一地，即使是京城也一样。例如，朱元璋攻下集庆路后，改其名为应天府，以应天府建为南京，以开封府建为北京。然后又罢北京开封府，改南京为京师。朱棣又将京师改称为南京，改北平府为顺天府，建为北京，称为“行在”。不管是北京还是南京，不管是应天府还是顺天府，都不直接管辖所在的地方。管辖南京地方的是江宁县和上元县，管辖北京的是大兴县(今大兴区)和宛平县。人们所说的北京和南京，一般只指北京城和南京城。这种情况直到民国时期才有了改变，将城区单独划出来设市，诸如北京、南京、重庆之类地名才有了自己直接管辖的区域。

以现在的重庆为例，城口县虽然离主城区有400多千米，但依然可以自称是重庆。为了与38个区县这样的大重庆有个区分，于是发明了主城区的说法。正如“吉林”一样，是指吉林省还是吉林市？听话的人不揣摩一下，往往难以判定。吉林有省市之分，弄不清楚时，加一个省或市字就可以解决歧义。重庆不是省，弄不清楚时，往往要说明是大重庆还是主城区，也就特别麻烦。事实上，不管是诸如中央电视台播天气预报，还是人们日常说话、写文章，重庆这个地名，在相当多的情况下，只是指以重庆老城为核心的主城区。万州人要到市政府来办事，他们会说“去重庆”“到重庆去”，而不会说“去渝中区”“到渝中区去”，甚至也不会说“去市政府”“到市政府去”。在万州人心目中，重庆依然只是原来那个重庆，也就是主城区那个重庆。前几年，万州的报纸还翻出陈年老资料，讨论“成(都)渝(重庆)万(县)”的地位问题，隐含着对纳入重庆管辖后的某种不满或不甘。而在主城人的心目中，万州依然是万州(县)，虽然受重庆管辖，但却不是重庆。不仅万州如此，其他区县，甚至主城区某些较为偏远的地方也是这样，往往也要被主城区的重庆人排除在外。大概只有渝中、江北、沙坪坝、九龙坡、大渡口、南岸等几个主城区的人，才不会说自己是渝中人、江北人、沙坪坝人、九龙坡人、大渡口人、南岸人，而只会说自己是重庆人。虽然如此，从法律的意义上来说，具有重庆户籍的人都可以说是重庆人。为了说得明确一点，往往要在后面加上诸如万州之类的后缀。就像张三来重庆打工，一般不会说自己是四川人，而会说自己是四川广安人一样；万州人即使走到重庆之外的地方，大多也会说自己是重庆万州人。

一般情况下，重庆又特指重庆城，甚至特指重庆古城城墙内外那只有几平方千米的地方。从江州城到重庆城，一直是郡、州、路、府、道的治所。很多县城的治所是没有地名的，仅仅只以城关镇呼之。只有曾经做过州、府、道治所，或者人口较多、经济发达的治所，才有自己单独的地名。例如，忠县县城原是忠州治所，因而其县城叫忠州镇。云阳县城双江镇就因为人口较多、经济发达而有名。这样单独的地名往往把县名掩盖了。我们都知道成都，却少有人知道成都县、华阳县。重庆城最早作为巴郡、江州县、巴县治所，以重庆称之，从一个侧面也说明了重庆的历史地位。

如果历史上受过重庆管辖的地方都称为重庆，重庆指代的地方就更加混乱。历史上，重庆还有过诸如重庆路、重庆卫、重庆镇、重庆镇抚府之类行政或军事机构，其管辖的范围甚至远达如今的四川泸州、宜宾、内江、资中、达州等地区以及贵州北部。如果把历史上重庆管辖或曾经管辖过的地方都称为重庆，重庆的外延就太大了，而且还可能出现混乱。例如，杜甫在夔州（奉节）住过很长时间，不可能把杜甫拉入到重庆人的圈子中来。又例如明末播州（遵义）属于重庆兵备道管辖，但我们不可能把叛乱的播州宣抚司使杨应龙说成是重庆人。

1921 年，重庆设商埠督办处，筹办市政，以巴县城关即重庆老城以及江北县城附近一带居民区为辖区。1922 年，将商埠督办处改为市政公所。1926 年，又改称商埠督办公署，拓展城区，开始进行城市建设。1927 年，又将商埠督办公署改为市政厅，划定重庆两江上下游南北两岸 30 华里为市区，但无明确边界。直到 1929 年，重庆才正式设市，才真正开始“有”了自己直接管辖的区域。市与府不同，府是“虚”的，市是“实”的；府没有自己直接管辖的地盘，市有自己直接管辖的区域；府要管下面的事，往往要通过县去管，而县并不是府的派出机构。当年，重庆市的范围仅限于现渝中半岛的一部分，后来才逐渐扩大，然后才开始分区。区与县也不同，县是独立的，区是市派出的，是代表或代替市进行管理的。如今，区县虽然同级，甚至区级还高于县级，但名义上县是省管，地区或地级市管县是代表或代替省管；区却不是省管，是市直管。作为直辖市，重庆的区虽然略有不同，但性质一样。现在不断地改县为区，重庆 38 个区县中已经有了 26 个区。那些由县改过来的区，与主城区的区似乎也有区别。例如公安机关，主城区的公安局叫公安分局，市公安局可以直管；而这些区的公安局不加“分”字，市公安局管的权力就受了很多限制。中国的行政机构有直辖市、计划单列市、副省级市、较大的市、地级市、县级市，区也有副省级区（例如两江新区）、地级区（例如万州区）、副地级区（例如成都的区）、县级区（例如泸州的区），过去县以下还有乡镇级的区（例如涪陵过去就有李渡区），即使是政府官员，也可能搞不灵醒，更别说一般老百姓了。在这样的情况下，要准确界定诸如重庆的外延就相当困难。

自古以来，中国人都喜欢使用诸如“大概”“差不多”之类的模糊语言。作为地名，重庆的内涵外延难以准确确定，这也是没有办法的事。如内涵的限定，任何一个词语，在不同的年代、不同的使用范畴、不同的人或者同一个人在不同的场合，往往会有不同的理解。如今，重庆大体上就可以指代三个区域：一是整个直辖市，二是主城区，三是渝中半岛东端的重庆城（重庆母城）。同时，还可以指代1189年之前重庆这个地名尚未出现时的重庆地区，当然也包括指代上述三个不同区域。在某个语境中具体指代的是哪一个，只有靠我们去揣摩。地名学要求地名应当具有唯一性，一地一名，指代明确。显然，在现实生活中，重庆指代的区域没有达到这样的要求，给人们的使用带来诸多麻烦。当然，这不仅仅是重庆一地的情况，如今的北京、上海、天津可能都存在着类似的问题。只是由于重庆面积大、人口多，特别突出罢了。

三、重庆简称“渝”意味什么

渠江及嘉陵江合川以下一段，古称渝水。隋开皇三年（583），重庆因此而得名渝州。至今简称“渝”，尚有渝中、渝北的区名。《诗经·郑风·羔裘》记载：“彼其之子，舍命不渝。”成语中也有“忠贞不渝”“至死不渝”等。重庆被称为渝州，不是因其“不渝”。事实上，有些重庆人是相当会“渝”的。“渝”就可能不忠，就可能造反。北宋徽宗崇宁元年（1102），渝州人赵谂叛乱，很快就被镇压。徽宗皇帝可能听信了测字先生的话，发生这样的叛乱是因为渝州的“渝”字不好，于是下令改渝州为恭州。“恭”与“渝”相反，乃恭敬、恭谨、恭候、恭顺也。将渝州改为恭州，是要重庆人恭顺朝廷。虽然名字改了，重庆人却依然没有那么恭顺，还是在“渝”。

外地人读了小说《红岩》，看了电影《烈火中永生》，参观了歌乐山下那一片被鲜血染红的土地，以为重庆人都像关在渣滓洞、白公馆里面的那些先烈们一样坚强，其实大谬不然。那么多烈士，真正的重庆人（仅指主城区）却很少。罗世文是四川威远人，车耀先是四川大邑人，江姐是四川自贡人，陈岗（然）原籍江西、生于河北，许云峰（晓轩）是江苏江都人……

重庆简称渝，重庆人也真的有点“渝”，其“渝”之迅速，“渝”之彻底，都堪称一个“最”字。改革开放后，市场经济中，重庆人“渝”的本色与日俱增。

再以重庆女子的穿着为例，那种敢穿的气概就有点令外地人惊讶了。20世纪80年代初，当内地还相当保守之时，重庆女子已经很敢穿了。如今就更不用说了，以致外地人到了重庆都要到解放碑打望，把这些敢穿且又相当美丽的重庆妹儿当作一道风景来欣赏。另外，重庆人在吃的创新方面也是相当“渝”的，几乎一年流行一种菜肴。

其实，“渝”并不都是坏事。作为一个工商业城市，当然应当时时刻刻关注市场变化，随机应变，经常都要“渝”。如果一味保守，该变不变，该“渝”不“渝”，在日益激烈的市场竞争中就可能失败。正是因为重庆的这个工商业城市的特点，重庆人才养成了善变的性格，才这样“渝”。鄙视保守、反对守旧、敢于试验、敢于创新的“渝”，是重庆人一笔宝贵的精神财富。市场经济需要灵活应变，需要多闻好学，需要敢于为天下先的勇气。重庆人的“渝”从某一个方面来说，正好能够适应市场经济的要求。问题在于，我们应当如何掌握这个“度”，如何把握住“渝”的方向。

（作者系重庆市公安局政治部退休干部）

国外地名服务的领域

董　珂　郭晓琳　程道平

做好地名服务工作对促进一个国家的经济发展、社会稳定、国防安全、增强民族凝聚力等方面具有重要意义。世界各国对地名工作均十分重视，在与地名相关的各个领域开展各类地名服务，主要涉及国防、建设和民生等领域。

一、地名服务于国防建设

地名服务应用于国防建设。虽然现今国际形势相对稳定，和平发展成为时代主流，但是不可否认，由于霸权主义强权政治的存在和挑唆，世界局部热战不断，小范围争端时有发生。其中，领土争端就是一个十分重要的导火线。同一地区在两个相邻国家之间往往存在不同的名称，若处理不当，就容易演变为领土主权归属问题，这也是领土争端的一种常见形式。

独岛（日本称竹岛）位于韩国郁陵岛东面约70千米处，独岛是由东、西两个小岛及周围37块岩礁构成。该岛面积不大，但由于其独特的地理位置，有着极高的战略价值和经济价值。韩国和日本都对独岛宣示主权，由此引发两国的独岛之争。据西方有关日本海考察探险史籍记载，1849年，法国捕鲸船“利扬库尔”号曾来此查勘，他们据船名将此岛命名为利扬库尔岩。现今英国出版的国际上最有影响的《泰晤士地图集》（The Times Atlas），仍将该岛标以这一法语名称——利扬库尔岩。“一地三名”背后所反映的是一些列强的侵略野心，同时，也反映出地名对一国国防建设的重要影响。在澳大利亚，政府规定跨州/领地边界的任何地物的名称在边界两边是相同的，这在一定程度上也稳固了自身的国防安全。

为了更好地发挥地名服务国防建设的作用，各国都成立地名服务机构，制定系统的地名管理程序，严格把控国家地名，尤其是边境地名，保证国防安全。

二、地名服务于社会建设

地名服务于社会建设主要包括教育领域、文化领域、基础设施建设领域。教育方面，世界各国为了普及与宣传地名文化，编辑出版很多地名知识相关书籍，对民众进行地名文化教育。文化方面，地名还广泛服务于民族文化领域，各国积极推广具有特定文化意义的地名，服务国家的民族文化，承载着各国文化发展的精髓。基础设施建设方面，地名服务深刻影响着国家基础设施的建设，并与其融为一体，突出体现在道路基础设施的建设和专业地区的地名规划上。

（一）教育领域

为了宣传地名文化，各国地名相关部门纷纷组织编辑与地名相关的书籍、辞典、电子文件等资料，将地名文化应用于教育，这些不仅丰富了当地的地名文化知识，也在一定程度上促进了当地教育的发展。

爱尔兰法律要求，全国所有道路标志上必须显示爱尔兰语形式的地名。因此，除主要功能外，道路标志还发挥了文化和教育功能，为其提到的地名提供解释。为了推进地名的爱尔兰语标准化拼写，地名分局参考各种文献记录下大量名称的开始形式以及其他重要的相关资料，包括语言学、地理学、历史学和考古学证据。长久以来，国家政策要求出版地名的历史资料和评注，并对个别名称加以解释。

世界各国也纷纷出版地名知识相关书籍，对民众进行地名文化教育。澳大利亚出版《澳大利亚国家地名辞典》，它是一份电子文件，包括地名数据库的一个子集，辞典定期更新，由澳大利亚各地名机构负责维护。在美国，地名信息系统（GNIS）出版《美国国家地名词典》，其中包含了在美国本土、其领土范围内以及海外领地中的一系列过去和现在的各州地名列表和特殊地名列表。其目的在于向公众提供相对完整的美国地点、地区和地物的名称索引，并为这些名称的书面形式及其应用确定国家标准。

这些书籍的出版流行，使地名文化以书面的形式展现给读者，让民众在阅读中了解地名文化，热爱本国地名，通过潜移默化的方式对民众进行地理史学教育和爱国主义的教育。

（二）文化领域

地名还广泛服务于民族文化领域，如日本、韩国地名很大程度上受到中国文化的影响，美国一些地名则带有明显的移民国家特点。

1. 日本地名

日本位于汉文化圈的最东部边缘，中国文化对日本地名具有深刻的影响，日本地名中有许多汉字地名。主要包括采用“音读”和“训读”的汉字地名。“音读”汉字地名，即所用汉字的读音接近于汉字的读音，而且还在字义上与汉字相近或相通。如东京，读音 toukiyo，东京位于京都以东，意为“东方的京都”。仙台，读音 sendai，是根据中国古诗“仙台初见五层楼”而得名。“训读”的汉字地名，即所用汉字在读音上与汉字不同，但字义上与汉字基本一致的汉字地名。如横滨，读音 yokohama，读音与汉字相差甚远，但字义上指“横向突出的海滨”。神户，读音 kobe，意为“神社所统辖的民户”。

日本的京都即平安京，就是效仿大唐长安城命名的，平安京的朱雀大路的命名也来源于长安城的中轴线朱雀大街。日本仿唐制将平城京（今奈良）和平安京（今京都）一带称为“畿”，后又将这一带称作“近畿地方”，至今沿用。

2. 韩国地名

韩国地名标志上的中文多是古代建筑名称，在韩国文字未发明之前，他们使用中国文字，韩国文字是 15 世纪（1443）在朝鲜王朝（1392—1910）第四代国王世宗（1418—1450 年在位）倡导并主持下，由一批学者创造的，1446 年颁布实施。目前很多古代建筑名称均为汉字。

韩国地名中的中国元素

3. 美国地名与移民文化

美国总统肯尼迪曾说过:“每一批移民都为美国社会留下了他们的影响,每一批移民都为美国的建立和社会生活的发展作出了自己的杰出贡献。”这些身居异国他乡的移民无时无刻不缅怀故土,出于感情寄托的需要,有很多移民聚居区在兴城建镇时采用了其故乡的地名。如 1630 年一批来自英国林肯郡 Boston 镇的清教徒在马萨诸塞州建立了 Boston(波士顿);又如,美国很多地名源于西班牙、荷兰、挪威等国。当然,还有来自其他不同国家的移民,他们也都喜爱用自己国家首都、城市命名其所在地,如遍布美国各地的唐人街等。

美国唐人街

具有特定文化意义的地名,服务于国家的特定民族文化,是各国文化的缩影,体现着各国文化发展的变迁,承载着各国文化发展的精髓。

(三)基础设施建设领域

地名服务深刻影响着国家基础设施的建设,并与其融为一体,突出体现在道路基础设施的建设和专业地区的地名规划上。

道路地名标志的标准化在各国均有所体现,世界各国纷纷就地名标志的材质、书写格式和安放地点做了明确规定,这些规定都集中应用于国家基础设施的建设上。如指路标志,指路标志在路口随处可见,有些地名标牌与交通标志、信号灯共同安装在一根立柱上,街道地名标牌一般安装在建筑物的墙角处。

德国在十字路口竖立地名标志,德文书写街道名,下附街道门牌号。各地道路地名标志形式类似,只是标牌颜色和外框存在差别。法兰克福标牌的材料使用搪瓷,黑底白字,四角固定于用铁管制作的外框上。外框为套管形,可以伸缩,以适应长短不一的地名标牌。一般地名标牌、指路牌和交通标志牌等均安装在一根镀锌铁管上方,以方便个人所需。

芬兰地名标志的材料与德国类似，但是标牌下没有街道门牌号。地名标牌的颜色白底黑字，标牌的制作材料为铝板和工程塑料，使用喷涂方法书写文字。地名标牌广泛安装在建筑物墙壁上，少数安装在镀锌铁管立柱上，安装在立柱上的标牌均不使用外框。门牌号码使用铝板制作，颜色式样尚不统一，广泛使用灯箱号码，这与德国柏林是相同的。但在标牌下没有这一段街道门牌号的显示。另外在一些古老的建筑上，还安装有用青铜铸造的地名标牌，与古老建筑风格相和谐。

各国对道路地名进行明确的标志，但对火车站、飞机场等专业地区的地名的要求却相对宽松。

对于像火车站、飞机场等专业地区的地名，多数国家规定由相应专业机构确定。例如，美国地名委员会对专业机构命名的专业地名不会加以审议就直接采用，如军事基地（国防部）、海岸警卫队灯塔和救生站（交通部）、邮局（美国邮政局）。但如果这些地名出现矛盾、问题时，美国地名委员会有裁决权。诸如火车站、飞机场和旅游景区等这类专业部门，一些国家在全国地名管理中的一些原则对于这些地方会作出相应让步。而这些让步往往是为了更好地发挥专业部门中相关地名的服务作用。

如芬兰地名相关法规中规定，地名标志上不准使用英文，但是在火车站、飞机场的某些公共服务设施上还是使用了英文，在旅游景点的指路标志上也会加注英语，这样更加方便为往来的外来游客服务。

法兰克福的美茵机场是世界十大机场之一，机场有36个停机口，可同时停靠36架大型客机。为了方便乘客，机场在所有的建筑物上方安装了由发光材料制作的机场名称标志——Frankfurt Main（法兰克福美茵机场）。该标志不但显示了地名，而且也显示了机场名称。柏林也十分注重机场地名标志的设置，机场外有明显的地名标志，透过飞机的舷窗一眼就可以看到柏林机场的地名标志——BERLIN-TEGEL（柏林—泰格尔机场），飞机到达停机口时，登机廊桥上同样标有BERLIN-TEGEL的名称标志。离开机场时，在候机楼上依然有醒目的BERLIN-TEGEL（柏林—泰格尔机场）的地名标志。

这些专业部门地名标志的材料使用、密度安排、文字使用显然与国家地名管理的要求有些差别，但是却能更好地发挥该地名标志作为专业地名的作用，服务于特定的专业部门。所以,各国大多会由专业部门根据国际上相关专业部门命名地名的统一标准命名专业地名,国家地名管理部门负责监督,如果这些地名出现矛盾、问题时,地名管理部门有裁决权,以此来实现专业地名的标准化。

地名的标准化服务,对各国相关基础设施的建设和命名都提出了明确要求,规范了相关基础设施建设的标准,防止出现地名标志杂乱无章、肆意贴挂的现象。

三、地名服务于民生领域

地名服务的最终目的是服务人民生活。各国通过开发手机地名软件、出版地名相关书籍、完善地名数据库、建设电子地图等形式,方便人民共享地名信息,为人们生活出行提供服务。

美国地名信息系统(GNIS)中的国家地名数据库包括了超过250万条的地名信息,包括自然地理实体名称、居民地名称、区域名称、文化设施和生产设施名称。每条记录的相关信息包括:正式地名的书写形式、特征分类信息、位置信息以及部分地理坐标、用于定位的官方地图、海拔高度、同一地理实体的其他名称及拼写。美国地名信息系统的产品之一是国家地名索引,该索引包含了按州分类的地名和专门地名录,包括现今地名和历史地名。另一个产品是国家数字化地名索引,即一张储存有地名信息的光盘。

不仅如此,多数国家还使用通名和专有名称结合的方式命名地名,使人们通过地名就能直观地了解该地的一些属性信息。

美国的许多城镇地名,是人们根据当地的自然环境、地理特征而命名的。如Sunnyvale,坐落在一条山谷(vale)间,冬季阳光和煦(sunny);Big Sioux River(大苏河),因河上的瀑布Sioux Falls而得名;还有一些按字面意思译出的地名,如"飘落的石子"(flaking stone)、"长河"(long river)以及"钓鲑处"(salmon fishing place)等。

韩国在自然地理实体命名时注重图示化的解释描述,地名标志在韩文和罗马音译文的基础上配以形象的图示,使人通过地名标志就可以大致明白该自然地理实体的基本情况。在首尔市南60千米的安山市(Ansan-si),在安山川河道旁设置有河流的地名标志(见下图),安山川罗马字母音译为 Ansancheon,标志上将整条河流形状绘出,并画上一条鱼,表示河流中有鱼。

韩国安山川河流标志

(本文选自董珂、郭晓琳、程道平著《地名服务概论》,中国社会出版社,2018年版)

俄罗斯的政区变化与相应的地名更改述略

刘 伉

一、俄罗斯的政区划分

俄罗斯联邦(简称俄罗斯,略称俄)作为当今世界一个政治地理实体,公认(也自认)是苏联的后身,因俄罗斯联邦于1992年6月12日宣布当日为联邦的"独立日",1994进一步宣布这一天为"国庆日",显然又明白地昭告天下,俄罗斯是一个新生、新兴的国家。看来,二者并不矛盾,都说得通。

苏联政区划分特别复杂,一向给人以眼花缭乱的迷宫之感。而这种复杂性又集中表现在它的首要的加盟共和国——俄罗斯联邦(全称"俄罗斯联邦苏维埃社会主义共和国")身上。

苏联时代的俄罗斯联邦,政区划分格外繁复,它的一级政区就分为4大类:"自治共和国"、"边疆区"、"州"、直辖市。其中有的又包含一些低半级的"准一级政区"。

第一类,"自治共和国"是根据民族原则划分的政区的一种,苏联共有20个自治共和国,绝大多数(16个)都在俄罗斯联邦内。

第二类,"边疆区",是俄语край一词的意译,край在帝俄时代多为新征服地区而设。从当时的情况看,也的确都处于"边疆"一带。但待到苏联划分的这类край,有的已经离政治学与政治地理学上的所谓"边疆"很远,而同别的国家划分的某些"地区"近似。"边疆区"大抵原本都是少数民族居住地区,就这一点而论,与根据民族原则建立的自治共和国,没有多大实质区别。苏联这样的"边疆区"共有6个,一律在俄罗斯联邦内。各边疆区(仅一个例外)都包含低半级的民族自治政区——“自治州”或(和)“自治区”。

第三类,“州”是最主要的政区类型和基干,尤其是欧洲部分,大都划分为州。苏联时代的俄罗斯联邦共设有 49 个州。

第四类,直辖市,莫斯科市和列宁格勒市。

综上所述,苏联的俄罗斯联邦共和国有 70 多个一级政区单元。

另外,有 5 个自治州,10 个自治区。这类自治区域在俄罗斯的政区体系——政区系列中,较之“自治共和国”、“边疆区”和“州”,显然低半级(而自治州虽然称“州”,按序列位置,却也比一般的“州”低半级)。

苏联解体后,俄罗斯联邦开始作为一个新的独立国家出现,政区划分很快展现出一种前所未有的新变化。

首先,按现行的俄罗斯宪法,最初共分 89 个政区单元,其中虽然仍有共和国、边疆区、自治州、自治区和联邦直辖市等类别,但政治上一律称为“联邦主体”,俄罗斯联邦的最高权力机构之一“联邦委员会”(相当于其他国家议会的上院或参议院),就是由这些“联邦主体”各派两名代表组成的。这跟苏联时代就大大不同。其次,原有的民族政区——自治共和国、自治州和自治区,一概成为彼此具有完全平等地位的“联邦主体”。具体情况如下表所示。

变化情况	变化结果
取消旧的“自治共和国”建制	所有的自治共和国,一律改建(升格)为共和国(个别自治共和国,又因特殊情况,分为两个共和国)
原各边疆区内的民族政区如“自治州”和“自治区”,地位全部提升	这些“自治州”和“自治区”,有的改建(升格)为共和国,有的虽然仍是自治州或自治区,但地位和共和国相同
原来若干州内的自治区,地位全部提升	从州内划出后,虽仍是自治区,但和州取得平等地位

原来几个州的内部政区结构也发生变化,详见下表。

原来的结构 (州内含自治区)	变化后的体制 (原来的自治区均升格为与州平等、平行的联邦主体)
阿尔汉格尔斯克州 涅涅茨自治区	阿尔汉格尔斯克州
	涅涅茨自治区
伊尔库茨克州 乌斯季奥尔达—布里亚特自治区	伊尔库茨克州
	乌斯季奥尔达—布里亚特自治区

续表

原来的结构 （州内含自治区）	变化后的体制 （原来的自治区均升格为与州平等、平行的联邦主体）
堪察加州 克里亚克自治区	堪察加州 克里亚克自治区
马加丹州 楚克奇自治区	马加丹州 楚克奇自治区
彼尔姆州 科米—彼尔米亚克自治区	彼尔姆州 科米—彼尔米亚克自治区
秋明州 汉特—曼西自治区 亚马尔—涅涅茨自治区	秋明州 汉特—曼西自治区 亚马尔—涅涅茨自治区
赤塔州 阿加—布里亚特自治区	赤塔州 阿加—布里亚特自治区

这样大变动的结果，使得俄罗斯政区划分的 89 个“联邦主体”的基本情况发生了变化，详见下表。

类别	数目	补充说明
共和国	21 个	除原 16 个自治共和国改建（升格）的 17 个共和国外，另外 4 个，分别由原 4 个自治州改建（升格）而来
边疆区	6 个	由于所有的民族政区全部划出，于是从“复合政区”变为“单一政区”，面积和人口数随着大大缩小和减少
自治州	1 个	原有的自治州绝大多数改建（升格）为共和国，目前已经仅剩 1 个
自治区	10 个	名称维持未变，但政治地位大大提升
州	49 个	名称维持未变，但其中 7 个州原来包括的 8 个自治区，全部划出
直辖市	2 个	名称与地位维持未变

以上合计正好构成 89 之数。

上述的行政区划稳定了一个时期。2005 年 12 月 1 日起，联邦主体的数目开始发生变化，实际是对原有若干联邦主体进行合并，详见下表。

日期	变化情况	联邦主体总数变化
2005 年 12 月 1 日	彼尔姆州与科米—彼尔米亚克自治区合并，设立彼尔姆边疆区	减少为 88 个

续表

日期	变化情况	联邦主体总数变化
2007 年 1 月	泰梅尔自治区与埃文基自治区并入克拉斯诺亚尔斯克边疆区。克里亚克自治区与堪察加州合并,设立堪察加边疆区	减少为 85 个
2008 年 1 月 1 日	撤销乌斯季奥尔达—布里亚特自治区,并入伊尔库茨克州	减少为 84 个
2008 年 3 月 1 日	赤塔州和阿加—布里亚特自治区合并,设立外贝加尔边疆区	减少为 83 个

这些变化,可以总结出以下几个特点:

第一,联邦主体的数目减少,从 89 个减少为 83 个;

第二,州的数目减少,从 49 个减少为 46 个;

第三,边疆区的数目增加,从 6 个增加为 9 个;

经过这些变化,截至 2018 年年初,俄罗斯共包含“联邦主体”83 个,其中 21 个共和国、9 个边疆区、46 个州、2 个联邦直辖市、1 个自治州、4 个民族自治区。

二、俄罗斯政区名称的更改

地名是地理实体最直接、最明确的指示标记,就政区而言,它的某种或某些实质性的变化,往往甚至必然引起名称的更易。比如俄罗斯从苏联解体后变为独立国家,受本身新的政区构成的影响,它的“通名”(更准确地说,应该是“联缀性通名”)就须由原来的“联邦苏维埃社会主义共和国”改称“联邦”(删去“苏维埃社会主义共和国”字样)。内部政区结构上的变化,更牵涉到政区名称的更改。事实上,也的确发生了很大的地名更改现象。这主要表现在如下两个方面:

第一,原来所有的自治共和国,不仅更换通名,全改称共和国,有的国名中的专名部分也有所更改;

第二,原来的自治州,除一个外,一律升格与改称为共和国,个别的连专名也做了更改。

以上所谈是综合情况,具体到每一个政区的变化和名称的更改,均列入以下各表。

（一）原来的自治共和国均改称共和国，有些专名也发生变化（以★表示）

原来的全称	现在的全称	说明
巴什基尔自治共和国	★巴什科尔托斯坦共和国	专名与通名同时更改
布里亚特自治共和国	布里亚特共和国	通名更改
达吉斯坦自治共和国	达吉斯坦共和国	通名更改
卡巴尔达—巴尔卡尔自治共和国	卡巴尔达—巴尔卡尔共和国	通名更改
卡尔梅克自治共和国	★卡尔梅克—哈利姆格坦格奇共和国	专名与通名同时更改
卡累利阿自治共和国	卡累利阿共和国	通名更改
科米自治共和国	科米共和国	通名更改
马里自治共和国	★马里—埃尔共和国	专名与通名同时更改
莫尔多瓦自治共和国	莫尔多瓦共和国	通名更改
北奥塞梯自治共和国	★北奥塞梯—阿兰共和国	专名与通名同时更改
鞑靼自治共和国	★鞑靼斯坦共和国	专名与通名同时更改
图瓦自治共和国	图瓦共和国	通名更改
乌德穆尔特自治共和国	乌德穆尔特共和国	通名更改
车臣—印古什自治共和国	★车臣共和国	专名同时分别更改
	★印古什共和国	
楚瓦什自治共和国	楚瓦什共和国	仅变更通名
雅库特自治共和国	★萨哈共和国	国名同时更改

（二）原来的边疆区的政区结构变化引起的名称更改（专名变化，以★表示通名变化，仅予以说明，不特别标注）

原来的全称	现在的全称	说明
阿尔泰边疆区戈尔诺—阿尔泰自治州	阿尔泰边疆区	原自治州升格为共和国，专名也改
	★阿尔泰共和国	
克拉斯诺达尔边疆区 阿迪格自治州	克拉斯诺达尔边疆区	原自治州升格为共和国，专名依旧
	阿迪格共和国	
克拉斯诺亚尔斯克边疆区 哈卡斯自治州 泰梅尔（多尔干—涅涅茨）自治区 埃文克自治区	克拉斯诺亚尔斯克边疆区	原自治州升格为共和国；原自治区均成为联邦主体，专名依旧
	哈卡斯共和国	
	泰梅尔（多尔干—涅涅茨）自治区	
	埃文克自治区	
滨海边疆区	滨海边疆区	唯一名称没有变化的边疆区

续表

原来的全称	现在的全称	说明
斯塔夫罗波尔边疆区 卡拉恰伊—切尔克斯自治州	斯塔夫罗波尔边疆区	原自治州升格为共和国,专名依旧
	卡拉恰伊—切尔克斯共和国	
哈巴罗夫斯克边疆区 犹太自治州	哈巴罗夫斯克边疆区	原犹太自治州成为一联邦主体
	犹太自治州	

俄罗斯的州的划分,一般不涉及民族问题,所以相对说来,变动极少,但名称也有所变化。早在苏联解体前夕,已经对个别州的名称进行更改(实际是旧有名称的恢复)。例如:

(1)将加里宁更名(实际是旧名的恢复)为特维尔(1990年7月),以它为首府的州,相应更名特维尔州;

(2)高尔基城更名(恢复旧名)为下诺夫哥罗德(1990年10月),以它为首府的州,相应更名下诺夫哥罗德州;

(3)古比雪夫更名(恢复旧名)为萨马拉(1991年1月),以它为首府的州,相应更名萨马拉州。

苏联解体后,这项工作继续进行,却采取另一种方式:州名未改,州首府的名字却发生变化:恢复历史原名。如列宁格勒更名圣彼得堡,斯维尔德洛夫斯克更名为叶卡捷琳堡。而以它们为首府的州的名称,迄今未动。

俄罗斯行政区划的变化,也必然带来地名的变化。比如,由于三个新的边疆区的组建,相应产生3个新的地名:彼尔姆边疆区、堪察加边疆区、外贝加尔边疆区。最后一个地名更值得一提。因为“外贝加尔”一名,虽然早已有之,但作为一个行政区域的专名,还是前未之见。

所谓地名变化,实际包括“新兴”与“消亡”两个方面。我们上述基本限于“新兴”的地名。对于“消亡”的地名未置一词。其实,二者几乎等于一枚钱币的两面。“新兴”地名往往是取代旧地名而出现。也可以说,旧地名因新地名的“兴起”而消亡,或者更正确、更确切地说:从现地名转换为历史地名。像巴什基尔、鞑靼、雅库特这一批自治共和国的旧名,由于它们代表的政治地理实体的升格、更名而“隐退”为历史地名,就最能说明问题。

三、小　结

俄罗斯经过上述的政区变化与相应的地名更改，作为世界上面积最大、政区结构最复杂的联邦，现由83个联邦主体组成，其中包括6大类：共和国、边疆区、州、联邦直辖市、自治州、民族自治区。它们的具体名称，分项列举如下（均按中译名的汉语拼音音序排列）：

共和国——阿迪格共和国、阿尔泰共和国、巴什科尔托斯坦共和国、北奥塞梯-阿兰共和国、布里亚特共和国、车臣共和国、楚瓦什-恰瓦什共和国、鞑靼斯坦共和国、达吉斯坦共和国、哈卡斯共和国、卡巴尔达-巴尔卡尔共和国、卡尔梅克-哈利姆格坦格奇共和国、卡拉恰伊-切尔克斯共和国、卡累利阿共和国、科米共和国、马里-埃尔共和国、莫尔多瓦共和国、萨哈共和国、图瓦共和国、乌德穆尔特共和国、印古什共和国。合计21个。

边疆区——阿尔泰边疆区、克拉斯诺达尔边疆区、克拉斯诺亚尔斯克边疆区、滨海边疆区、斯塔夫罗波尔边疆区、哈巴罗夫斯克边疆区、彼尔姆边疆区、堪察加边疆区、外贝加尔边疆区。合计46个。

州——阿尔汉格尔斯克州、阿穆尔州、阿斯特拉罕州、奥廖尔州、奥伦堡州、奔萨州、别尔哥罗德州、布良斯克州、车里雅宾斯克州、鄂木斯克州、伏尔加格勒州、弗拉基米尔州、基洛夫州、加里宁格勒州、卡卢加州、科斯特罗马州、克麦罗沃州、库尔干州、库尔斯克州、利佩茨克州、梁赞州、列宁格勒州、罗斯托夫州、马加丹州、摩尔曼斯克州、莫斯科州、诺夫哥罗德州、普斯科夫州、秋明州、萨哈林州、萨拉托夫州、萨马拉州、斯摩棱斯克州、斯维尔德洛夫斯克州、坦波夫州、特维尔州、图拉州、托木斯克州、沃罗涅日州、沃洛格达州、乌里扬诺夫斯克州、下诺夫哥罗德州、新西伯利亚州、雅罗斯拉夫尔州、伊尔库茨克州、伊万诺沃州。合计46个。

联邦直辖市——莫斯科市、圣彼得堡市。合计2个。

自治州——犹太自治州。仅1个。

自治区——楚科奇自治区、汉特—曼西自治区、涅涅茨自治区、亚马尔—涅涅茨自治区。合计4个。

（作者系原中科院地理所研究员）

南极探险家查理斯·威尔克斯与地名

田　硕

查理斯·威尔克斯(1798—1877),美国海军军官,南极探险家。威尔克斯于1798年4月3日出生在纽约,他是前伦敦市长约翰·威尔克斯的大侄子。他母亲玛丽·塞顿死于1802年。于是,年幼的查理斯由姑姑伊丽莎白·安·塞顿抚养,他姑姑是第一个皈依罗马天主教的美国妇女,由此被天主教赐为圣徒。伊丽莎白寡居,带着5个孩子,查理斯被送到寄宿学校,然后进入哥伦比亚学院学习,也就是现在的哥伦比亚大学。他在1818年参加美国海军成了一个海军军校学生,1826年他被提升为中尉。

查理斯·威尔克斯

威尔克斯在美国南北战争期间(1861—1865)领导了美国探险队,并在1838—1842年作为船长处理了特伦特事件。尽管获得了几个“第一”,但他的行为导致了两次军事法庭的审判。

1833年,他负责考察纳拉干塞特湾,并且负责美国海军的图表和仪器部门,这里面诞生了海军天文台与水文办公室。威尔克斯跨学科的探险队(1838—1842)为办公室的第一任长官莫里(Matthew Fontaine Maury)制定了一个物理海洋基准。

19世纪20年代,威尔克斯先生是一个著名的社会成员。哥伦比亚学院是一座盛产艺术家和科学家的殿堂,其成员包括前总统安德鲁·杰克逊和约翰·昆西·亚当斯,以及当时许多杰出的人物,还有军事、政府服务、医疗和其他行业的优秀代表。

1838年,尽管威尔克斯没有丰富的海军军官经历,但他有着丰富的海洋测量工作经验,并经常与平民科学家一起工作。考虑到这样的背景,他被任命为政府探险队的指挥官。该探索队由美国国会于1836年5月18日授权。目的是探索和调查南大洋,同时确定那些可能存在的岛屿和浅滩,并准确地确定在美国船队的航线上或者附近的岛屿和浅滩的位置。

美国探险队,也就是俗称的威尔克斯探险队,是包括自然植物学家、标本师、艺术家、矿物学家和语言学家的庞大队伍,船队由以下船只组成:重达780吨的"文森斯号"、重达650吨的"孔雀号"、重达230吨的布尔格"海豚号",以及运输船与两艘双桅帆船"海鸥号"(110吨)和"飞鱼号"(96吨)。

1838年8月18日,探险队离开了汉普顿航线,相继停留在阿根廷的马德拉群岛和里约热内卢,参观了火地岛、智利、秘鲁、土阿莫土群岛、萨摩亚群岛。之后,探险队从澳大利亚的悉尼出发,驶向南极海域。接下来,探险队于1840年考察、参观了斐济和夏威夷群岛。1840年7月,两名水手在斐济的玛洛洛岛上,与当地居民进行以物换物时被杀死,其中一位是指挥官威尔克斯的侄子亨利·威尔克斯。因此,威尔克斯采取了迅猛且惨烈的报复手段。据一位玛洛洛岛的老人说,将近80个斐济人在这个事件中丧生。

从1840年12月到1841年3月,威尔克斯雇用数以百计的夏威夷原住民搬运工和许多船员,将仪器搬运到莫纳罗亚山的顶端以测量重力。他采用了自己的测量方式,摒弃了传统的测量方法,导致花费的时间比他预想的要多得多。山上的环境使他想到了冰雪覆盖的南极洲。他的许多船员忍受着失明和高原反应,因为穿坏了鞋子还染上了脚病。

他在1841年探索了北美西海岸,包括胡安德富卡海峡、普及特海峡、哥伦比亚河、旧金山海湾和萨克拉门托河。他于1841年7月5日在华盛顿的杜邦举行了第一次的美国独立日庆典。

美国探险队于1841年通过了埃利斯群岛，访问了富纳富提和瓦伊图谱。探险队返航的时候，借道菲律宾群岛、苏禄群岛、婆罗洲、新加坡、法属波利尼西亚和好望角，于1842年6月10日到达纽约。

威尔克斯探险队的美国文森号在南极的某海湾

全球航行（最后一次在海上航行任务）的威尔克斯，大约走了87000英里，失去了两艘船和28人。回到美国后，威尔克斯被告上军事法庭，罪状包括在哥伦比亚河上弄丢一艘船，虐待下属人员以及对水手的过分惩罚等。一个很重要的证人便是队医查尔斯·吉尤。然而除了非法惩罚船员一项之外，他在其他各项指控中都被判无罪。在一段时间内，他致力于海岸调查，但是从1844年至1861年主要是在准备探险队报告。

阿尔弗雷德·托马斯·阿加特是一名雕刻家和插画家，他被指定为探险队队员画肖像。他的作品被用来证明美国探险队的实际探险故事中的一些事件。故事中有很多有趣的记述，如关于当时鲜为人知的当地生活方式、风俗习惯、政治、经济情况的材料。威尔克斯在1841年所制作的俄勒冈州地图，比1842年由凯蒂·卡森领航、约翰·查尔斯·弗里蒙特领导的第一次俄勒冈州小道探险还要早。

威尔克斯其他有价值的贡献还有詹姆斯·德怀特·达纳在昆虫学（1846）、地质学（1849）和甲壳纲动物（1852—1854）的3个报告。此外，探险队科学家所

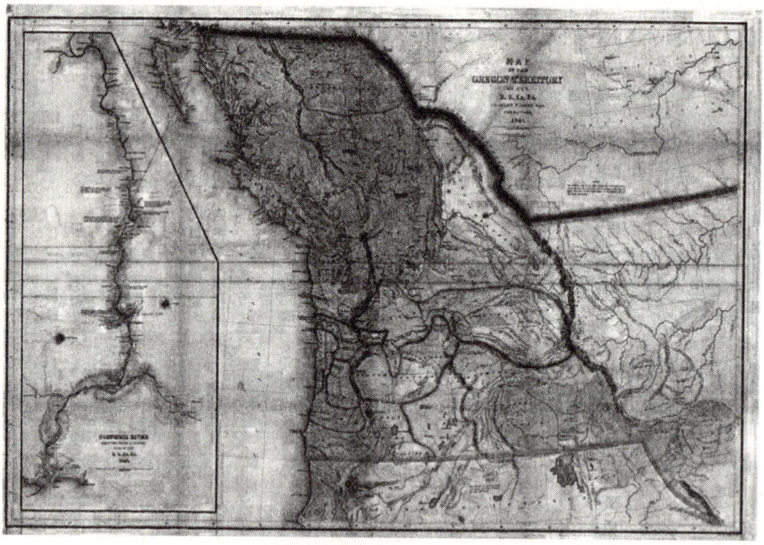

太平洋西北部:记载在美国探险队叙事书籍中的1841年俄勒冈地图

带回来的标本和文物,最终形成了史密森尼学会的收藏基础。除了许多短小的文章和报告,威尔克斯还出版了主要的科学作品《西部·美国》,包括1849年的加利福尼亚和俄勒冈州两部分,以及1856年的风理论。

一些历史学家推测,威尔克斯的强迫行为和严酷的船上纪律是赫尔曼·麦尔维尔的作品《白鲸》中亚哈船长的原型。但是,在美国海军历史档案中却并没有提及这种推测。

除了对美国海军史和科学研究的贡献(6卷)外,威尔克斯还写了自传。

1877年2月8日,威尔克斯在华盛顿去世,当时是海军少将军衔。1909年8月,美国将其遗骸移到了阿灵顿国家公墓。他的墓碑上写着:"他发现了南极大陆。"

一、威尔克斯命名的地名

(一)埃尔德峰(Eld Peak)

埃尔德峰(69°20′S,157°12′E)是一座突出的山峰(800米),位于马图谢维奇冰川西侧雷诺兹峰东南6海里。该地区的两个圆形锥峰由美国探险考察队(1838—1842)发现,发现者为合格的海军军官学校学员亨利·埃尔德和威廉·雷诺兹,时间是1840年1月16日,二者当时在"孔雀号"船上。东南部峰由美国探险考察队队员查理斯·威尔克斯上尉以亨利·埃尔德的名字命名。1959年,澳大利亚国家南极考察探险队的菲利普·劳对该地区地形特征进行了考察,根据威尔克斯的描述说明，由埃尔德和雷诺兹发现的峰的描述和记录是与照片上显示的马图谢维奇冰川西侧山峰一致。为纪念威尔克斯的命名，从而选定该山峰的现有名称。其地理实体等级分类代码为2d。

（二）奥尔登角（Alden Point）

奥尔登角（66°48′S，142°02′E）系向海一侧带有露岩的被冰覆盖的海角，是联邦湾入口西侧的标志、阿黛利海岸和乔治五世海岸之间的分界点。1840年1月30日，由查理斯·威尔克斯海军上尉率领的美国探险考察队发现，并由他以该考察队旗舰“樊尚号”上的詹姆斯·奥尔登海军上尉的姓氏命名。其地理实体等级分类代码为8。

（三）威尔克斯地（Wilkes Land）

威尔克斯地（69°00′S，120°00′E）是东南极一片广大的区域，为南极洲印度洋边缘玛丽皇后地与乔治五世海岸之间的地区（东经100°～142°20′）。平均海拔6000～9500英尺。该区域以扇形延伸向南极，长约2600千米，估计土地面积有260万平方千米，全部为单调的冰盖所覆盖。1838—1842年，由美国海军上尉查理斯·威尔克斯发现，并以其姓氏命名。直到20世纪40年代晚期才被实地考察。属于这个地区的有被澳大利亚称为其领土的克拉里（Clarie）、班扎雷海岸（Banzare）、萨布里纳（Sabrina）、巴德（Budd）和诺克斯（Knox），以及被法国称为其领土的阿黛利海岸（Adelie Coast）。澳大利亚、法国和美国在威尔克斯地的海岸均建有研究站。

威尔克斯地可以分为以下5个沿海地区——诺克斯地（Knox Land）：100°31′E～109°16′E。巴德地（Budd Land）：109°16′E～115°33′E。萨布里纳地（Sabrina Land）：115°33′E～122°05′E。班扎雷地（Banzare Land）：122°05′E～130°10′E。克拉里地（Clarie Land）：130°10′E～136°11′E。其地理实体等级分类代码为1。

二、为纪念威尔克斯而命名的地名

（一）贝尔冰川（Bell Glacier）

贝尔冰川（66°42′S，124°54′E）向北流入紧靠布莱尔冰川正东的莫里湾。1955年，根据美国海军“跳高行动”队（1946—1947）所摄航空照片，由G. D. 布洛杰特绘图，并由美国南极地名咨询委员会以查理斯·威尔克斯上尉率领的美国探险考察队(1838—1842)单桅帆船“孔雀号”上的水手托马斯·G. 贝尔的姓氏命名。其地理实体等级分类代码为12。

(二)吉尔克里斯特冰川(Gilchrist Glacier)

吉尔克里斯特冰川(66°07′S,114°06′E)流向福克斯冰川西北9海里的巴德海岸。由G. D. 布洛杰特(1955)根据美国海军“跳高行动”队(1946—1947)拍摄的航空照片绘图,并由美国南极地名咨询委员会以查理斯·威尔克斯上尉领导的美国探险考察期间(1838—1842)单桅帆船“樊尚号”上的代理外科医师爱德华·吉尔克里斯特博士的姓氏命名。其地理实体等级分类代码为12。

(三)刘易斯角(Lewis Cape)

刘易斯角(66°30′S,124°30′E)位于莫里湾西侧的冰盖角。由G. D. 布洛杰特(1955)根据美国海军“跳高行动”队(1946—1947)的航空照片绘图,并由美国南极地名咨询委员会以查理斯·威尔克斯领导的美国探险考察队(1838—1842)“孔雀号”单桅纵帆船上的船员托马斯·刘易斯的姓氏命名。其地理实体等级分类代码为8。

(四)威尔克斯冰下盆地(Wilkes Basin)

威尔克斯冰下盆地(75°00′S,145°00′E)是一个广大的冰下盆地,位于乔治五世海岸南部,东南极艾伯特亲王山脉西部。该盆地大约有1400千米长、400千米宽。威尔克斯冰下盆地被认为是东南极洲最大的海洋流域盆地,且处于一个由暖流侵入到架腔而引起的海洋冰盖不稳定的状态。威尔克斯冰下盆地由美国1959—1960年的维多利亚地研究组发现,并由南极地名咨询委员会命名。以考察了乔治五世海岸的美国南极探险家查理斯·威尔克斯上尉的姓氏命名。据2014年5月的自然气候变化的一项研究,威尔克斯冰下盆地里的海洋冰块在未来的200年内有融化的危险。如果情况继续,东南极的冰将会在未来的5000年到10000年融化入海,会导致全球海平面上升300~400厘米。其地理实体等级分类代码为12。

(作者单位:民政部地名研究所)

日本地图编辑人员的地名规则

庞森权

一、语　言

（一）概　述

在日本，日语自其形成以来便得到了广泛使用。日本有各种各样的方言，但是人们在正式场合通常使用通用日语（标准日语）。

日本北部地区由阿伊努人居住，阿伊努人使用自己的语言。阿伊努语没有文字，讲阿伊努语的人也正在减少。用这种语言命名的许多地名和用这种语言口头记叙的史诗 *Yûkara* 代代相传。

（二）国语（日语）

日本人民自古以来便讲日语。从历史上看，日语在很大程度上受到了汉语的影响，融合了许多汉字和汉语词汇。

日语是音节语言。书写系统由汉字（中国字）和假名（名为平假名和片假名的这两种语音音节的总称）构成。

除了音节鼻音“n”之外，日语的音节由单个元音，或一两个辅音后跟一个元音组合而成。

日语通常用汉字和平假名的组合来书写；片假名主要用于表示来自其他语言的词语，包括来自外语的人名和地名。

日本汉字，最初由中国创造，后来被引入日本，并在日语中用来表示词语，可单独使用，也可同其他汉字合用。

假名音节均来自汉字。与汉字不同的是，假名音节不具备特定的含义，只具有语音功能。与罗马字母不同的是，每个假名字符代表一个音节。因此，所有日语语音都可以用假名字符来表示。

在使用假名音节拼写日语语音时，适用如下规则：

（1）在表示浊音（Dakuon，一个以辅音 g、z、d 或 b 开头的语音）或半浊音（Han-Dakuon，一个以辅音 p 开头的语音）时，分别要在假名字符，如が、ざ、だ、ば、ぱ的右上角加一个浊音符号"゛"或半浊音符号"゜"。

（2）在用平假名拼写长音（Tôyon）时，在"あ"列中，主字符后面跟"あ"；在"い"列中，い、き、し、ち、に等主字符后面跟"い"；在"う"列中，う、く、す、つ、ぬ等主字符后面跟"う"；在"う"列中，え、け、せ、て、ね等主字符后面跟"え"；在"え"列中，お、こ、そ、と、の等主字符后面跟"う"（根据需要）。

若是片假名，则用"一"符号代替额外的元音。

（3）在用假名拼写拗音（Yôon）时，这三种小字符（ゃ、ゅ、ょ）中的其中一个将记作きゃ、きゅ、きょ等主字符后面的下标。

（4）在用假名拼写促音（Sokuon，即双元音或一个同化音）时，应加上一个小"っ"。

（5）拨音（Hatuon，音节鼻音，代表 n、m 和 N 这几个语音）表示为"ん"。

日语既可水平书写，亦可垂直书写。水平书写时，由左到右和从上到下读取字符。垂直书写时，从上到下，从右至左读取字符。

（三）日语常见字母的拼写方法

用罗马字母拼写日语时，应采用日语罗马音的正式拼写体系。该体系于 1954 年由日本内阁通告发布。在此之前，已存在两种对日语进行罗马化的方式：平文式（Hebon Siki）和训令式（Kunrei Siki，自 1937 年起）。

内阁通告规定：在表达国语时，应遵循内阁通告中的表 1（对应平文式）；并补充说明道：内阁通告中的表 2（对应训令式或其他方式）只用于无法轻易修改的国际应用或惯例。

如下表所示，罗马字母被用来对日语进行罗马化。第 4 行表示内阁通告中的表 1，第 5 行对应表 2 的平文式。

表 A　将日语假名音节音译成罗马字母

ア	ィ	ウ	エ	オ	第1行		
あ	い	う	え	お	第2行		
a		u	e	o	第3行		
a	i	U	e	o	第4行		
					第5行		
カ	キ	ク	ヶ	コ	キヤ	キュ	キヨ
か	き	く	け	こ	きや	きゅ	きょ
ka	ki	ku	ke	ko	kja	kju	kjo
ka	ki	kU	ke	ko	kya	kyU	kyo
サ	シ	ス	セ	ソ	シヤ	シュ	ショ
さ	し	す	せ	そ	しや	しゅ	しょ
sa	si	su	se	so	sja	sju	sjo
sa	si	sU	se	so	sya	syU	syo
	shi				sha	shU	sho
タ	チ	ツ	テ	ト	チヤ	チュ	チョ
た	ち	つ	て	と	ちや	ちゅ	ちょ
ta	r^{s} i	r^{s} u	te	to	r ja	r^{s} ju	r jo
ta	ti	tU	te	to	tya	tyU	tyo
	chi	tsU			cha	chU	cho
ナ	ニ	ヌ	ネ	ノ	ニヤ	ニュ	ニョ
な	に	ぬ	ね	の	にや	にゅ	にょ
na	ni	nu	ne	no	nja	nju	njo
na	ni	nU	ne	no	nya	nyU	nyo
ハ	ヒ	フ	ヘ	ホ	ヒャ	ヒュ	ヒョ
は	ひ	ふ	^へ	ほ	ひや	ひゆ	ひょ
ha	hi	hu	he	ho	hja	hju	hjo
ha	hi	hU	he	ho	hya	hyU	hyo
&							

ラ	リ	ル	レ	□	リヤ	リュ	リヨ
ら	り	る	れ	ろ	りや	りゅ	りょ
ra	ri	ru	re	ro	rja	rju	rjo
ra	ri	rU	re	ro	rya	ryU	ryo
ヮ				ヲ			
わ				を			
wa				O			
wa				o			
ン	ッ						
ん	つ						
N	*T*						
n	（注2）;参见（3）						
ガ	ギ	グ	ゲ	ゴ	ギャ	ギュ	ギヨ
が	ぎ	ぐ	げ	ご	ぎゃ	ぎゅ	ぎょ
qa	qi	qu	qe	go	gja	gju	gjo
g^{a}	gi	gU	ge	g^{o}	gya	gyU	gy^{o}
ザ	ジ	ズ	ゼ	ゾ	ジャ	ジュ	ジ
ざ	じ	ず	ぜ	ぞ	じや	じゅ	じょ
za	zi	zu	ze	zo	zja	zju	zjo
za	zi	zU	ze	zo	zya	zyU	zyo
	ji				ja	ju	jo
ダ			デ	ド			
だ			で	ど			
da			de	do			
da			de	do			

マ	ミ	ム	メ	モ	ミャ	ミュ	ミョ
ま	み	む	め	も	みや	みゆ	みょ
ma	mi	mu	me	mo	mja	mju	mjo
ma	mi	mU	me	mo	mya	myU	myo
ヤ		ユ		ヨ			
や		ゆ		よ			
ja		ju		jo			
y^{a}		yU		y^{o}			

バ	ビ	ブ	ベ	ボ	ビャ	ビュ	ビョ
ば	び	ぶ	べ	ぼ	びや	びゅ	びよ
ba	bi	bu	be	bo	bja	bju	bjo
ba	bi	bU	be	bo	bya	byU	byo
パ	ピ	プ	ペ	ポ	ピャ	ピュ	ピョ
ぱ	ぴ	ぷ		ぽ	ぴゃ	ぴゆ	ぴょ
pa	pi	pu	pe	po	pja	pju	pjo
pa	pi	pU	pe	p^{o}	pya	pyU	py^{o}

注1：

(1)第1行——片假名；

(2)第2行——平假名；

(3)第3行——国际语音字母；

(4)第4行——内阁通告中的表1里面的字母；

(5)第5行——对应内阁通告中的表2里面的平文式字母。

注2：

根据内阁通告，除非表A另有规定，否则应按如下指示进行日语的罗马化。

(1)拨音应始终写作“n”；

(2)若需将拨音和后面跟的元音或“y”区分开来，则应在“n”后面加上“’”符号；

(3)促音通过双写紧接其他音节的下一个音节的第一个辅音来表示；

(4)长音通过在元音上面放一个抑扬音符号来表示。若使用大写字母，则省略抑扬音符号，并添加同一元音；

(5)特殊音由书写者自由表达；

(6)句子的第一个字母和专有名词应予以大写。

(四)日语地名的拼写规则

日本使用单独的汉字、平假名或片假名或其组合来拼写地名。值得注意的是，向外国人发行的出版物通常使用英语书写。在这些出版物中，地名用罗马字母来拼写。经罗马化的日语地名有一定的拼写规则。如表A第4行所示的拼写规则应适用于本文中“(三)日语常见字母的拼写方法”中所述罗马化的日语的拼写规则。但就地名而言，日本惯用平文式罗马字母。

为了使用便利，日本国土地理院和日本海岸警卫队（皆为日本的国家制图机构），分别于2004年和2000年，根据罗马字符的当前使用情况修订了相关规定，并决定原则上使用表A第5行所示的拼写方法。事实上，应当遵循以下做法：

（1）表示地名的合成词的专用名词和通用术语皆应大写，并且分开拼写。本文“四、理解日本地图所必需的通用术语表”中的表B列出了通用术语。例如，“Fuji San”富士山（ふじさん）；“Tokyo Wan”东京湾（とうきょうわん）。

（2）拨音应始终写作“n”。例如，“Kanmon Kaikyo”关门海峡（かんもんかいきょう）。

（3）若需将拨音“n”和后面跟的元音或“y”区分开来，则应在“n”后面加上连字符“-”。例如，“Hon-ura”本浦（ほんうら）；“Ban-ya”番屋（ばんや）。

（4）促音以双写紧接着前一个音节的下一个音节的第一个辅音来表示。但是，如果后面跟了“ch”音，则用“t”来替代双写“c”。例如，“Sapporo”札幌（さっぽろ）；“Hatchobori”八丁堀（はっちょうぼり）。

（5）通常省略表示长音的符号。但是日语假名表“い”段的长音通过双写“i”的方式来表示，且“えい”写作“ei”。例如，“Kyoto”京都（きょうと）；“Niigata”新潟（にいがた）；“Hiei Zan”比睿山（ひえいざん）。

（6）如果地名源于外语，则可使用原生词的拼写。例如，“Port Island”（ポートアイランド）或（ぽうとあいらんど）。

（五）日语地名的发音

鉴于大多数汉字可以有多种不同的方法发音，且较老的字母有时被用作地名，因此读者阅读地名时往往会混淆发音。为了避免这个问题的发生，用汉字书写的地名通常伴有平假名或片假名，其中的假名字符被用作音标。

（六）日语地名的基本知识

大多数的地名都是由专有名词和通用术语构成的词汇，且专有名词位于通用术语之前。在这种情况下，通用术语表示自然特征、行政单位、设施或地物的类型。

二、地名标准化委员会和标准化法

（一）地名标准化委员会

日本没有受命收集、登记和标准化地名的指定行政机构。反之，每个中央政府机构在其日常运作过程中收集地名,并使其标准化。

负责地图编绘的两个中央政府机构——国土地理院和日本海岸警卫队水文与海洋部,于 1960 年建立了地名标准化联合委员会(Joint Committee on the Standardization of Geographical Names),用以实现其发布的地图和海道测量图所用地名的标准化。自此,该委员会继续从事地名标准化的活动。

经联合委员会标准化的地名日益得到广泛使用。经标准化的地名如今被录入国土地理院和日本海岸警卫队的水文与海洋部所绘制的地图之上,并被广泛用于学校教育和公共广播。因此,日本已努力将此等地名普及公众之中。

(二)使地名标准化的方法

在日本地名中,城市行政区域单位的名称及其层级划分,如镇区(cho)、村区(oaza)和街区(aza),即居住的地名,应由法律予以规定,且新地名及其区域公布在国家和地方政府的官方地名录之中。鉴于此等地名由法律所控制,则不会因居住地名的不同发音和文字等不同而发生混淆,因此无须重新再将这些地名进行标准化。

地名标准化联合委员会致力于将居住地名之外的地名予以标准化。该联合委员会制定的主要规则包括以下内容:

(1)在标准化地名之时,应优先考虑本地的名称或叫法;

(2)若国土地理院和日本海岸警卫队水文与海洋部的原始资料不一致,则采用这两个机构协商制定的地名。

三、原始资料

国土测绘机构

· 日本国土地理院,网址:http://www. gsi. go. jp/;

· 日本海岸警卫队的水文和海洋部,网址:http://www1. kaiho. mlit. go. jp/。

(一)地　图

下列带有经过罗马化的地名的国家地图可供使用。

1."比例尺为 1:1000000 的世界地图",3 张,2005 年版(注:这个地图系列由国土地理院发布)。

2. 日本全球地图 1.1 版。

网址为:http://www1.gsi.go.jp/geowww/globalmap-gsi/globalmap-gsi.html(注:国土地理院为全球测图项目整理的数据)。

(二)地名录

下面是带有经过罗马化的日本地名的地名录,如《日本地名录》(2007 版)。

四、理解日本地图所必需的通用术语表

这份术语表列出了日本地名常用的术语和相关元素。一些地名在列表上有重复,因为汉字的读法有很多种。

表 B 通用术语表

日语	经罗马化的日语	英语或常见英语拼写
盆地	Bonchi	Basin
台地	Daichi	Upland
岳	Dake	Mountain
道	Do	Prefecture
潟	Gata	Lagoon
川	Gawa	River, Stream
群岛	Gunto	Islands, Islets, Archipelago
浜	Hama	Beach
半岛	Hanto	Peninsula
平野	Heiya	Plain
东	Higashi	East
府	Fu	Prefecture
海	Kai	Sea
海岸	Kaigan	Seacoast
海峡	Kaikyo	Strait, Channel
潟	Kata	Lagoon
川	Kawa	River, Stream
县	Ken	Prefecture
北	Kita	North
小	Ko	Little, Lesser

续表

日语	经罗马化的日语	英语或常见英语拼写
湖	Ko	Lake
区	Ku	Ward
丘陵	Kyuryo	Hills
町	Machi	Town
南	Minami	South
岬	Misaki	Cape
村	Mura	Village
滩	Nada	Sea
中	Naka	Central
西	Nishi	West
沼	Numa	Marsh,Swamp
大	O	Great,Greater
列岛	Retto	Islands,Islets
崎、埼、碕	Saki	Cape
山 山脉	San Sanmyaku	Mountain、Hill Mountain range
山地	Sanchi	Mountains
沢(日本汉字,同“泽”)	Sawa	Stream,Wide valley in the mountains
濑户	Seto	Strait,Channel
市	Shi	City
岛	Shima	Islands Islet
新	Shin	New
村	Son	Village
水道	Suido	Strait,Channel
诸岛	Shoto	Islands,Islets
岛	Jima	Island,Islet
岳	Take	Mountain
都	To	Metropolis
岛	To	Island,Islet
峠	Toge	Pass
町	Cho	Town
浦	Ura	Cove,Inlet,Embayment

续表

日语	经罗马化的日语	英语或常见英语拼写
湾	Wan	Bay
山 崎、埼、碕	Yama Zaki	Mountain、Hill Cape
山 沢	Zan Zawa	Mountain、Hill Stream, Wide valley in the mountains

五、行政区域

截至2007年4月1日，日本共有1804个城市。城市的数量因合并而在不断减少。这些城市合起来构成了东京都（首府）、北海道、大阪府和京都府，以及43个县（都道府县）。各都道府县区域名称见表C。

表C　都道府县区域名称

日语	经罗马化的日语	日语	经罗马化的日语
北海道	Hokkai Do	滋贺县	Shiga Ken
青森县	Aomori Ken	京都府	Kyoto Fu
岩手县	Iwate Ken	大阪府	Osaka Fu
宫城县	Miyagi Ken	兵库县	Hyogo Ken
秋田县	Akita Ken	奈良县	Nara Ken
山形县	Yamagata Ken	和歌山县	Wakayama Ken
福岛县	Fukushima Ken	鸟取县	Tottori Ken
茨城县	Ibaraki Ken	岛根县	Shimane Ken
栃木县	Tochigi Ken	冈山县	Okayama Ken
群马县	Gunma Ken	广岛县	Hiroshima Ken
埼玉县	Saitama Ken	山口县	Yamaguchi Ken
千叶县	Chiba Ken	德岛县	Tokushima Ken
东京都	Tokyo To	香川县	Kagawa Ken
神奈川县	Kanagawa Ken	爱媛县	Ehime Ken
新潟县	Niigata Ken	高知县	Kochi Ken
富山县	Toyama Ken	福冈县	Fukuoka Ken
石川县	Ishikawa Ken	佐贺县	Saga Ken
福井县	Fukui Ken	长崎县	Nagasaki Ken
山梨县	Yamanashi Ken	熊本县	Kumamoto Ken

续表

日语	经罗马化的日语	日语	经罗马化的日语
长野县	Nagano Ken	大分县	Oita Ken
岐阜县	Gifu Ken	宫崎县	Miyazaki Ken
静冈县	Shizuoka Ken	鹿儿岛县	Kagoshima Ken
爱知县	Aichi Ken	冲绳县	Okinawa Ken
三重县	Mie Ken		

《词忆中国》(节选)

夏 懿

春草碧·呼伦贝尔

落生樟子松,赏杜鹃花红,香泻南地。兴安岭,西立护松嫩,亘游千里。陈巴尔虎,蒙部落、屯边牧此。如镜影叠呼伦畔,晕彩染三季。

壮气。碧原抬牧屋,点远牛万代,草海繁密。鸡冠拜,口岸抵临界,水清泉溢。轻骑晚风,鹿拉梦,根河索日。雾恋满洲,醉琴笛,籁天细。

安公子·廊坊一遇

帝首安墟始,万国并制沿安次。广郡依秦渔阳近,探幽幽汉蓟。元明替,中书府尹清直隶。京兆区,冀腹明珠地。道永清城固,芳胜茶香风气。

冲要文安址,女儿墙上烽烟起。褐土斑驳根缜密。念捷报何日?月慢落,一城跃动东方倚。游子牙,凤港龙泉寺。切海坊津廊,掌持柳泉春意。

碧玉箫·运城

世纪灵猿,追远祖开端。邑运司盐,篝火化荒蛮。见唐尧禹舜迁,筑青台踞夏县。发稷山,耕稼茎节湾;乾,绛守龙兴池畔。

王帝居先,铺表里河山。垣曲轻弹,河东马蹄安。倚楼台桑泉蓝,伍湖鱼鹭映帆。嫘祖蚕,握据农耕点;关,巧垒馍花蔓。

六幺令·海口

雪压琼台,南渡出江口。椰城卫持楼鼓,得胜沙前候。薄暮清谈海瑞,书院传习友。五公祠守。岛环万绿，东寨晨光马岭走。

世纪桥头端立，花木盘山瘦。九曲水绕连桥，皓月当空久。木棉花枝黎锦，海韵成西秀。粤东青斗。长堤宽否，莲雾红通美兰露。

竹香子·百色

峻岭江流澄碧，飞鸟越林繁密。右江起义壮河山，永葆凌云气。

天湖日夜穿寨，鹤寿亭、百禄富义。龙须冲烈宿晨阳，乐业天坑四季。

蕙清风·西宁

烟雨问南凉，西平亭将。怀远望湟中，凤飞云放。驼队走青唐，锁钥连青藏。泛舟楫、夏都逐浪。

青海候金滩，黄河绝唱。古寺数东关，碧习庄亮。峡坝壮龙羊，日月担天象。夜元朔、五龙曾尚。

柳初新·乌鲁木齐

轮台几转庭州守。海道远、西风骤。亚欧桥渡，天山北麓，虎啸红山云岫。宿西域、春蝶知否。水磨沟、泉清虹秀。

山谷冰川启寿。博格达、峰争壁口。阜康雪举，湖生碧玉，野寄菊台别后。雅丹盛、南山雨透。苜蓿摘、星光依旧。

神奇神秘的西沙群岛

陈民喜

西沙，是神奇的。
放目所及，上面是天，下面是海；
体验其中，一半是海水，一半是海鱼；
平静时，它像温柔的母亲；
发怒时，它是凶狠的猛兽！

西沙，是神秘的。
浩瀚得望不到边，只见到水天一色；
深邃得探不到底，但看到蔚蓝一片；
它是一颗美丽明珠，引旁人垂涎欲滴；
它是一个富有宝库，诱外人企图争夺。

鸭公岛上，
当鲜红的国旗在庄严的国歌声中，
冉冉升起的时候，
我们宣示了主权！
此时此际，
脑际忽然涌来了——
郑和舰队雄浑悠扬的号角之声，
伴随着西沙海战悲壮激越的隆隆炮声！

西沙是一个可以自由放纵的地方。
西沙的水是自由的，

任它怎么流，不受阻挡；
西沙的云是自由的，
任它怎么飘，不受阻碍；
西沙的风是自由的，
任它怎么刮，不受阻拦。

西沙，是情侣们的伊甸园，
可以放纵地谈情说爱，
放纵地海誓山盟，
放纵地撒娇、使嗲。

西沙，更是老同学的欢乐园。
可以忘却年岁，忘记性别，
可以放下身份，放下俗务。
可以尽情地嬉笑、追逐、吵闹，
甚至轻度地狎玩：
牵牵手，搂搂腰，
甚至一个拥抱，一个背扛，

没有丝毫的邪念，
只有开怀的欢笑！
这里，能寄中年之情，
这里，可圆童年的梦。

一旦来过西沙，将终生难忘！
如果你此刻正好有一段闲暇，
那还是将这一切留给回忆吧，
伴随着这一帧帧照片——

双峰[①]锁石[②]油菜花赋

杨建长

殷殷三月，锁石金黄。广种万亩，气势豪放。政府引导，终成海洋。昔时皇家成色，今日点亮农庄。朵朵蕴含辛苦，片片散发清香。熠熠以预兆丰收，耕者喜焉；赫赫然昭显美景，观者悦矣！

清风徐来兮，十里飘香。蜜蜂传粉兮，甜蜜奔忙。彩蝶争春兮，情深意长。蜻蜓栖落兮，舞点鸳鸯。少女袅婷兮，与花争妆。路人驻足兮，个个颂扬。

自古未进花场，从来不上华堂。而今政府推崇，成为旅游风光。

集九峰山之神气，汇湄水河之细漾；吸阴阳之精髓，纳日月之琼浆。或如含苞梨花，或似怒放丁香。时而颔首低吟，时而恣意高庄。纵目远眺，花枝向阳，亭亭玉立，葱茏长廊。非奇葩焉，却闪烁其强；非异卉也，偏折射华光。

惜古诗不见其芳；叹花谱未有名昌。敢问天下花邦，壮之美之撼人心者，舍它为谁也？

诗云：

仲春遍地黄，锁石炫金光。
明媚匀群蝶，风流胜牡芳。
策划做节办，诱女喜梳妆。
虽不入名流，馨香已远航。

---

① 双峰指湖南省娄底市双峰县。
② 锁石指湖南省娄底市双峰县锁石镇。

夜过津城

阿　杰

津城睡了
满潮的大河
后浪推前浪
不舍昼夜

掬起
一捧
浸润着滹沱河
咆哮的激流
嗅着
白洋淀
芬芳的藕香
品味
太行山
醇厚的泥浆

双脚
伸进温凉的水中
浸湿毛巾
擦去
满天的星斗
海河
离黄海有多远

斯里兰卡高跷海钓/潇潇 摄

张掖驼队/海飞 摄

宁夏民族风情园夜色/张英杰 摄

保定易水湖水利风景区/宇儿 摄

景区位于河北省易县,依托安格庄水库而建,景区规划面积27平方千米,其中水域面积12平方千米,属水库型水利风景区。

安格庄水库是国家大Ⅱ型水库,建于1958年,总库容3.09亿立方米。易水湖通过水环境整治、退渔退耕、生态修复等措施,结合景观提升改造,建成了生态环境良好、调蓄滞洪功能完备、设施齐全的水利风景区。景区内水质达到Ⅱ类标准,碧波荡漾,老子峰山雄奇险峻,造型独特,九龙山上怪石林立,引人入胜,是一处集科普教育、休闲度假和园林景观于一体的综合性水利风景区。

乌海市乌海湖水利风景区/中锋 摄

景区位于内蒙古自治区乌海市勃湾县，依托黄河海勃湾水利枢纽工程而建，景区规划面积119.62平方千米，其中水域面积118平方千米，属于水库型水利风景区。

海勃湾水利枢纽工程是黄河干流梯级开发工程之一，具有防凌、防汛、发电、改善生态环境等多种功能。景区生态环境保护有力，水质达到Ⅲ类标准，生态系统完整，原生态特征明显。景区横贯乌海市南北，水城相依、水沙相连，形成了集湖泊、岛屿、沙漠、湿地于一体的自然景观，是集休闲度假、康体养生、自然观光、文化体验等功能于一体的生态旅游区，已成为带动乌海市产业转型升级的龙头项目。

绘说老北京

甘露胡同

萧　潇

简介：甘露胡同位于北京西城区东北部，北起鼓楼西大街，南至后海北沿，中段为东西走向，呈"┌"形，与鸦儿胡同相通。甘露胡同明代称作乾石桥，清代称甘水桥胡同，民国时期一度称甘水桥，1955年定名为甘露胡同。1910年，汪精卫谋炸摄政王载沣未果事件就发生在该胡同南口。

超级链接：

汪精卫谋炸摄政王载沣未果事件

1910 年，27 岁的汪精卫和几名志同道合的同盟会会员，经过精心准备成立了暗杀小组，其中还包括当时革命者中著名的炸弹专家黄复生和喻培伦。年初汪精卫同黄复生、喻培伦、陈璧君四人秘密潜入北京，在北京琉璃厂附近租住房屋，并开设照相馆作为掩护。开始，他们并没有暗杀的明确目标，但经过一番观察后，汪精卫等人将暗杀目标确定在摄政王载沣身上。同年 4 月，黄复生和喻培伦在埋设炸药的过程中，被清廷的巡警发现。二人虽逃脱，但藏有炸药的铁皮箱被清兵搜查出来，成为关键证物。经调查，清兵很快锁定目标，包围了照相馆，将汪精卫、黄复生和照相馆的一名职员抓捕起来。为此，该刺杀行动以失败告终。

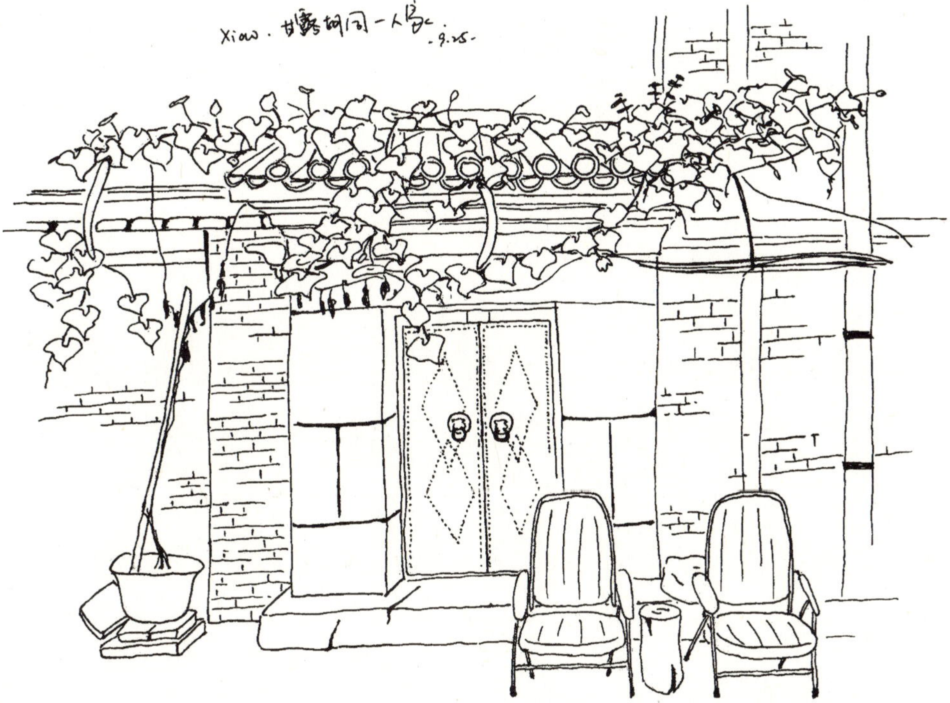

绘者语

因为和朋友有约才无意间走入甘露胡同，大约是沾了景点的光，胡同口也给挂了个简介牌。仔细一瞧：呵！也是条有故事的胡同。到得早，在胡同里瞎转悠消磨时光，发现一户会享受的人家：北京的老少爷们儿想方设法地让小日子过得滋润，搬俩破椅子、捡一树墩子，在家门口喝茶、望天儿、发呆……

挑个晴好的日子，来这儿晃一晃，舒爽！其实，主要还是因为胡同里那家牛杂火锅真心不赖！你问我店名叫什么？不可说，不可说……

偷得浮生半日闲，心情似佛似神仙。

闲话吴忠

杨桂琴

作为地级市的称谓“吴忠”，人们都知道这是一个以人名命名的地名。然而吴忠是何许人也？又很少有人能说出所以然来，于是就有了种种推测。

一是“大将军”说。有人说吴忠是个大将军，开拓吴忠一地有功，故以其名作为地名。这一说法不足为信。因为不仅史无记载，而且遍查历代名臣良将，也没有这么一个叫吴忠的名人。

二是“大商人”说。有人说吴忠是个商人，在当地商业兴起中颇有建树，故以其名为地名。这种说法同样不足为信。除了史书没有记载之外，吴忠这个地名出现是在明代，那是个以农耕文化为主的时代，商业在社会经济生活中的地位远不及农业，若要给地方命名，也只能是用一个对农业开发有突出贡献的人名，哪有用一个商人的姓名来命名的？

三是“屯长”说。吴忠这个人既不是大将军，也不是大商人，只不过是一个屯长。唯有这一说法有史料依据。《明史・宁政传》记载：“宁夏堡寨，以人名命地名……限以其屯长姓名命堡，若叶升、李俊、张政、吴忠之类是也。”这一史料记载，说明“吴忠”是“以其屯长姓名命堡”应是确定无疑的。

那么，这个姓名被命名为堡寨的屯长，应该是个什么样的人呢？这需要我们通过当时的历史背景来考察。

叶升、李俊、张政、吴忠之类的堡寨名称出现于明代。事情是这样的：朱元璋推翻元朝统治创建明王朝之初，宁夏一带残元的势力还比较强大，明王朝一时尚无力平定，出于军事上的考虑，将原居于宁夏的居民全部迁至陕西。明庆靖王朱㮵所修《宁夏志》“沿革”篇中言道：“洪武五年（1372）诏弃其地，徙其民于陕西。”确切地说明是在这一年朝廷下诏书将宁夏一带的人口内迁。后来明王朝消灭了残元势力，又将内地人口迁来宁夏开垦，修筑成了许多堡寨供移民居住。同在《宁夏志》“沿革”篇载：“至洪武九年(1376)，复命长兴侯耿炳文弟耿忠为宁夏卫指挥，率谪戍之人及延安、庆阳骑士立宁夏卫，缮城郭以守之。”并将内地谪戍的军人和官吏迁来宁夏充实地方。清《银川小志》中记载这件事“实以齐、晋、燕、赵、周、楚之民，而吴、越居多”。当时，修筑起众多的堡寨供此移民屯守居住。据《明会典》记载，明代在宁夏屯兵7万，仅宁夏平原驻军的堡寨就有156个。

当时给这些屯守的堡寨命名有三种形式。

一是以事命名。如镇北堡、镇虏堡(今称镇罗堡，属宁夏中卫)、镇夷堡(今属宁夏永宁)、平羌堡(今称平吉堡)等，这些称谓带有明显的民族敌对色彩。

二是以地命名。如渠口堡(今属宁夏中宁)、金积堡(今属宁夏吴忠)、河西堡(今属宁夏永宁)等，这些堡寨的命名，皆以其所在或邻近位置的地名或物名来命名。

三是以人命名。如前所述，即以屯长之姓名命名。屯长，又称“百户长”，每个堡寨大概居住百十来户人家，由一个官吏来管理。因屯长只是管理百十来户人家的“百户长”，所以这个官并不大，用今天的话来说也就相当于村委会主任。

但在明朝，这些“屯长”并非仅是个“村长”，而且还应是分管镇守一地的军事长官，属于军政合一编制。其屯长身份往往只不过是个兼职，其本人另有官职。如永宁县王太堡，实为王泰堡。王泰其人在《嘉靖宁夏新志》“忠孝节义”篇中记载：“宁夏左屯卫指挥，升都指挥，弘治十四年，河东领兵与贼战，兵寡不敌，殁于阵。”又载：“宁夏左屯卫指挥使，以军功升都指挥佥事。殁于阵。”又如永宁杨和堡(民国时期改为养和堡)，同在《嘉靖宁夏新志》中记载，杨和其人“甘肃庆阳人，嘉靖七年宁夏参将”。

其他如李俊、李祥、周臣、李纲等用作堡寨命名之人，均有记载，且都是级别较高的人物，这里就不一一详述了。至于“吴忠”是哪里人氏，其经历如何？因史无记载，所以不知其详。但从有据可查的堡寨命名人物可以推定，这个“吴忠”也应是和上述差不多级别的人物。

“吴忠”作为地名出现于明朝。具体是哪一年？又有不同说法。

一说是1368年。但此说之不可信一目了然：1368年是洪武元年。那一年，明朝刚刚建立，朱元璋刚登皇帝位，灵州城在原址巍然屹立，这时，不可能在灵州原址上再建一个“吴忠堡”，而且也不可能是洪武末年(1398)建立的。因为古灵州城是洪武十七年(1384)才被洪水冲垮的。这时，正是黄河的“不安流”盛期，黄河改道频繁，故灵州城址尚处于不安全地带，不可能在这个不安全的地方再建一个堡寨。何况由当时人朱㮵写的宁夏最早的志书《宁夏志》中，就没有提到有吴忠这么个地名。

一说是1527年。此说的根据是《嘉靖宁夏新志》的一条记载，非常值得注意：灵州“领屯堡一十三：枣园堡、吴忠堡、惠安堡、汉伯堡、金积堡、中营堡、秦坝关”后有一行小字注解：“嘉靖六年，巡抚、都御史翟鹏奏筑者。”“嘉靖六年”是1527年。这一条记载有时间(嘉靖六年)、有人物(翟鹏)、有事件(奏筑)，应当是可信的。但这里的疑问在于：这个小注，是对上述7个堡共注，还是只对“秦坝关”一地而注？如果是共注，则“吴忠”一地名的出现毋庸置疑也就是在这一年；若只对秦坝关一地注，说明吴忠堡修筑时间只能是在此之前了。这就是说，吴忠堡的出现最迟是在明嘉靖六年(1527)，距今至少有480多年的历史。

明代所建吴忠堡因其系土筑，经不起岁月风雨的剥蚀，大约在清朝同治以前就已坍圮。同治末年，回民起义失败后，清政府于此重筑堡，这就是中华人民共和国成立初期我们看到的样子。著名历史学家白寿彝先生于1937年在宁夏考察，他在当年8月3日的日记中写道：“崇兴寨与吴忠堡俱同治年间所筑。灵武、金积为当时回人重要根据地，故乱后特筑此二寨于两县之间，以资震慑也。崇兴寨称右营，吴忠堡称左营，俱驻兵之所。”这既说明了筑堡寨的时间，又说明了筑堡寨的用意，所谓“右营”“左营”者，皆董福祥所部。当时的董军号称“董字三营”，即中营、右营、左营。右营首领李双良驻崇兴寨，左营首领张俊驻吴忠堡，中营由董福祥亲自督率驻金积附近。同治兵燹后的吴忠堡，就是依托张俊的左营发展起来的。

据现存《清末民国吴忠堡略图》所载，清末吴忠堡，面积很小。其具体位置，在今天的街心公园以东、裕民西街以南、邮政局以北，呈正方形。大致范围是：北界裕民西路，南邻胜利西街，西靠西湖小区，东接街心公园。其西、南皆为湖泊所包围；东边，即现在的利通街，当时是一条渠，叫“迎门渠”，从秦渠中华桥侧引水，过吴忠堡东门(约在今街心公园)向北流去，可起到护城河的作用。20世纪初叶，因感交通之不便，便在今购物中心处的渠上架石桥一座，名“石桥子”。1943

年，又将迎门渠填平，修成一条路，这便是利通街了，取其便利交通之意。

吴忠堡由一个百户人家的村寨演变为今天的地级大市，这又是一个怎样的沿革过程呢？

吴忠堡由于所处的水陆交通地理位置优越，商业发展较快，很快已是小有名气的水旱商埠码头。清《嘉庆灵州志迹》中记载："吴忠、忠营二堡集市各一处，每逢三、六、九日交易。"可见吴忠"三、六、九逢集"由来已久，延续至今。不过在灵州"领屯堡一十三"中，吴忠堡还不算最有名气的，因当时的金积堡名声远在吴忠堡之上。

吴忠堡声名鹊起是在清末至民国年间。民国年间，吴忠堡已是名贯西北，只是行政建制一直没能上去。清同治十一年（1872），金积堡已建置宁灵厅（相当于县级政权机构），但吴忠堡还是个乡镇级的集镇。直到民国 34 年（1945），宁夏省政府拟虚设吴忠市（县级）未果，但吴忠堡（时为吴忠镇）的政治、军事、经济、商贸、交通、通信等地位已与金积不相上下，甚至有过之而无不及。

吴忠行政建制地位的攀升是中华人民共和国成立以后的事。1950 年 1 月，将原属灵武县管辖的吴忠镇析出升置为县级吴忠市，直属宁夏省管辖。其行政区划是，将灵武县划归吴忠市的一市三区，以数字排序为四区 20 个乡。一区治在城镇（即吴忠堡），二区治在东塔寺，三区治在王家庙，四区治在上桥。如此一来，长期屈居灵武、金积之下的吴忠，终于有了和灵武、金积相同的县级地位。1954 年 4 月，宁夏省河东回族自治区成立，辖灵武、同心、金积三县和吴忠市，自治州治在吴忠堡。由于吴忠堡成为自治州的所在地，这就使得吴忠堡的地位高于灵武、金积。同年，撤销宁夏省并入甘肃省，河东回族自治区隶属于甘肃省。1955 年 4 月，甘肃省河东回族自治区首届人民代表大会二次会议通过了一项决议，将河东回族自治区改称为吴忠回族自治州。

1958 年 10 月，宁夏回族自治区成立，吴忠回族自治州撤销，吴忠市（县级）、金积县、灵武县等均直属宁夏回族自治区。1960 年 9 月，金积县撤销，原所辖地区部分划入吴忠市，部分划入青铜峡县。1962 年吴忠县调整公社规模，将 6 个公社分组为 13 个公社，即红旗、古城、陈袁滩、东风、东塔、吴忠、板桥、金积、马莲渠、马家湖、高闸、汉渠、秦渠，形成了延续至今的辖区行政建制格局。1963 年 6 月，吴忠市撤市改县，改称为吴忠县。1972 年，银南地区成立，辖吴忠、灵武、盐池、青铜峡、中宁、中卫、同心 7 县，治在吴忠，于是吴忠再次升为地级行政所在地。1984 年 1 月，吴忠县撤县设市，置为隶属银南地区的县级市。

1998 年，银南地区撤销设为吴忠市。原县级吴忠市撤市改区，名为利通区。由此，“吴忠”以一个地级大市之称而名动天下，载入史册。2002 年，自治区调整行政区划，将灵武县（时已为县级灵武市）划归银川市。2004 年，自治区党委、政府作出设置太阳山开发区的决策。同年，中卫设地级市，将中卫、中宁两县划归中卫市。2009 年 10 月，国务院批复设立吴忠市红寺堡区，以吴忠市红寺堡镇、太阳山镇、大河乡、南川乡的行政区域为红寺堡区的行政区域，红寺堡区人民政府驻地为红寺堡。至此，吴忠市形成辖两区（利通区、红寺堡区）、两县（盐池县、同心县）、一市（青铜峡市）的格局，以崭新的面貌走向明天。

（本文选自杨桂琴主编《吴忠市地名故事》，中国社会出版社，2017 年版）

宜城市郑集镇烽火台

李振德　王广德

在宜城市郑集镇皇城村的楚皇城遗址故城墙东南角，有一个土台子，兀然高出地面一丈有余，当地人都称它烽火台，还有人叫它观楼子。登上烽火台，视野陡然开阔起来，近观可俯瞰全镇，整个皇城村尽收眼底；远眺可绵延数十里，汉江、蛮河、东西两山，包括宜城主城区，都清晰可见。说起这个烽火台，还有一段不平凡的来历。

据说楚文王在迁都鄢郢之前，派令尹斗祈到鄢城，接替父亲斗伯比继续筑城。鄢城地处江汉平原边缘，视野相当开阔，按理说应该修建一座烽火台，遇到军情紧急，方便士兵联络。但楚文王不同意，他从小就听史官讲过"周幽王烽火戏诸侯"的故事，周幽王为了博爱妃褒姒一笑，闲来无事点燃烽火，诸侯们从大老远赶来，搞得狼狈不堪，惹得从来不笑的褒姒也笑出了声，更别提周幽王有多开心了，但也因此寒了天下诸侯的心，等太子申生真的勾结犬戎攻入镐京，周幽王仓皇之间再次点燃烽火的时候，诸侯们以为又是周幽王逗褒姒开心，一个也没有来，周幽王惨死在戎兵刀下，西周也因此灭亡。楚文王也有个如花似玉的夫人，名叫息妫，因为天生丽质，面如桃花，又叫桃花夫人。其实桃花夫人是楚文王从息侯手里抢过来的，他不光抢走了息侯的老婆，还灭了他的国家，息侯羞愤难当，上吊自杀了。楚文王做了亏心事，心中难免有鬼，于是暗中命令斗祈，暂时不要修建烽火台，其实是害怕周幽王的故事在自己身上重演。这一拖就是几十年，直到楚庄王即位，楚国还是没有烽火台。

楚庄王即位之初，大权旁落在三朝元老斗越椒手中。楚庄王也想把权力夺回来，结果差点儿死于非命。楚庄王的好友孙叔敖给他出了个主意——示弱，水滴石穿，弱能胜强。为了夺回大权，楚庄王表面上对斗越椒听之任之，白天游玩打猎，晚上宴饮作乐，完全不理朝政。为了掩人耳目，庄王还特意命人在宫门上贴了一张告示："有敢进谏者，杀无赦！"在暗地里，楚庄王却心系朝政，密切关注着时局的变化。

楚庄王"玩乐"时发现，偌大的郢都，竟然没有一座烽火台，一旦事发紧急，楚国连个报警的信号都没有，心中暗暗着急。为了不引起斗越椒的怀疑，楚庄王找到斗越椒，悄悄向他透露，爱妾许姬美艳异常，却常常自叹有妲己、褒姒之容，却未得到妲己、褒姒之宠，自己为了讨好许姬，想在郢都修建一座烽火台，也来个烽火戏诸侯，博爱姬一笑，请爱卿一定要支持一下。那斗越椒心中早生叛逆之心，只怕楚庄王不给自己作乱借口，听说楚庄王要学周幽王，做一个亡国之主，心中暗喜，爽快地答应修建烽火台，还假惺惺地提醒楚庄王，一定要把烽火台用在军事上，不要做无道昏君。楚庄王连连点头称是，又故作心不在焉的样子，让斗越椒相信自己不是口是心非，并无亲政理朝之心。斗越椒见楚庄王果然着了自己的"道"，心中颇为得意，立即命工正勘测地形，在郢都内地势最高处选了一块宝地，着手修建烽火台，而且吩咐工正，不要吝啬金钱，务必奢华壮丽。工正哪敢违抗，按照斗越椒的吩咐，不到一个月，就建起了一座富丽堂皇的烽火台，台高三丈有余，宽两丈有余，台身设有可供四人同时上下的大理石台阶，台周有石砌围栏，栏杆上雕龙画凤，台上除了干柴、燧石等引火之物，还建有石桌石凳，既可以观察瞭望，也可以饮酒喝茶，远远望去，和王宫内院的亭台楼榭没有两样。斗越椒几次提醒楚庄王，烽火台已经完工了，意思是"烽火戏诸侯"的好戏可以上演了。楚庄王装作听不懂，实在搪塞不过去了，就带许姬到烽火台上喝一次酒，算是给斗越椒一个"交代"。斗越椒颇为失望，又不能把话挑明，只好忍气吞声，听之任之了。

三年过去了，楚国发生了百年难遇的大饥荒，同时，戎人趁机伐楚，庸人率领群蛮叛楚，麇人带领百濮攻楚，楚国处于前所未有的危急关头。大夫申无畏实在看不下去了，找了个借口来到后宫，请求面见楚庄王。楚庄王那天心情很好，破例放申无畏进了后宫。申无畏一进去，便被眼前的一幕惊呆了，只见楚庄王左手搂着蔡女，右手抱着郑姬，衣衫不整地蹲坐在钟鼓乐器之间，一边饮酒，一边和嫔妃们肆意调笑，单看那场景，和夏桀、商纣真没什么两样。楚庄王看到申无畏吃惊的样子，不禁哈哈大笑，若无其事地问道：“大夫到宫里来，是想饮酒听乐，还是想进谏呢？如果想饮酒听乐，就坐下来陪寡人喝两杯。如果想进谏，还是免开尊口，寡人今天心情很好，不想动手杀人！”申无畏灵机一动，大声答道：“启禀陛下，下臣既不是来饮酒听乐的，也不是来冒死进谏的。只是刚才臣到郊外散步，有位老者给臣讲了一个隐语，下臣愚钝，一时解不开谜底，想请大王指点迷津。”楚庄王一听来了兴致，大笑道：“哈哈哈！还有大夫听不懂的隐语吗？爱卿不妨说来听听！”申无畏一本正经地说道：“有一只大鸟，生着五彩的羽毛，停在楚国的高坡上，已经三年了，不见它起飞，也不听它鸣叫，不知道这是一只什么鸟。”庄王知道申无畏是在讽刺自己，却不生气，只是哈哈笑道：“寡人知道，它不是一只凡鸟。三年不飞，飞必冲天；三年不鸣，鸣必惊人！”申无畏不再多言，又拜了两拜，高兴地退下了。

又过了好几天，楚庄王还是和往常一样，只顾寻欢作乐，无心处理朝政。大夫苏从又请求觐见楚庄王。苏从见到楚庄王后，不等楚庄王开口，就号啕大哭起来。楚庄王一时摸不着头脑，不解地问道：“爱卿无病无灾，怎么哭得如此伤心呢？”苏从哽咽道：“下臣是为自己和楚国的灭亡而悲痛啊！”楚庄王脸色骤变，怒道：“一派胡言！爱卿怎么会死，楚国又怎么会亡呢？”苏从哭道：“臣实在忍无可忍，准备向大王进谏。可大王有令，有敢劝谏者死，所以下臣必然会死于非命。下臣被处死以后，楚国断然无人再敢向大王进谏了。如果任由大王荒废朝政，楚国的灭亡不也为期不远了！”楚庄王勃然变色，厉声喝道：“苏从，你好大的胆子！寡人已经下令，‘有敢进谏者死’，你明知进谏要死，还敢冒犯寡人，不觉得自己很愚蠢吗？”苏从大哭道：“臣是很愚蠢，但还不及大王愚蠢。”楚庄王火冒三丈，破口骂道：“大胆狂徒，你竟敢骂寡人愚蠢？”苏从一字一泪地答道：“大王身居万乘之尊，坐享千里之税，兵强马壮，诸侯宾服，四季朝贡不绝，这是多好的机遇啊！可是大王却沉湎酒色，不理朝政，致使大国虎视眈眈，小国离心离德，楚国看似风平浪静，实际早已暗流涌动。大王为了眼前的一时快乐，而丢掉祖宗留下的万世基业，难道还不够愚蠢吗？下臣愚蠢，不过惹来杀身之祸，说不定还能与龙逢、比干等忠臣相提并论，为自己留下千古美名。如果大王这么愚蠢，恐怕有朝一日想当匹夫而不可得。下臣该说的都说了，不该说的也说了，请大王把佩剑赐给下臣，就让下臣在大王面前自刎，并以此告诉天下人，大王是个有令必行、有禁必止的有道明君吧!”楚庄王肃然起立,惭愧地说道:“大夫何罪之有?都是寡人的错,而且已经知错了。”命人立即撤掉钟鼓、乐器,从此疏远郑姬和蔡女,改立樊姬为夫人,全权主持后宫。原来樊姬和申无畏、苏从一样,一直规劝楚庄王不要打猎,楚庄王不听,樊姬便从此不食飞禽走兽之肉,让楚庄王非常感动。

第二天早朝,楚庄王正式主持朝政。楚庄王开始重用芀贾、潘尪和屈荡等人,不断削弱斗越椒的大权。同时,接受芀贾建议,御驾亲征庸国,很快灭掉了庸国,击溃了百濮,楚国的政局又趋于稳定。两年后,楚庄王御驾亲征陆浑之戎,在周都洛邑之郊问鼎之轻重大小,惊出了周王一身冷汗,也令中原的诸侯们谈楚色变,那个令人恐惧的楚国又回来了!

可就在楚庄王与王孙满谈笑风生之际,远在郢都的斗越椒按捺不住了,他早已习惯于发号施令,哪能忍受得了乳臭未干的楚庄王在自己头上作威作福?斗越椒暗中策划很久了,如今楚庄王带领大军出征在外,国内兵力空虚,正是举事的天赐良机,斗越椒一不做二不休,决定在郢都城外设下埋伏,待楚庄王得胜回朝之际,装作迎接楚庄王的样子,突然发动兵变,置楚庄王于死地,然后取而代之,登基为王。他说干就干,先派杀手把司马芀贾暗杀了。芀贾贵为司马,地位仅次于令尹斗越椒,手中还握有一定兵权,是楚庄王专门留下盯死斗越椒的“眼线”。芀贾也知道,自己一死,郢都就将全部落入斗越椒之手,再没有任何力量能阻挡斗越椒叛乱的脚步。所以在临死之前,他强撑着最后一口气,叮嘱儿子芀敖,也就是孙叔敖,一定要偷偷爬上烽火台,点燃烽火,然后再带着母亲逃亡。孙叔敖向来机灵,用计骗过卫兵,悄悄爬上烽火台,点燃了烽火,把郢都危急的信号传了出去。

很快,有人报告楚庄王,说郢都无端升起了烽烟。楚庄王一听,心想坏了,肯定是国内有变,芀贾给自己发来了警示。楚庄王立即吩咐大军掉转马头,快马加鞭,日夜兼程赶回郢都。斗越椒见楚庄王已经得知消息,也不再藏着掖着,公然率领大军驻扎在漳澨,只等楚庄王回宫路过时,与他决一死战。三天后,楚庄王果然率领大军到达漳澨。两军对垒,斗越椒亲自出战,楚庄王派乐伯出战,亲自擂鼓助威。那斗越椒天生骁勇,根本没把乐伯放在眼里,对准楚庄王连放两箭,一箭射入楚庄王身旁的鼓架子,一箭射穿了楚庄王挡箭的竹笠。楚庄王大吃一惊,擂鼓助威的鼓槌咕咚一声掉在地上。楚庄王怕军心动摇,连忙鸣金收兵。他见斗越椒过于勇猛，知道只能智取，不能力敌。他想起了即位之初，孙叔敖进献的示弱之计，又想起了城濮之战时，晋文公所用的退避三舍之计，决定再示一次弱，用诱敌深入之计，引斗越椒上钩。

第二天一早，鸡还没叫头遍，楚庄王就率领大军匆忙撤退了。斗越椒探得消息，还没来得及用早餐，立即率兵追赶。斗越椒在后面苦苦追赶，一天一夜行了两百多里，终于追到了清河桥。斗越椒生性凶狠，命令士兵擒住了楚庄王方可进餐，士兵们已经疲惫不堪，但知道斗越椒残暴，不敢违抗命令，只好忍饥挨饿，勒紧腰带继续向前追赶。又追了两个时辰，士兵们又饿又困，斗越椒被迫停止追赶，命令士兵埋灶做饭。饭还没做熟，公子侧、公子婴齐率两路大军杀到。斗越椒的士兵又累又饿，哪有力气交战，斗越椒只好带领残兵沿来路撤退。等回到清河桥时，斗越椒才发现，大桥已经不见了，原来楚庄王亲自引兵埋伏在大桥左右，待斗越椒一过桥，立即把桥拆掉了，断绝了他的归路。斗越椒一看傻了眼，连忙吩咐士兵察看河水深浅，准备找个水浅的地方，强行渡河。这时，只听见对岸一声炮响，楚庄王早已列好了阵势，只等斗越椒束手就擒。

前有清河天险和楚庄王堵截，后有公子侧、公子婴齐大军追击，斗越椒眼看已经走投无路。这时，乐伯军中突然钻出一个小校，隔河向斗越椒喊道：“听说令尹箭术高超，小将愿与你比试一番。如果你赢了，就放你一条生路；如果你输了，就下马受降。令尹意下如何？”斗越椒问道：“你是什么人？”养由基答道：“我是乐伯将军手下小校养由基。”斗越椒一听是个无名之辈，大喜道：“怎么个比法？”养由基道：“你我站在桥头，各射三箭，是生是死，听天由命！”斗越椒不假思索地答道：“寡人愿意奉陪！不过要让我先射！”养由基道：“一言为定！谁躲谁不是好汉！”说定后，两人分别站上桥头，一南一北，随时准备置对方于死地。养由基伸手示意准备好了，斗越椒挽起雕弓，用尽生平气力，狠狠射出了第一箭。养由基瞅得仔细，用弓弦轻轻一拨，把箭撇到了河里。斗越椒见没射中，又把第二支箭搭上弓弦，“嗖”的一声射了出去。养由基把身子向下一蹲，利箭擦着头皮，从头顶上飞了过去。斗越椒大叫道：“说好不许躲闪，你不是好汉！”养由基笑道：“令尹还有一箭，这次小将一定不躲。”斗越椒又从箭袋中抽出第三支箭，使尽吃奶的力气射了出去，嘴里还叫了一声“着”。只见养由基双脚像钉子一样钉在地上，双眼死死盯着射来的箭头，在利箭飞到的一刹那，突然张开大口，把锋利的箭镞一口咬住。楚军将士欢声雷动，就连斗越椒的手下也忍不住拍手叫绝。斗越椒见三箭都没有射中，心中早已着了慌，只是大话已经说出口，不能再反悔，只好叫道："现在轮到你射三箭，如果射不中，寡人再慢慢收拾你！"养由基早已取箭在手，突然大叫一声："令尹看箭！"说着把弓弦往后一拽，只听见"嘣"的一声，却并不放箭。斗越椒听得弓弦响，以为箭已射来，急忙往左边一躲。养由基笑道："说好躲闪的不算好汉，令尹怎么也躲开了？"斗越椒狡辩道："怕别人躲闪的，也不是好射手！"养由基哈哈大笑，也不与斗越椒争辩，又把弓弦使劲一拽。斗越椒听到弓弦响，又本能地往右边一闪。养由基乘他躲闪的一刹那，瞄准落定的位置，结结实实射出了一箭。斗越椒这下躲闪不及，被利箭贯穿大脑，一头栽倒在地。可怜斗越椒自诩箭术天下无敌，却惨死在无名小将养由基的箭下。斗家军早已饥困难当，看见主将斗越椒中箭倒地，投降的投降，逃命的逃命，一场叛乱就这么被平定了。

回到郢都以后，小将军养由基被破格提拔为右广将军，专门负责楚庄王的安全。点燃烽火为楚庄王通风报信的孙叔敖，也在携母"潜逃"多年后，重新回到郢都，担任令尹之职，辅助楚庄王成就了称霸大业。不得不说的是，刚刚修建的烽火台，也在平定叛乱中立下了汗马功劳，令人不得不佩服楚庄王的先见之明。此后，楚庄王再也没有到烽火台上饮过酒，只是在巡查军营路过此地时，每次都忍不住要感慨一番。

200 多年后，鄢郢被秦将白起攻破，楚国被秦始皇所灭，烽火台也失去了意义，逐渐成为游人墨客怀古伤情的游览胜地。

（本文选自何志汉、周义庆主编《宜城地名文化故事》，中国社会出版社，2018 年版）

老北京"东富西贵"的由来与异说

郗志群

旧时北京有"东富西贵"的谚语，反映的是历史上北京的一种特殊区域文化现象，同时也反映出老北京内外城的商业经济、政治文化分布的基本势态。但是，有关"东富西贵"出现的时间、所指区域及其含义等却历来有不同说法，似有进一步探讨的必要。

一、"东富西贵"中的"东""西"所指的区域有两种说法

一是"内城东城、西城"说。"东富西贵"一说见诸记载是在清朝末年，但其所指区域和内涵历来说法不一。从目前已知的文献资料看，最早记载和解释"东富西贵"的是清末满族学者震钧，他在其所著《天咫偶闻》卷十记曰："京师有谚云：'东富西贵'，盖贵人多住西城，而仓库皆在东城。又云：'东风西雨'，盖逢东庙市日多风，逢西庙市日多雨。而今则皆不尽然，盖富贵人多喜居东城，而风雨亦不复应期矣。"

对于震钧说法，稍晚于他的清末蒙古族官吏崇彝也有类似的记述，他的《道咸以来朝野杂记》载曰："世言京城'东富西贵'，由来久矣。不过谓东城大宅多，西城府第多，其实不然。东城王公府第亦不少，西城当日街道荒凉而已。"

随后，崇彝还分别列举了道咸以来位于东城的27处和位于西城的20处清代官僚的宅第，用以证明他的说法。

二是"崇文门、宣武门外"说。除了上述震钧、崇彝的说法外，关于"东富西贵"还有另一种基本类似的说法，主要见于民国时期三位学者的笔记，分别是罗惇曧的《宾退随笔》、夏仁虎的《旧京琐记》和徐珂的《清稗类钞》。

《宾退随笔》载："都中有'东富西贵'之谚，盖吏多居正阳门东与崇文门外，

恒多华宅；京曹则多居宣武门外也。”

《旧京琐记》卷八载：“旧日，汉官非大臣有赐第或值枢廷者皆居外城，多在宣武门外，土著富室则多在崇文门外，故有‘东富西贵’之说。士流题咏率署‘宣南’，以此也。”

《清稗类钞·胥役类》载：“司官欲检一案，每以属书吏，必援例，必检例案。而例案之堆积，高与屋齐，非熟手，末从得一纸。书吏皆世业，窟穴其中，牢不可拔，辄执例以制司官，司官末如之何，乃遂藉以售其奸，而皆得致富。都中有‘东富西贵’之谚，盖若辈多居正阳门东与崇文门外，恒多华宅，司官则居宣武门外者为多也。”

这三种笔记对“东富西贵”的诠释基本是一致的，从地域角度讲都认为是处于外城北部的崇文门外和宣武门外；从人员构成上看，是指商业的管理及经营者和以汉族为主体的官吏；从时代而言都指的是清代。

二、清代“东富西贵”是指外城的东城、西城

如果把“东富西贵”俗谚产生和流传的时限确定在清朝，无疑上述三种笔记的观点是正确的。但问题是“东富西贵”俗谚或类似现象的表述是否有可能出现在明朝？从震钧及其他人的记述看这是有可能的。

对比上引震钧和崇彝的记述，其内容虽稍有差异，但有三点意思是基本相同，而且是值得注意的：其一，“东富西贵”之谚在京师民间流传久远；其二，“东富西贵”的“东、西”是指内城的东城和西城；其三，他们都认为“东富西贵”的内涵及其所属文化空间随着社会发展在不断地发生变化，到了他们生活的年代，这种区别已经很不明显。这三点之所以重要，是因为这里面实际暗含着两个需要论证的问题：(1)内城的东城、西城的概念和范围要上溯到哪个朝代？(2)“东富西贵”现象和俗谚到底出现在什么时候？它的内涵发生根本性的变化是在什么时候？

我们先来看第一个问题。根据熊梦祥《析津志辑佚》的记载，元代北京只有南城、北城之称，而且从原文意可知，南城是指金中都旧城，北城是指大都新城。尽管没有东城、西城的概念，但从相关资料上已经有了“城东”“城西”的说法，这说明元代以大都城的中轴线为标志，把新城自然地分为东、西两部分，这应该就

是东城、西城之称的雏形。

到了明代永乐年间，北京已经明确出现“五城”的概念，所谓“五城”是指中城、东城、西城、南城、北城。其中“东城”“西城”的范围，按照张爵《京师五城坊巷胡同集》的记载，分别是：“东城在崇文门里，街东往北，至城墙并东关外；西城在宣武门里，街西往北，至城墙并西关外。”也就是说，明代的东城、西城是指北京内城的东、西部及关厢地区。

清代，北京内外城按方位各分为东、西、南、北、中五城。内城由于新括出一个南城，因此造成原来东城、西城所辖区域相对缩小。再加上清朝定都北京后即推行“迁汉令”，内城“分列八旗，拱卫皇居”，迁移原住内城官民商贾等于外城，实行兵民分城居住。这样，内城的五城变成了皇居之地和八旗兵营，外城的东、西城则成为商人和汉官的聚居地，故清代“东富西贵”是指外城汉人居住区域而言也就顺理成章了。

但正如上文所言，东城、西城的概念确立于明代，而且震钧和崇彝所述也显然是说“东富西贵”的“东、西”是指内城的东城和西城。因此，探究一下“东富西贵”俗谚或类似的现象表述最早出现于何时就显得很有必要。从目前查阅的相关资料看，元明两代文献中虽然尚未见到“东富西贵”的明确提法，但却显示自元明以来，西城“贵”和东城“富”的现象由来已久。

先看西城“贵”的例子。《析津志辑佚·古迹》载：“丽春楼，在顺承门内，与庆元楼相对，乃伯颜太师之府第也。”虽然元代有多位伯颜太师，此府第的主人究竟是谁已不得而知，但说府第的位置在今天西单附近应该是没有多大问题。

明代不少公侯阁臣都居住在皇城以西，因此至今西城的许多地名都与此有关，如西四北二条原称帅府胡同，明宪宗时为广平侯袁瑄宅第，正德年间永寿伯朱德私第在此。武宗南征时，在此设帅府，因而得名。西四北七条，原称太安侯胡同，在明代，泰宁侯陈珪的宅第在此胡同内，故名“泰宁侯胡同”；到了清代，由于道光皇帝叫旻宁，为了避讳，改为“泰安侯”胡同。西四北八条，明代称武安侯胡同，因武安侯郑亨的府第在此而得名。西城富国街 3 号，明清称为祖家街，据传此处为明末清初辽东大将祖大寿故宅，后改建为祠。

明代王公大臣喜欢把宅第选在西城，除了这里有四季皆景的什刹海等宜居之地外，其实更重要的是，明朝的皇帝平时喜欢在“西城”活动。王世贞《皇明异典述》卷六“赐禁苑直舍”载：“上在西城，因赐诸入直大臣庐于无逸殿之左右厢。”于慎行《谷山笔麈》卷十载：“嘉靖中，上在西城，召太医令徐伟入诊龙脉。”《明史》卷一百十四《张居正传》载：“帝尝在西城曲宴被酒，令内侍歌新声，辞不能，取剑击之。”这里的“西城”就是指皇城西部的“西苑”，无逸殿则是西苑内的宫殿。王公大臣们选择住在西城，从西安门进出皇城则更加方便。

贵戚多住西城的现象也直接影响了一般官吏选择居舍的意向，明人杨士聪在其所著《玉堂荟记》卷上就记载了这样一件事：“任者泰，沂州人，鸣梧之儿女姻家，辛未为余同年。而其人老矣，又太长厚，第后在东城一锦衣家，逾年来选，复馆其家。余语以宜过西城寓，选有地方，便于缙绅接见，任竟因循不果。”文中“宜过西城寓，选有地方，便于缙绅接见”一句很值得重视，说明当时为了便于就近结交贵戚重臣，在一般官僚群体中已经形成一种“宜过西城寓”的风气，这显然对在西城集中出现官吏聚居区起到重要的作用，同时也为后来民谚的出现和流传打下了基础。

再举一个例子，明代“公安派”代表人物袁宏道在万历二十六年至二十八年（1598—1600）曾寓居京师东城，他在给座师焦弱侯的信中谈到自己的境况，有“宏僻处东城，交游绝迹”之叹；在给焦弱侯的另一信中，他又道：“宏株守青毡，又东城去人远，得一意读书，差易度日。”可见，万历中期在东城居住的官吏士绅并不多。恐怕也正是由于此，后来袁氏三兄弟（即袁宗道、袁宏道、袁中道）组织“葡萄社”时，把雅集的地点选在西城的崇国寺（今护国寺）。万历三十五年（1607），袁宏道回京任职，他寓居的地点就选在了紧邻皇城的西安门。闲暇之余，他与袁中道再次组织文社——“藕花社”，地点也选在了城西“月张园”。这些举动应该是与“西贵”现象有一定关系的。

从上面引述的资料中，我们认为基本可以说明自明代以来官吏士绅相对集中居住在内城的西城区域，“西贵”现象至迟在万历年间就已经基本形成。

三、“东富”这种区域经济、文化空间的产生和发展与运河漕运有着密切的联系

再看东城“富”的例子。表面上看，震钧所谓“东富”是指“仓库皆在东城”，与崇彝的“东城大宅多”的表述有所不同，但细一分析其实二人所说的落脚点仍还都在同类而聚的人群上。笔者认为，在元明时期的东城，这个群体的主要构成

人员应该是商人及仓库的经管之吏。

“东富”这种区域经济、文化空间的产生和发展，显然是与运河漕运有着密切的联系。元代开辟京杭大运河，北端的终点码头是在大都城里的海子（今积水潭）。而位于大内以北的钟楼、鼓楼区域由于紧邻海子码头，遂成为大都城里最重要的商业区。这里商贾云集，经营各色百货商品，包括的行业有粮行、绢行、木行、果品行、肉行等。市场中有米市、面市、缎皮市、皮毛市、鹅鸭市、珠子市、铁市等。钟鼓楼商业区的形成和发展对于商人在东城及城厢活动，并且在此选择宅第应该是有影响作用的。熊梦祥《析津志辑佚·古迹》就记载：齐化门外“盖江南直沽海道，来自通州者，多于城外居止，趋之者如归。又漕运岁储，多所交易，居民殷实”。笔者认为，这段话颇可以作为自元代以来大都城东部及城厢地区就是富商巨贾们经商和居住的重要区域观点的佐证。

明代这种情况没有大的变化。尽管运粮船不像元代那样直达积水潭，但物资也会经陆路转运进京城，交易的中心仍会在东城及城厢地区，而这里也便成为商贾们落脚居住的首选之地。明人姚福《青溪暇笔》甚至记载了一件针对富商的案件：“成化间，有一富商寓在京齐化门一寺中。寺僧见其挟有重资，因乞施焉，商贪之而未发也。僧自度其寺荒寂，乃约众徒，先杀其二仆，即以帛缢商死，埋寺后坑中，以二仆尸压其上，实之以土，全利其所有。越二日，有贵官因游赏过寺，寺犬嗥鸣不已，使人逐之，去而复来。官疑之，命人随犬所至。犬至坎所，伏地悲嗥。官使人伐视之，尸见矣，起尸，而下有呻吟之声，乃商人复苏也。以汤灌之，少顷能言。遂闻于朝，尽捕其僧而置于法。”这件事虽属特例，但从中也约略可以看出商人富户出于经营的需要，大多喜好在东城活动或寓居。

嘉靖七年（1528），明政府终于下决心疏通了通惠河，漕船可以自通州经运河直抵北京城东南隅的大通桥下卸粮，然后用车分别运到各个京仓贮藏。这样一来，邻近运河码头的崇文门、正阳门内外地区遂逐渐发展为繁华的商业区，从而取代了元代以来的钟鼓楼中心市场的地位。尤其是正阳门附近的棋盘街和朝前市（一说棋盘街和朝前市是同一个市场）更是成为全城性的商业中心。

尽管随着通惠河终点码头的变化带来了北京城商业中心由原来的钟鼓楼向正阳门、崇文门地区转移，但由于当时前三门外还没有修筑外城，因此富商巨贾出于安全考虑还是会留在内城居住。即使到嘉靖三十二年（1553）外城修筑完成，在此聚居的也主要是手工业者和一般商人。故可以说终明一代，内城的东城仍然一直显现出一派“东富”的景象。而这些大商人真正移居到外城应该是到了清初，其原因显然与“迁汉令”有着直接关系，于是崇文门、正阳门外的“东富”景象逐渐形成。

另外，为了有效地管理通过运河转运来的漕粮以及其他物资，元政府设立了京畿漕运司、运粮千户所等机构，同时在大都城建立22座储备粮食的京仓。这些仓库多在大都城东，而且直到明代仍然沿用。另外，明正统三年(1438)还设置了一个专管仓场的机构——总督仓场公署，其衙署就设在东城裱褙胡同。这说明元明时期仓库及其管理机构确实都在东城范围内。而清代专管仓场的机构——仓场衙门则设在了崇文门外花市，可见已有南移的变化。

尽管由于这些仓场均属官营，所储物资大多应该并不进入流通领域，但相关资料显示，官吏营私、商人趋利，甚至官商勾结从中谋利者并不在少数。《元史》卷九十七“海运”条记载：“岁漕东南粟，由海道以给京师……而押运监临之官，与夫司出纳之吏，恣为贪黩。”明代也存在类似的情况。清代时京、通二仓的仓吏、仓役偷盗仓粮已是公开的秘密，夏仁虎在《旧京琐记》中曾记载，老百姓私下里称这些人为“仓匪”或“仓老鼠”。因此，这些人都广有家资，居于京城富室之列。

由于漕运管理的需要及其仓库多建于此的关系，元明乃至清时期东城自然也成为这些经管之吏选择居住的主要地区，于是东城富商衙吏的豪宅集聚，形成了巨富群居之地。

综上所述，尽管元明文献中还没有找到“东富西贵”的明确提法，但从历史发展的角度探讨这个问题，“东富西贵”文化现象的出现和发展不应该仅仅局限于清代及其外城，而应是与元明以来内城的东城、西城及邻近区域的文化经济发展有着直接的关联。其变迁轨迹基本呈现出由北及南，由内到外的趋势。到清代随着“迁汉令”的实施，最终在外城北部的崇文门外和宣武门外区域得到了集中的体现。

（作者系首都师范大学历史学院文化遗产学系主任）

银川的“马”字头地名

郑济洧

人类与马相依相伴，走过了几千年的历程。

马是农民最亲密的朋友，帮助农民犁地、拉车、拖碌碡碾场，用汗水换来了五谷丰登；马是驿道最忠诚的使者，以最快的速度传递“八百里加急”文书，到达目的地时经常是疲惫不堪；马是军营最可靠的战士，冒着枪林弹雨，带领将士攻占那关乎胜负的制高点……马，在人类历史上曾有着很高的地位和重要的作用。

于是，形成了很多与马有关的成语。一马当先、千军万马、车水马龙、青梅竹马、老马识途、老骥伏枥、马到成功……

人们依赖马，也就以马来命名那些与我们密切相关的地方。全中国是这样，银川也不例外。

银川人休闲时最常去的场所，首数中山公园。在20世纪50年代前的600年间，这里叫“西马营”，是明朝饲养战马的营地，一匹又一匹骏马，从这里奔赴贺兰山口、长城堡寨。1929年，为纪念孙中山先生，“西马营”改名“中山公园”，已历经85年时光。

老银川人记忆的另外一处养马的地方，就是贺兰山下的军马场。军马场所在地是一个叫“沙城子”的地方，据说是西夏时期的军城，20世纪60年代初尚有残墙裸露于沙丘之中，庞大的城垣比镇北堡那个城堡大得多。1968年秋，军马场变成了“解放军总后勤部贺兰山五七干校”的首脑机关所在地，数以万计的现役军官集聚沙城，其中有许多高级将领。10年后，五七干校撤销，而后移交地方，成为“贺兰山农牧场”。

除“西马营”、军马场这些静态的营地以外，人们把小山丘叫“马疙瘩”，山梁叫“马圈梁”，还有什么“臭马井子沟”那样的地名，真是匪夷所思。看惯了静止的以“马”命名的地名，智者发现动态的地名才有马的灵气。于是，唐徕渠上明、清时有“战马桥”，今天有“赛马桥”，灵武也有“马跑泉”。战马威武，跑马矫健，赛马刺激，都很美。

宁夏含“马”字地名的另一大特色，是与回族的“马”姓有关。“马”姓是回族大姓，在银川地区，有许多马家庄、马家寨，一县之内往往有十来个马家庄，令人目不暇接。马家庄多了，就分为南马家庄、北马家庄、马家大庄。撇开庄子，许多实物都以“马”字命名，水渠是马家渠，砂锅窑是马家窑，河湾是马家大湾……

庄子、寨子，都是小的村落。大一点儿的村落有灵武市的马家滩镇。镇上曾经有3万多居民，相当于一个县城。马家滩镇是灵武的畜牧基地，围建甘草基地十余万亩，养殖草原鸡数十万只，圈养羊百万只。

“马”字地名的第三大特色，与银川市市花马兰花有关。银川人把马兰花叫作马莲花，那才是真正的中文学名。这一点，我们银川人可走在前沿，丝毫也不落伍。据说，外地人把马莲花叫“祝英台花”，还是爱情花呢。马莲花分布在贺兰山的马莲沟、马莲井子，而贺兰县和灵武市的马莲滩更是一望无际的蓝紫，煞是好看。到了灵武，宁东的马莲台可是个闻名遐迩的地方，马莲台煤矿、马莲台电厂都是重要的能源基地。

马，马家，马莲花，可以算作我们银川地名的标志。

（本文选自杨军利主编《银川市地名故事》，中国社会出版社，2017年版）

红色六盘

王晓明

毛泽东率领中国工农红军长征经过固原市六盘山，并翻越了红军长征途中的最后一座高山——六盘山。一首《清平乐·六盘山》词使六盘山为天下人所知，还给固原人民留下了“不到长城非好汉”的六盘山精神。

红军长征、西征在固原的活动及其革命遗址、遗迹至今被人们实地考察、参观、体验红军精神，成为永久的红色经典文化。

中国工农红军第二十五军组建于1932年11月，组建后在鄂豫皖根据地活动。由于王明“左”倾冒险主义的错误领导，遂于1934年11月16日，红二十五军在中共鄂豫皖省委（12月10日改为鄂豫陕省委）率领下，高举“中国工农红军北上抗日第二先遣队”的旗帜，被迫离开根据地，从河南省罗山县何家冲出发，开始艰苦转战。1935年7月中旬，红一、四方面军在川西会师并继续北上的消息传来，决定率红二十五军主力西征北上，策应主力红军的北上行动。

红二十五军共3000多人在军长程子华、政委吴焕先、副军长徐海东率领下，从鄂豫陕苏区出发开始长征。经过甘肃省两当、天水、秦安、通渭、静宁等县，8月15日，从静宁县小山、八里铺沿葫芦河北上，进入今西吉县境。红二十五军是进入六盘山少数民族地区的第一支红军队伍，从8月15日进入西吉县，19日离开西吉县，在固原市境内活动、驻军5天。

红二十五军进驻兴隆镇，制定了“三大禁令、四项注意”。“三大禁令”是禁止驻扎回民的清真寺、禁止打回族中的土豪、禁止在回民中吃大荤；“四项注意”是注意遵守回族人民的风俗习惯，注意用回民的水桶在井里打水，注意回避回族青年妇女，注意实行公买公卖，不准在回民群众面前说“猪”等。部队指战员对执行党的民族宗教政策的意义有了明确的认识，并能自觉遵守“三大禁令、四项注意”,切实做到秋毫无犯,赢得了广大回族群众的信任和赞扬。扩大了红军的影响,使当地的回汉族群众了解了红军,认识了红军,赢得了他们的信任和支持。马青年(新中国成立后曾担任过宁夏回族自治区人大常委会主任)、李铁民等几个回族青年当时就报名参加了红军。当红军离开驻地时,回族群众齐聚街头,像过节迎亲似的,在街道两旁设了香案,摆上回民的传统食品馓子、油香、点心、油果等,依依不舍地为红军送行带路,并高呼:“欢迎红军再来!”后来,中央红军到达陕北,毛主席还夸赞红二十五军过陇东回民地区时曾留下的良好影响,高度评价红二十五军“政策水平很高,民族政策执行得很好!”

1935 年 10 月 7 日,毛泽东率领中央红军翻越六盘山。

毛泽东、张闻天、王稼祥等在六盘山登高远望,饱览了六盘山的雄姿。毛泽东坐在一块石头上对张闻天说:“这里可观三省,快到陕北了。”兴奋之余,他慢慢地站起来,大手用力一挥:“这里真是个好地方,天高云淡,红旗漫卷,大雁南飞,六盘山的景色多好啊!”此后,毛泽东首先写出《长征谣》,后来又改为《清平乐·六盘山》一词。

1958 年,宁夏回族自治区成立。1959 年,北京人民大会堂落成后,大会堂管理局给全国各省、自治区、直辖市在此都安排了会议厅,要求各自进行布置。当时许多同志提出,宁夏厅应首先悬挂毛泽东于 1935 年 10 月 7 日率领中国工农红军翻越长征途中最后一座大山——六盘山时所作的光辉词篇《清平乐·六盘山》,最好请毛泽东主席亲笔书写,则更有意义,将会激励着我们永远前进,并决定用宁夏贺兰石雕刻毛主席亲笔书写的《清平乐·六盘山》。

这事确定后,黑伯理(时任自治区人民委员会秘书长)通过与董必武联系,1961 年在江西庐山召开中央工作会议期间,毛泽东在 9 月 8 日利用休息时间,振臂挥毫,笔力飞动,豪迈奔放地用草书写下了《清平乐·六盘山》。

落款是“一九六一年九月应宁夏同志嘱书,清平乐六盘山,毛泽东”。9 月 8 日,毛泽东派人将这一手迹送到董必武处,并致信说:“必武同志,遵嘱写六盘山一词,如以为可用,请转付宁夏同志。如不可用,可以再写。”这篇手迹,倾注了毛泽东主席对宁夏人民的关怀和支持,同时也成了他永远留给宁夏人民的珍品。随之,《宁夏日报》于 9 月 30 日头版套红刊发了毛主席这首作品的手书墨迹,并配发了《不到长城非好汉》的社论。然后由工艺人员将此放大,精心地镌刻在长

3 米、宽 1 米的贺兰石板上，悬挂在北京人民大会堂的宁夏厅。六盘山亦由此而驰名中外。自此后，经复制印刷成条幅，悬挂在区内许多亭（厅）堂馆舍和机关办公室，或群众家中的堂屋里，同时也广见于很多报纸杂志、图片和书籍里。无论在哪里，只要看到毛主席这首为宁夏人民亲笔书写的作品，无不感到格外亲切自豪，给宁夏人民以极大的鼓舞。

作为红军长征、西征战斗过的地区和陕甘宁边区的一部分，固原各族人民在革命战争时期继承和发扬六盘山精神，在中国共产党的正确领导下，开展武装斗争，建立红色政权，坚持地下活动，集聚革命力量，经历长达 14 年的战斗历程和艰苦卓绝的斗争，为抗日战争和解放战争的胜利作出了不可磨灭的历史贡献，同全国人民一道，终于取得了新民主主义革命的彻底胜利。

中华人民共和国成立后，在 1949 年 10 月 26 日和 12 月，毛泽东主席分别向陕甘宁边区人民发了复电和题词，他说："延安和陕甘宁边区，从 1936 年到 1948 年，曾经是中共中央的所在地，曾经是中国人民解放斗争的总后方，延安和陕甘宁边区的人民对于全国人民是有伟大贡献的。我庆祝延安和陕甘宁边区的人民继续团结一致，迅速恢复战争的创伤，发展经济建设和文化建设。我并且希望，全国一切革命工作人员永远保持过去十余年间在延安和陕甘宁边区的工作人员中所具有的艰苦奋斗的作风。"他希望边区人民能"发扬革命传统，争取更大光荣"。在这里，革命领袖深情表达了对包括宁夏在内的陕甘宁边区人民的感激之情，提出了继承和发扬延安精神的殷切希望，也在一定意义上充分肯定了彪炳千秋的六盘山精神。

六盘山精神是"不到长城非好汉"的精神，"不到长城非好汉"是六盘山精神的灵魂；六盘山精神是中华民族精神在一个特定地域的展开和体现，与宁夏和六盘山地区特有的历史、地理、文化特质息息相关，是在几十年革命、建设、改革、发展的实践中逐步形成、完善和丰富起来的。六盘山精神，以不懈奋斗为立足点，以构建和谐、务实求变为核心，以艰苦创业为导向，既展示了宁夏和六盘山人民"不到长城非好汉"的无畏气概，又体现了正确的世界观、人生观和价值观；既弘扬了中华民族的优秀传统文化，又彰显了当今时代六盘山人民的理想、信念和追求。

六盘山精神，饱含着理想主义激情、英雄主义气概、集体主义精神、乐观主义情怀。六盘山精神，是“负重拼搏、务实苦干、团结协作、开拓创新”的宁夏精神源头活水；“三硬”作风、“三苦”精神、彭阳精神等是六盘山精神的必要展开和延伸，同时，又是对六盘山精神的丰富和发展。六盘山精神，与井冈山精神、长征精神、延安精神、西柏坡精神等，一脉相承，相互辉映，相互补充，相互融通。六盘山精神，是中华民族精神的重要组成部分，是中国共产党和全国人民的宝贵精神财富。

（本文选自王晓明主编《固原市地名故事》，中国社会出版社，2017 年版）

宝盖寺是一首涤荡心灵的诗

赖明汉

宝盖寺是湖南省浏阳市四大佛教祖庭之一，坐落于古港镇宝盖洞村。

宝盖何日开山？寺名由来尚待考证。据《五灯会元》记载，约禅师主持宝盖时，僧问："如何是宝盖？"约禅师答曰："宝盖挂空中，有路不曾通。倘求言下者，便是有西东。"这就是成为千古之谜的"宝盖公案"。自清代以来，先后有密因禅师、九代祖然灯禅师、十代祖恢昌先禅师弘法宝盖寺，这些禅师在禅林的声望颇隆，今有灵塔、蓝伽残碑为证。

宝盖寺历经沧桑，几经修复，祖塔保存尚好，碑文残缺可见。殿前石龟傲立，古柏森森，院后草径通幽，清泉汩汩。特别是20世纪60年代新修宝盖水库，更是水围山寺，波生空灵，人们到此可春赏桃花、夏钓柳坞、秋观红叶、冬吟白雪，真是难得的人间仙境。

春天的宝盖寺，但见水漫山间，春满院落。轻烟弥漫，似觉仙界是那么遥远，磬声缭绕，感觉法门是那么亲切。烧香求得升官发财，这本不是佛家所为，只有扶贫济困、助人为乐才是神仙的境界。一个人想修成正果，既要修身，更要修德。

几次春游宝盖寺，笔者便悟得：

水围佳境静嚣尘，石古苔青别样春。
烟漫朦胧仙界远，磬敲沉重法门亲。
贪财为己应无佛，舍物施人自有神。
若要随缘成正果，修身修德两堪珍。

秋天的宝盖寺，别有一番风景。只见寺前飞霜，雁阵惊云，更显胜地之灵性。古碑寂静似觉无情。园中甘露滴尽浮尘，寺外流泉澄清玉宇。神前拜佛之人，都以为有求必应，其实佛在人心，善在人为，尔又何求？心念及此，灵感顿生，得诗一首：

霜飞雁落两三声，胜地悠然见性灵。
万树风翻空有色，一碑字古寂无情。
园中得露浮尘静，墙外听泉玉宇清。
人道神前求必应，谁知佛在最高层。

无论春秋，还是夏冬，笔者都喜欢去宝盖寺赏景自娱，散步休闲。宝盖洞前景色幽雅，宝盖寺内钟声荡漾，它是一幅浑然天成的山水画卷，更是一首涤荡心灵的优美诗篇！

（作者系湖南省浏阳市诗词学会会长）

成都文殊院

吕 蕊

文殊院位于成都市青羊区境内的文殊院街，是四川省著名的佛教寺院，全国重点保护寺院。它的前身是唐代的妙圆塔院，宋时改称信相寺。据《成都县志》记载，明朝末年，信相寺毁于兵火，唯有10尊铁铸护戒神像和两株千年古杉，历劫尚存。康熙三十六年至康熙四十五年（1697—1706），官绅军民捐资重修寺庙。重建后，称文殊院。康熙皇帝曾亲自书写“空林”二字，故又称“空林堂”，该墨迹至今仍留存于寺内。嘉庆、道光年间，文殊院方丈本圆法师又采办了82根石柱，改建、扩建了主要殿堂，形成了现今的规模。

文殊院坐北朝南，是一座典型的清代建筑。院内，有天王殿、三大士殿、大雄宝殿、说法堂、藏经楼5座大殿递相连接，与东、西两侧的钟楼、斋堂、廊房等建筑

文殊院院门

浑然一体，气象庄严，各殿之间以石板路面沟通，天晴无尘土，雨后无泥泞，异常整洁。

文殊院文物荟萃，宝物众多。院内供奉大小300余尊佛像，有钢铁铸造，有脱纱、木雕，还有石刻、泥塑，十分丰富。从年代而论，出土的有梁代石刻，有唐宋年间铁铸戒神，有清代青铜铸像，还有一尊缅甸玉佛，是僧人从缅甸带回，极其珍贵。这些塑像具有很高的文物价值和艺术价值，为后人研究古代雕塑、铸造等工艺提供了宝贵的资料。

文殊院内还珍藏明清以来书画珍品，最著名的是康熙皇帝四十一年（1702）御赐文殊院的“空林”墨迹，以及康熙临宋代书法家米芾的《海月》条幅。此外，还有印度《贝叶经》、唐代玄奘法师头骨、唐代日本鎏金经简、千佛袈裟、发绣观音、挑纱文殊和舌血含宝等佛教文物。

文殊院门前的文殊院街，现已开辟为号称“都市禅林”的文殊坊，清一色的仿古建筑，很多老字号小吃也依旧经营着。从文殊院出来，不需走远，就能品尝到闻名遐迩的成都小吃。

（作者单位：成都市民政局）

舟山地名由来

王建富

在祖国海岸线的中段，浙江省东北部的万顷碧波之上，散落着大小1390个岛屿，这就是我国最大的群岛——美丽的舟山群岛。舟山群岛陆地总面积1440平方千米，是我国仅次于台湾地区、海南、崇明之后的第四大岛屿，浙江省第一大岛屿。

在宋、元朝之前，舟山群岛的许多岛屿，如桃花山、普陀洛迦山、岱山（袋山）等都已经产生了比较稳定的专有名称，但作为群岛之首的舟山岛，却经历了一个从“有名”到“无名”，从“无名”到“闻名”的过程。

舟山岛风光图

舟山群岛的人类繁衍历史可以追溯到6000年前的新石器时代，属外越民族的分支。上古时代，舟山乃化外之地，人口稀缺，无县无邑，地名称谓没有记载，无从查考。群岛上最早的文字记载出现在春秋时期，其时属越，泛称为“甬东”，即甬江之东，也誉称“海中洲”。其中的每个岛屿，怎么称谓却是没有细化。

秦汉时期，丹士大盛，舟山群岛因其具有人迹罕至、云雾缭绕、虚无缥缈的特征，成为许多方士采药炼丹的福地，徐福、葛玄、梅福、安期生等都有涉足。于是，在方士们的典籍中，开始出现岛屿名称，如葛洪的《抱朴子》中就有“古仙者之药，以登名山为上，而以海中大岛屿若会稽之东翁洲之类者次之”。其后的其他一些史书，遂称舟山岛为“翁洲”。翁者，葛仙翁（葛玄）也，因其曾在岛上炼丹得名。

唐开元二十六年（738），朝廷在舟山群岛置翁山县，岛名遂扬。翁山，即翁洲，乃对岛屿通名的不同称呼。大历六年（771），因发生农民起义，翁山县废。

北宋熙宁六年（1073），宋神宗赵顼在旧翁山县地重建县治，县名昌国。意其“东控日本，北接登莱，南亘瓯闽，西通吴会，实海中之巨障，足以昌壮国势焉”。然县名虽雅，但因政区与岛屿实体不同名，海客难以适从，舟山岛仍称为翁山还是改作昌国，史志没有记载，盖多以昌国县名统称属地，翁山之名遂亡矣。

明洪武二十年（1387），沿海一带倭患猖獗，地处海中洲的昌国县成为倭寇的

翁山公园局部图

跳板和基地，朝廷徙民禁海，废昌国县，徙昌国卫于象山县南天门山。洪武二十五年（1392）改隶定海卫，“昌国”地名随政区的消失也逐渐隐退。对此，《舟山市志》载：“此后，史书始称昌国为舟山。”

“舟山”作为地方名称有史书记载的，最早出现于宋宝庆三年（1227）编纂成书的《宝庆四明志》。该志《昌国县·津渡》记载：“舟山渡，去县南五里，趋城由此出。（县）令赵大忠新创堤岸。”同时在《昌国县·驿铺》中记载：“舟山馆，（县）令赵大忠创建。”此后，元《大德昌国州图志》卷四记载：“舟山，在州之南。有山翼如，枕海之湄，以舟聚之，故名舟山。”在民间，“舟山”之名的由来还有一说：“舟山岛形如海中之大舟”，因此有碇次、舵岙等地名。此说比喻生动，想象力丰富，也与舟山岛的形状相似。但没有历史资料记载，只能作为茶余谈资。

由于历史的发展，舟山之名从原先的民间地名（山名）成为史书中记载的正式岛名，所经历的是由部分代替整体，由指称小范围（一座小山）扩展为指称大范围（整座岛）的演绎历程，到明中后期发展成为对整个舟山群岛的称呼。至嘉靖年间胡宗宪（1512—1565）撰《舟山论》时，“舟山”地名的外延已基本上同于现在，即称本岛为“舟山岛”。

清初，清廷因受明代防倭政策的影响，再次颁“迁海令”。不久，地方官吏们

定海港区风光图

就认识到“舟山是宁郡藩篱，亟宜展复”。康熙二十三年(1684)，朝廷“展海令”。出于对倭患的心有余悸，为更好地守住这方曾动荡不安的“皇土”，康熙二十六年(1687)，康熙皇帝以“山(指今舟山岛)名为舟，则动而不静”，取“海波永定”之义，诏改“舟山”为“定海山”，并题“定海山”额。次年，建定海县，改原定海县为镇海县。从此，群岛名称开始与政区名称分离。

虽然，康熙皇帝以自己的意志将“舟山”改为“定海山”，然舟是海客的生活所倚，舟是海客的代步工具，祖祖辈辈“行舟楫之便，得渔盐之利”的岛民们，内心依赖于舟，崇拜于舟，钟情于舟山之名。在生产和生活中，他们常常以欣赏自家渔舟的眼光去观察舟山岛(定海山)，发现随着各岙口的围垦，舟山岛(定海山)本身越来越像一艘开艄的大捕船。

于是，渔民们将船艏附近的一个山岙取名为碇次，意为系住这艘大船的船锚；在船艉附近取名为舵岙，意为时刻掌控这艘大船的方向，将舟山岛北岸的竿缆更名为干览(现定海区干览镇)，意为这艘大舟有不腐蚀的缆桩，舟山岛(定海山)形如舟的说法在民间逐渐传开。因此康熙皇帝所题的“定海山”三字仅起到了更改县名的作用，却没能让舟山岛名得到真正的变更。

清道光二十年(1840)鸦片战争爆发，定海县成为抗英斗争第一线。次年，定海

沈家门风光图

县升为定海直隶厅。中华人民共和国成立后，1953年以舟山群岛设立舟山专区时，原定海县分为定海、普陀、岱山三县，舟山岛成为跨定海和普陀两县的岛屿。

由上可见，“舟山”无疑是舟山群岛历史上影响最深、应用最广的一个地名。舟山岛的地名演变，见证了舟山人民的繁衍历史，见证了舟山的社会变迁，也见证了舟山发展理念的变化。

定海西大街与中大街图

（作者单位：浙江省舟山市地名办）

玄武湖，静看生命中的雾霭晴岚

宋　羽

盛夏时节，或者隆冬之日，如若能去南京玄武湖赏荷，眼中定能看到不一样的风景，心中感悟到的亦是不一样的况味。盛夏的荷塘，满眼的鲜活和艳丽，碧绿的裙裾托着妖娆的腮红，亭亭玉立在清波之上，犹如二八佳人轻歌曼舞；而冬日的荷塘，只有枯荷败叶凋零在冰霜中，宁静又寂寞，无声地回忆那些六朝金粉的传说。

对于玄武湖来说，季节中风景的起落早就习以为常了。历史上，像玄武湖这样命途多舛的湖泊并不多见，它有过无限风光，也有过命悬一线的危难，除了经常被迫更换名称，湖面也常常被人为改造，甚至填埋。花期有长短，花落终有时，玄武湖的命运就像荷塘一般，在经历了一代代王朝更迭后，在剔透的冰面上淡然地直面自己憔悴的容颜，气定神闲地面对自己的荣辱悲欢。

玄武湖是江南地区最大的城中湖，至今已有1500多年的历史，位列江南三大名湖之首。湖中有五块绿洲，风光明媚，景色各异。整个湖泊长堤卧波，翠带环绕。早春的午后，微风拂过，淡淡的阳光从柳枝间穿过，在一片片嫩绿的柳芽上留下了一圈金色的光芒，闪耀在粼粼的湖光中，宛如烟云舒卷。

玄武湖古名桑泊，是在岩浆侵入体和断层破碎的软弱部位风化剥蚀而成的湖盆，据科学考察，早在800万年前，玄武岩浆沿着蒲石河断裂带首次喷发，形成了玄武岩柱状，其后又经历了三次岩浆喷发，逐步形成了罕见的三级玄武岩柱状聚合为一体的奇观。在水与火的历练中诞生，不平凡的身世似乎也暗含了玄武湖命运的波澜。

秦始皇灭楚国后，见金陵东南方向有金光闪耀，认为是龙脉所在，于是下令断山凿渠，挖断“龙脉”，并将金陵改名为秣陵县，这片湖泊即改名为秣陵湖。三国时期，吴王孙权引湖水入宫苑后湖，玄武湖开始为帝王所青睐。玄武湖在六朝初期名叫北湖，因为其位置在紫金山的西北部，“玄武”是中国神话中的四神之一，指北方之神，与青龙、白虎、朱雀分别代表四个方向，南朝宋代将北湖更名为玄武湖。宋文帝曾对玄武进行过大规模的疏浚，将挖出来的湖泥堆积成了“神仙三岛”，就是今天玄武湖中梁洲、环洲和樱洲的前身。

南北朝时期，玄武湖是帝王的欢娱游乐之地，刘宋大明三年（459）在湖中设立了上林苑、乐游苑、华林苑，湖水环绕，景色秀丽怡人；齐武帝甚至将行宫设置在湖中，半夜出宫，到钟山、幕府山狩猎，还带着宫女盛装陪同，游猎至天色明亮听见鸡叫了才回宫。唐代的李商隐在《南朝》一诗中写道：“玄武湖中玉漏催，鸡鸣埭口绣襦回。谁言琼树朝朝见，不及金莲步步来。”锦绣江山终在一片声色犬马中一点点耗尽了气数。

玄武湖也曾是训练和检阅水军的基地。孙权就在此训练过东吴水军，宋孝武帝刘骏两次在湖泊西岸阅兵和操练水师；陈太建十年（578），陈宣帝在玄武湖布阵阅兵，参阅的步兵骑兵达到10万，楼船舰只500余艘，角鼓震天，旌旗蔽日。后人在诗中描述：“五百楼船十万兵，登高阅武阵云生。定知战艇横瓜步，应有军牙拥石城。湖上秋空丝竹支，江头潮涌鼓鼙声。”7年后，后主陈叔宝在后庭歌舞中驾船于玄武湖上，这个沉迷于诗词歌舞中的皇帝也想举行一场盛大的阅兵式，殊不知此时离隋军攻破乐游苑仅剩下3年时间了。“醉翁之意不在酒”的陈后主阅兵结束后立刻在玄武湖上大宴群臣，与宠妃张丽华欣赏美景，华丽的阅兵式不过是一场歌舞盛宴的前奏而已。

南朝陈代的灭亡对玄武湖而言是一次浩劫，定都洛阳的隋文帝为了避免有人利用南朝古都发起事端，下令彻底焚毁南京城，所有的宫苑、民居、商铺、街道一律夷平，玄武湖也成了一片杂草丛生的荒芜之地。唐朝的诗人怀念金陵昔日的繁华，留下了许多怀古祭奠的诗篇。如“亡国生春草，离宫没古丘。空余后湖月，波上对江洲”诗句中，这后湖便是当年秀丽的玄武湖，连浪漫的李白见到此凄凉的景象也不免伤感叹惋了。

到北宋时，那个写下“春风又绿江南岸，明月何时照我还”浪漫诗句的王安石，对待玄武湖却没有丝毫的浪漫眼光，反以“废湖还田”的政策将湖泊填为田垄。从个人情感上来说，王安石与同为“唐宋八大家”的苏东坡相比，少了许多文人的生活情趣，多了些官僚的现实主义。若是让苏东坡来主政诗酒风流的南京，说不定玄武湖就能变成另一个西湖了。

宋代以后，玄武湖的境况一直不容乐观。明朝修建南京城，玄武湖成为东北段城墙的护城河，面积仅剩六朝时期的三分之一了。清军入关，太平天国混战，玄武湖几经战火硝烟，成了人迹罕至的荒郊土岗，六朝古韵消失殆尽。

直至南京国民政府成立，玄武湖才开辟为公园，并逐步修复和完善沿湖景观。如今，环洲、梁洲、翠洲、樱洲、菱洲五座岛屿以及梁代昭明太子读书处、湖神庙、览胜楼、古点将台等历史景观都已基本复原，呈现出绿树环绕、花团锦簇、碧波荡漾的美丽画面。

一座疏朗的古城，有了山，便有了包容万象的气度，有了水，便有了钟灵毓秀的俊美。古城在山水环抱之中谱写出一段段与众不同的历史文化。

春去秋来，精致的画舫在山水的映衬下穿行于杨柳莲叶之间，数不尽的诗情画意；位于环洲怀抱中的樱洲素有“樱花之海”的美誉，初春时节，岛上樱花轻舞，如笑靥如云霞；菱洲上的飞禽世界里修竹茂盛，雪松如盖，鸟语花香，一派盎然的生机。

佛经上说：生命如花。花之流年，城之岁月，六朝的湖水，滋养了别样的湖光山色。南京玄武，就这样在繁华褪尽的风光里拈得莲心一瓣，静看生命中的晴岚雾霭。

（本文选自宋羽著《南京城事》，中国社会出版社，2018 年版）

浏阳市淳口镇砖门楼

彭义文

浏阳市淳口镇鹤源社区的砖门楼，原是一座门楼，位于淳河北岸。它始建于清咸丰年间（1851—1861），见证了一个多世纪以来淳口的风雨沧桑，蕴含着深刻的历史文化。

据《王氏族谱》记载，南宋时，甘肃天水市一位叫王篇公的人在荆州任地方官，不幸遭奸臣所陷，诬为叛国逆臣。朝廷追杀时，王篇公为逃命，举家东藏西躲，经千里跋涉最后来到浏阳淳口，在淳河北岸的山边定居。从此王家人以勤为摇钱树，以俭为聚宝盆，建家立业，繁衍生息。虽然世道坎坷，但他们始终秉执“耕读持家久，经书济世长”的家教祖训。“忠、孝、礼、义”代代口碑相传，身体力行，人才辈出，个个争相为社会建功立业。元、明、清三个朝代中，《王氏族谱》有详细记载的功名人士52人。

清咸丰三年（1853），朝廷为表彰王氏族人功德，授准王氏荣建门楼。正值在四川都督任上的“振威”将军朱秋贵是淳口人，他见证了王氏族人昔日的辉煌历史，特为门楼题赠“三槐世第，两晋家声”门联。喻示显赫于世的王氏曾一家三子同朝及第，以王羲之为代表的文人哲士彪炳于西晋、东晋两朝史册。

门楼坐北朝南，八字排开，烟砖结构，粉墙黛瓦，建筑宏阔，气势恢宏。门楼两边鳞次栉比的民宅排列有序，一色土木结构，屋檐和窗框雕刻着精美图饰，布局和形式都与当地自然风水相协调，展现出乡土建筑的群体美。门楼建成后与龙伏的红门楼、蕉溪的石门楼并列为浏北三大门楼。

“山以灵而故鸣，水以神而益秀。”砖门楼建筑奇特、气势雄伟，整块地方也因门而得名。集居于砖门楼当地的王氏族人继承祖德，不断发扬光大，在社会发展进程各个时期敢为人先，不负众望，建功立业，是实至名归的大姓望族。中华人民共和国成立后，人民政府曾在该地设置砖门楼村、砖门楼生产大队，建有砖门楼小学。

现在，旧时的砖门楼景象全新，现代化钢筋混凝土结构的居民小洋楼，户户枕山，家家面水。通组到户的村道硬化、亮化、绿化，在青山绿野的衬托下，美如一幅画卷，展现出宁静、和谐、优美的乡土景色。

紫逻山中藏虎寨

褚建明

汝阳县城东约15里的地方有座山叫紫逻山，在群山怀抱中有个古老的村庄，那便是老虎寨。老虎寨是个行政村，属小店镇管辖。该寨虽然藏于群山深处，但无数的传说给这个灵秀之地，增添了一丝不可捉摸的神秘。现在就从紫逻山摩崖石刻留下的老虎头像，给大家讲讲老虎寨的来历。

唐朝时期，紫逻山中有座繁华的紫逻城，南来北往的商贾客人必须从这里经过。因为从南阳到洛阳翻越紫逻山，只有这一条南北大道。传说，有一猎户，姓王。单家独户居住在紫逻城以西的山沟中，以逮野猪到紫逻城卖肉为生。王猎户，名叫王虎，早年妻子因采药跌入悬崖下而身亡，撇下儿子王石。王虎又当爹，又当娘，拉扯着王石，父子两人相依为命过日子。那时，人烟稀少，大虎岭一带的老虎横行山里，也经常出入在紫逻山中，伤害过往行人。官府经常派人射杀老虎，并在老虎经常现身的路旁悬崖石壁上刻有虎头像，警示过往路人结伴同行。

一天下午，王虎、王石父子两人，在紫逻城卖完肉，身背钱褡子急急往家赶。路过白铁沟时，看到一只老虎一瘸一瘸地流着血逃跑，后面三名官兵呼喊着追射捕杀。这时日头已落西山，官兵找不到带伤的老虎，只好回府。

看到官兵走了，王虎对儿子王石说："儿啊，你看官兵走了，那带伤的老虎一路流血，一定活不成。咱爷俩要是能得到虎皮和虎骨，就够一年花销了。"儿子高兴地说："爹，那咱快去找吧。"于是，父子二人顺着血迹寻找，谁知他们跟着老虎血迹在山中绕了三道岭四道沟，却绕到了自己家。父子两一阵惊异后，就在房子周围寻找。老虎钻在房后的草棚下，已气息奄奄。老虎看到王虎、王石父子两人，眼里流出眼泪来，连连点头。王虎对儿子说："这只老虎能通人性，看到咱爷俩会流泪，会点头，是想叫咱爷俩救它呢。这老虎不能杀，你快去把屋里的止血草药仙鹤草、刺角芽(大蓟)拿来,给老虎治伤。”儿子王石去拿草药。老猎户王虎试探地摸摸虎头说:“我打算拔去你腿上的箭,给你包扎止血,你不会伤人吧。”老虎点点头。于是,王虎搬起老虎的后腿开始拔箭,这才发现它是一只母老虎。这时,儿子王石拿来仙鹤草、刺角芽,王虎把药捣碎,敷在老虎后腿受伤部位,并用麻布包扎。两人还用野猪肉喂食老虎。

三天后,这只老虎便能站起来,拐着腿走路了。父子俩很高兴,又拿野猪肉喂老虎。这一次老虎怎样也不吃,却咬住老猎户的衣裳不放。老猎户王虎大惑不解:“我给你治好了伤,还喂你肉,你为啥咬住衣裳不放?难道想吃俺爷俩不成?”老虎摇摇头,又用头不停地拱儿子王石。王虎触景生情,忽然明白了老虎是想让他们父子俩拿肉去虎穴喂虎崽。他对老虎说:“你想虎娃子了,想把这肉给虎娃子吃,是吧?”老虎点点头。

王虎、王石父子深受感动,便背着野猪肉,跟着一瘸一拐的老虎,向虎穴走去。走啊,走啊,走到一处满目青翠、白云缭绕的半山腰,沿着石缝攀到一大石坪上。大石坪边有个石洞,石洞里有两只饿得站不起来的小虎崽。老虎立刻上前亲昵地舔着小虎崽。父子二人赶紧将剁好的小块猪肉喂到两只小虎崽嘴里。小虎崽吃得津津有味,老虎流着泪感激地向王虎、王石父子连连点点头。父子俩离开虎穴后,隔三岔五给老虎和小虎崽送些野猪肉。半个月后,王虎对老虎说:“老虎啊,你的伤也好了,我也得卖肉维持生活,以后你就好好照顾自己吧!”老虎点点头。

第二年冬天,雪下了一冬,厚厚的大雪封山。老猎户一家整个冬天,没逮到一只野猪。眼看年关了,老猎户王虎没钱办年货,非常发愁。在腊月二十三的五更,王虎突然听到敲门声,起身开门一看,并无人敲门。正要关门,听到哼哼呻吟声。王虎蹲下身子仔细一看,一只有伤痕的野猪倒在门外,尚存一息。王虎高兴极了,叫醒熟睡的儿子王石起床,点灯烧水赶紧把猪杀掉。

天亮后,王虎、王石父子二人把猪肉挑到紫逻城里卖掉,换回了年货。到了腊月二十八晚上,又有敲门声。父子俩还没睡,听到敲门声,儿子王石随即起身开门。原来,是那只他们救过的母老虎带着长大的虎娃,它们为了报恩又叼来一只野猪。王虎、王石父子明白了,腊月二十三的那头野猪就是它们送的。大老虎和两个小老虎都蹲在门外的雪地上,六只闪光的眼睛望着王虎、王石父子,意在表达报答救命之恩。儿子王石从屋里拿出猪肉，喂两只小老虎吃，并抚摸着两只小老虎的头嬉戏。老猎户王虎对母老虎说："谢谢你送野猪救济俺爷俩。在这紫逻山中咱们都是一家人，要互相照应，记住别再伤害人了，让其他老虎都不要伤害人。"母老虎点点头，长啸一声，带着虎崽而去。

从此，紫逻山一带的老虎再没伤害过人。王虎救老虎，老虎济王虎，紫逻山老虎通人性、不伤人的事在紫逻城一带，一传十，十传百，人们都想沾点虎气，不断有人搬到老猎户王虎的家门口居住。久而久之，人越聚越多，形成村落，人们就叫老虎寨。

1962 年，这里建立虎寨大队，属小店公社。1984 年，虎寨大队改为虎寨村民委员会。如今的虎寨村面貌一新，站在虎寨山顶的石头城墙上，极目远望满目青翠，白云缭绕，山水如画，景色迷人。那刻有虎头像的石壁，仍陈述着千年的地名故事，承载着老虎寨的厚重历史。

（作者单位：河南省汝阳县区划地名办公室）

人间江口是仙乡

黄 诚

湖南省双峰县域东部涟水与测水交汇合流之处，古来即称之为“江口”。此处为娄底市海拔最低之处，涟源、娄星、双峰之水，由重重深山汇向江口河谷，自涓涓细流终成涟水一脉，经由此地往湘江而去。江口一带，风光旖旎，青山碧水，相映成趣，且文化底蕴深厚，村民热情好客，是游客喜爱之地，文人心仪之所，墨客神往之乡。

2014 年 5 月 1 日，在江口籍文人阳剑兄的策划下，双峰网爱心家园及双峰县摄影家协会、诗联协会部分会员一众 50 余人，赴江口采风观光，笔者亦有幸位列其中。上午 9 时许，10 台小车在县城集结出发，经香铺坳、睦家塘，过斗盐大桥，然后右转沿涟水而下，径向江口行进。

正是春夏之交，又逢艳阳高照，河里的水格外清澈，两岸的山格外秀丽，河道一转弯，路也跟着转弯，每转一个弯，景致又有所不同。行走在这样的山水之间，就如游走于水墨画廊之中。笔者手握着汽车方向盘，不时地被同车伙伴们的赞叹声扰乱心神，终于忍不住停下车来，将这两岸青山伴绿波的美景收入镜头，才重新上路。

车队直接开到了江口码头。此处正是涟水、测水合流之处，两条河流，就像两条银龙，经过重峦叠嶂之间的蜿蜒盘旋后，舒展了身姿，舒活了筋骨，飒爽而来。右边这一支相对较宽的，是涟水，他凝集着涟源、娄星的灵秀与壮丽，才刚挣脱了水府庙水库的束缚，一路欢快地奔跑到了这里。左边这一支，是测水，她是双峰的母亲河，汇集着双峰一邑的精气神，从风景秀丽的“小三峡”之间挤过来，风情万种，款款而至。两股水流在江口汇合后，并没有忸忸怩怩的姿态，也没有热情澎湃的激荡，而是迅速融合在一起，你中有我，我中有你，将河面撑得更加宽阔，一路欢笑着、吟唱着，浩浩荡荡地继续他们的征程。

我们迫不及待地舍车登船。两条船一前一后，自水波中划开一道道涟漪，顺流而下。此时，天很蓝，云很白，阳光正明媚，空气中氤氲着一种爽爽的味道。宽阔的水面，在微风吹拂之下，欢快地律动着，不时反射出粼粼的波光；两岸的青山，都用温润柔和的线条勾勒，以新绽的嫩绿鹅黄装扮，煞是迷人。这样的山，这样的绿，与这样的水贴得如此亲密，让我们分不清到底是水里长出了山，还是山间生出了水，顿生"舟在江面走，人在画中游"的感触。

一船人皆心情大好，兴奋之情溢于言表。大大小小、男男女女都争相跑到船头去吹风，去拍照，去赋诗。偶尔有人大声叫唤，或是看上了一棵长得特别有型的树，或是看到了几只跑出来约会的野鸭，或是抓拍到了一张绝佳的构图，或是觊觎河边垂钓者钓得的一尾好鱼，引得大家都凑过去看，直惹得船老大在船尾着急，只得用江口方言大叫："快嘀莫画到头前气哩，船都翘起来哩！"于是大伙儿手忙脚乱地跑回舱内，又踩得船一阵剧烈摇晃。此番情景，同行的诗联协会佘国武老师有口占一绝，非常形象，可谓佳作：

两岸青山相送迎，
一舟满载尽欢声。
忽传远处有殊色，
纷拥船头舟不平。

未行数里，已是湘乡地界。远远望见，前方有一大坝将涟水拦腰截断；近了，

可见坝上清晰的“韶山银河”四个大字。这，就是洋潭引水枢纽了。

洋潭引水枢纽兴建于20世纪60年代中期，它与早它几年建设的水府庙水库以及后期续建的灌区工程，共同组成了湖南省最大的引水灌溉区——韶山灌区。通过这一系列工程，引涟水之水，灌溉涟水、涓水、靳水、紫云河4流域2500平方千米范围内的近7万公顷农田。

我们在大坝的左侧码头登岸，走上了坝顶的人行天桥。往右远眺，我们刚才经过的水面，竟是万顷碧波，在青山之间回环荡漾，一眼望不到尽头。这一汪碧水啊，可以用来灌溉，用来发电，用来养殖，造福万千人民。遥想当年，数万人在此热火朝天地劳动，建成了这座大坝，修好了下游数千千米渠道，他们用智慧、汗水甚至生命，凝结成了这举世瞩目的伟大工程，有力地保障了鱼米之乡的粮食安全。如今，我们站在坝上，流水从脚底潺潺而过，清风自耳边缓缓吹拂，史事在脑海久久回荡，焉能不忆古思今，焉能不怀念前贤？不由又想起不知哪位文人为洋潭大坝题写的诗作：

升起金轮破晓烟，
风光指点总流连。
一泓碧水澄心底，
四面青山落眼前。
故迹正寻幽翠处，
轻舟却泛蔚蓝天。

桃源仙境何须问，

万厂机声又绿田。

一行人沿坝顶缓缓前行，拍一番照，翻一通古，身上本就被阳光包围着，加上这样走走闹闹，竟沁出些汗来。阳剑兄是此地熟客，还带我们参观了皮划艇训练基地、船闸等处，并用他富有特色的阳氏语法讲述着一些或雅或俗的掌故，引得我们的笑声灌满了一坝。他讲到，他本来不叫阳剑的，小时候的名字叫阳建韶，“建韶”者，建设韶山灌区也！后来上学念书时，班上竟然有两个阳建韶，于是老师大笔一挥，将此阳建韶改成了阳剑，以作区分。那个年代取名，常常有显明的时代特征，而“建韶”二字的热门，正说明了韶山灌区建设在当时的影响力之大。

不经意间，已走到了大坝的右侧码头，热情灵泛的船家，已经把船移到这里迎接我们了。于是上船，逆流而回。船家许是如我们一般饿了，加足了马力，不多时，我们就照旧踏着一路清波、携着一船欢笑回到了原来停车上船之处。

中餐就安排在码头旁的农家。进得屋来，见厅堂上摆放的 7 张桌子上，碗筷早已按农村风俗依每席 8 人安排妥当，就等我们上桌了。江口人之热情好客，从饭桌上也可以看出，茶、酒、鱼、肉、蔬，都是地道的农家风味，菜式很丰盛，收费也不贵，大伙儿吃得津津有味，大呼过瘾，以风卷残云之势，用行动为这桌饭菜点赞。菜足饭饱后，小聊片刻，以 AA 制结算了船费、餐费，我们大部分人就依依不舍地打道回府了。几位书画家朋友拼好桌子，摆弄笔墨，准备现场来点创作，我们不谙此道，也没有去打扰他们。

途中，我们还参观了离江口码头仅两三里地的大塘朱氏宗祠。朱氏宗祠，是一栋具有明显晚清风貌的旧建筑，青砖构造，飞檐翘角，古色古香，很有一番味道。但最吸引人的，当是这朱氏家族当年的显赫。据称，“朱氏宗祠”几字是曾国藩手书，笔者凝神看了看，觉得很像。倡建此宗祠的江口本地人朱尧阶，和曾国藩是同年举人，后来又成了曾国藩的亲家，曾国藩为其宗祠题个名，应在常理之中。宗祠的中厅，最顶端的三块金字大匾很引人注目，那是民国时期名人孙科、程潜、白崇禧的手迹，孙科题的是“庆乐长荣”，程潜题的是“敬宗收族”，白崇禧题的是“源远流长”，虽是很一般的套话，但能同时让他们为朱氏族谱题词，这邀请人绝非等闲之辈。厅中柱上，镌刻的是朱尧阶所撰的对联。联曰：

登堂有公是公非，怀一点偏心，即对祖宗不住；

屋室要能容能让，留半分情面，勿忧家族难和。

这对联，用的是湘中最平实的语言，但其中意蕴，却意味深长，引人深思。朱尧阶是当时湘中地区顶尖的楹联大师，他作联远近有名。可见，真正的大师不一定要引经据典；真正的经典，也不一定要咬文嚼字。大塘朱氏后裔中，颇多名士，如省委统战部原副部长、省工商联党组书记朱振基，就是江口人。这些，恐怕与江口的文化传承、朱氏的家学渊源有一定关联吧？

一路回到县城，心情久久不能平静。江口以一弹丸之地，历来人文荟萃，英才辈出，绝非偶然。是这一方山水之灵性，养育了世世代代的江口人；是一种文化的完美传承，培养了一代代江口俊彦。昔时，陆路交通不发达，水路有得天独厚的优势。江口以近涟测之便，是往来商旅必经之地，这必定造成了它的繁华，促进了它的发展。但是，随着时代的演变，水路交通渐被遗弃，涟水也因水府庙、洋潭两水库的修建而逐渐荒废了航运，江口——这处美丽的山村，因此失去了继续发展的机会，逐渐被边缘化。然而，正因为如此，江口这一处美丽的仙境，至今仍养在深闺人未识，仍是一处待开发、待认可的处女地。

不过，江口被重新认识的日子，应该不会太远。以阳剑为代表的新一代江口人，正在为江口的新生而努力。

回到家中，回忆江口怡人之山水，感其厚重之底蕴，念涟水沿岸之古今名人雅士，草拟七律一章。诗云：

两水争流汇此方，
人间江口是仙乡。
涟河泛浪人文盛，
望族生辉历史长。
柳下垂竿闲适客，
船头击水逍遥郎。
一江东去银河渡，
星汉辉煌振楚湘。

初游桃花岛

彭中文

群山墨染水凭流，诗酒神仙此地谋。
蝴蝶情深迷柳岸，桃花岛雅系兰舟。
云浮碧宇鹰巡岭，鱼戏青萍浪点头。
喜见农家人洗菜，清波荡处话悠悠。

丙申秋，于家建房，稍闲便对家乡的山山水水眷恋起来。早些日承阳剑兄相呼，驱车前往闻名不久却声名鹊起的杏子江口①，来了个半日游。

那日清晨，经梓门桥、香铺坳往杏子方向，一过溪口大桥即往右拐，淡薄的雾把远方的山遮住，一条碧玉般的河流如飘带挽住两岸青山，那串串的村庄傍河而建，如镶嵌在飘带上的珠宝闪耀夺目。公路沿河蜿蜒曲折而下，约5000千米左右，就见到了一个新修建的广场和码头。说广场其实就是一块大停车坪，而码头呢，也是在旧码头的基础上加宽加固，有焕然一新之感。车未停住，就见到了阳剑兄正和三五个人于河边散步，似在指点、讨论什么。下车，阳剑兄也看到了我，握手，介绍方知众人多是当地名望之士。

我问阳剑兄："桃花岛在何处？"他指着地下，说就在这里，人立于此地，不觉为岛，但如果站在山顶或在飞机上鸟瞰全村，方知涟水湄水交流于此，把江口弯曲成半岛状再宛然北去。因地形奇特，气候温暖湿润，阳剑兄于今春倡议把江口建桃花岛，不日，得诸多乡贤达人响应，捐款捐物，栽花栽草，遂成桃花岛雏形。

沿广场往左，沿岸见鲜花锦簇，时近深秋，却如三春般耀眼夺目。一只深黑

① 位于湖南省娄底市双峰县杏子铺镇江口村。

桃花岛景色

色的如小孩手掌般大的蝴蝶在翩翩起舞，我悄然走近，想拍几张美照，没想它却飞远，当兴致有些索然时，却又飞来了一只五彩斑斓的更大的蝴蝶。这只与前只大不同，似乎知我心意而来，落于花枝一动也不动，如舞台上的美女还不时摆出各种美姿任我拍摄欣赏。当我想走得更近更好接近它、亲近它时，它飘逸飞起，竟落于我的肩头，但随即向一棵河边大碗粗的柳树飞去，再在我的视线中消失，给我留下几许相思，几多绮丽。

阳剑兄大概发觉我有点痴了，叫了我一声，并向我介绍沿路栽植的各色花树，有桃树，有樱花，有紫薇，有木槿，还有一些名贵的甚至叫不上名称的花树。另外，村里正在着手耕种数千亩油菜，只要到了春天，那定是一片花的海洋，情的海洋，蝴蝶的海洋……在与阳剑兄的交谈中得知，这段时日游客特别多，有时每天达数百人，甚至有从长沙、岳阳、邵阳等地慕名而来的游客，至于湘潭湘乡娄底双峰的人更是络绎不绝。

上午10时左右，我们与20多位游客共同坐上桃花岛上的游艇先朝涓水溯流而上。在登上游艇还未驶离时，我站于船头与江水对望，清澈的江水如一面明镜，映出一个黄黑的清晰面目，似乎在说：落拓江湖百事非，山林归隐酒诗仙。

江面上，陪伴我们的，是那在江波中飘摇的水草，那在水草中、在码头边、在石缝间追逐嬉戏的小鱼，那闪着一对透着光明的鱼眼，那不带一点泥尘的河沙，

江上划竹筏

那大小不一的河卵石，还有那满江的涛语与我满腔的遐思。当船缓缓驶至江心时，从涓水与涟水中扑面而来的江风让心一片清凉，让思绪泛起万顷涟漪，让诗撕开一道口子奔涌跌宕而融成混沌一片至无我无他之境界。

从江口溯涓水而上至洛阳湾这段地方号称小三峡，长江三峡悬崖峭壁，江流湍急，李白有诗曰："朝辞白帝彩云间，千里江陵一日还。两岸猿声啼不住，轻舟已过万重山。"论气势之雄伟，小三峡自不可比拟。但小三峡自有小三峡的气蕴与瑰丽。两岸青山夹峙，不大而续，不高但翠，不险却幽。如翡翠的江水，游船驶过，泛起两线浪花，百重波涛。一排一排的山峰如涓江张开的翅膀正在飞翔。漂亮的农庄，金黄的稻田，还有垂钓的闲客，静静地躺在河边的渔舟，构成一幅天然画图，桃源胜境，不带半点俗气，不沾一丝烟尘。

从洛阳湾游玩归回，又是一番景致。因视角不同，方向已异，山峰对峙如锁，涓水慢慢变狭流向天际，当我们的船挽起碧波，穿过小三峡，江面顿时宽阔起来。正对面的桃花岛如被二龙争夺的明珠，在阳光的照耀下熠熠生辉。我们顺流而下四五里，便到了属于湘乡市的洋潭，大坝高达数 10 米，雄截大江。这时日已到午，只好返回江口就餐。在船上听阳剑介绍，现在桃花岛上人家都在办农家乐餐馆，冰箱里塞满了水里游的，山里跑的，家里养的时鲜佳肴。

就餐时，美酒佳肴自不必说，时鲜家常更是爽口。饭后，我们又去参观一处景点——朱氏祠堂。

朱氏祠堂是清朝朱尧阶子孙建起的家族祠堂，朱尧阶系曾国藩亲家，湖湘著名文人，凭一副对联享誉湖湘：

两派交流，好向此间寻活水；

双峰对峙，更于何处仰高山。

此祠堂建于1856年，至今已有160多年的历史，其规模不算宏大，梁柱窗棂亦算不上精细，但吸睛之处在于悬挂在祠堂上方的贺匾，如时任湖南省政府主席张治中赠贺的"大中至正"，孙科题贺的"庆乐长荣"，白崇禧题贺的"源远流长"，程潜题贺的"敬宗收族"，等等，皆当时朝堂之主宰，足见当时朱氏之盛。

欲回时，我再次立于桃花岛码头深情远望，这应是旅游景点中的最后一块处女地，没有半点雕琢，一切浑然天成，黛山、清流、繁花、细柳，忽然看到对岸有三座圆圆山峦，在群山的环抱中倚江而立，这真是山吗？是否是上天遗失的珠宝坠落于此？想到此处不觉失声：应是应是，正是正是。

（作者单位：娄底作家协会）

故园亲侣如相问，愧我边尘尚未收

——袁崇焕、孙承宗在辽东

杨　帆

边中送别

袁崇焕

五载离家别路悠，送君寒浸宝刀头。
欲知肺腑同生死，何用安危问去留。
策杖只因图雪耻，横戈原不为封侯。
故园亲侣如相问，愧我边尘尚未收。

这是一首送别诗，出自明末著名将领袁崇焕之手。“边”一般指边疆地区，这里特指辽东。此时，诗人正在那里与后金作战，明人把对后金用兵称为“辽事”。首句说，友人已离家五年，此次要返乡，前路漫长。“寒浸”表明了送别的时节，即冬季；“宝刀”及下面的“策杖”“横戈”都告诉我们故事发生在军营。诗人对友人说，他早已将安危置之度外，不会因为战争的危险而考虑自己的去留，诚可谓肺腑之言。“策”是一种马鞭，头上有尖刺。“戈”则是一种横刃长柄的兵器。这两样物件都是战争中常备的，诗人用它们代指“辽事”。最后，诗人点出了友人更确切的身份：老乡。袁崇焕是广东东莞（治今广东省东莞市）人，辽东与广东远隔千里，所以首句说“别路悠”。诗人嘱咐这位老乡说：“如果老家的乡亲向你问起我，你就说我感到惭愧，因为现在战争还没有结束，我尚不知何时能平定辽东。”短短的五十六个字，袁崇焕磊落的形象跃然纸上。他既不爱权位，又不惜死，苦守辽东就是为了报仇雪恨。那么，是什么仇恨让他这么坚定呢？他的仇报了吗？

一、危急的“辽事”

清朝的建立者，是世代生活于今东北地区的女真族。他们自称是金人的后裔，所以后来努尔哈赤建立了大金政权，史称"后金"。

一开始，他们只是明朝的羁縻部族，与明朝保持着朝贡关系，其内部派别林立，互相攻杀，没有形成统一的整体。明朝为了防止其势力变大，通过各种手段制造女真的分裂。在相互接触的过程中，明朝与女真各部族间摩擦不断增大，相互对立的情绪高涨。在一次冲突中，努尔哈赤的祖父及父亲被明军误杀。这一事件成了他整合女真各部并起兵反明的导火线。

明万历四十六年（1618），努尔哈赤以"七大恨"告天，同时起兵讨明。明朝随即派出以杨镐为辽东经略的十二万大军，赶赴前线，平定叛乱。不料，万历四十七年春，杨镐诸军惨败于萨尔浒（今辽宁省抚顺市大伙房水库东南），朝廷震动。

一年后，万历帝驾崩。太子朱常洛即位，改元泰昌。可一个月后，泰昌皇帝也去世了。于是，继任者朱由校上台，改元天启，以1621年为明天启元年。

借着萨尔浒之战的余威，努尔哈赤在明廷政权不稳之际乘胜追击，一举攻破辽河（即今辽河）东岸的重镇沈阳（治今辽宁省沈阳市），并进一步拿下辽阳（治今辽宁省辽阳市）。

天启二年正月，后金又进军辽河西岸，攻陷广宁（治今辽宁省北镇市）。至此，明军在与后金的对垒中，已处于极度被动的状态，京师受到了严重的威胁。当时，不少京官都暗中收拾好行囊，准备随时携家眷回原籍避难。中央政府拥有广土众民，却遭到边疆势力这样欺负，可以说是奇耻大辱。袁崇焕念兹在兹，非报此仇不可。

二、袁崇焕、孙承宗入边与宁远城的营建

萨尔浒之战发生的万历四十七年（1619），还发生了一件"小事"，即袁崇焕中进士。前者的影响是明显的，萨尔浒惨败让明军丧失了军事主动权，从此对后金作战招架多于还手。而后者标志着一个小人物从江湖进入了庙堂，其影响是逐步显现的，且极为深远。

袁崇焕获得了进身之阶，很快赴邵武（治今福建省邵武市）任知县。虽然身处东南，他却时时牵挂着前线，并"以边才自许"（《明史》卷259）。

后金进攻辽西时，他受调来京朝觐。御史侯恂很赏识他，就上书天启帝，请

破格录用袁崇焕。于是，皇帝给了他一个兵部职方主事的官。但这种太平日子他过得并不惬意，他的愿望是上阵杀敌。没多久，广宁兵败的消息传来，朝廷里气氛顿时变得凝重起来，很多人悲观地认为关外已守不住了，不如将重兵屯于山海关，单凭一座关城防御后金。袁崇焕对这种纸上谈兵的行为不以为然，为了搞清辽东的战况，他来不及通知兵部及家眷就上了马，直奔山海关。

兵部很快就发现袁主事人不见了。于是上级长官派人去袁府询问，可袁崇焕的家人也不知道他去了哪里。

袁崇焕在关内外查看后，心中有了主意，这才回到京师。他信誓旦旦地对朝臣们说："给我兵马粮草，我可以御敌于关门之外。"有人愿意去辽东赴死，吓破了胆的京官们当然求之不得，他们极力向皇帝推荐袁崇焕。于是，袁崇焕又升了官。他稍做准备，便踏上了再赴山海关的路。

当时，辽东最高军事长官名叫王在晋，他很欣赏袁崇焕的才干，对他委以重任。然而，王经略短于谋划、缺乏军事眼光。他认为应在山海关外一个叫八里铺的地方建重关，以四万人防守(《明史》卷250)。袁崇焕对此并不认同，他要求将防线北扩至关外之宁远(治今辽宁省兴城市)。双方为此争论了几次，相持不下。袁崇焕为了争取主动，就向当时的首辅叶向高打了越级报告。

叶向高了解了情况后，不知道应该听谁的话，一时没了主意。这时，天启帝的老师、大学士孙承宗主动请缨，要求亲赴山海关搞调研。皇帝一听，很高兴，就加封他为太子太保，赐予蟒玉、银币。孙承宗到达山海关后，通过与双方的沟通和自己的分析，觉得袁崇焕的观点是正确的，在山海关外建重城的做法不可取。

但王在晋毕竟是辽东经略，如果他不改弦易辙，内部必然失和，这对前线用兵是很不利的。孙承宗就找到王在晋，用了七天七夜做他的思想工作，可王在晋倔得很，仍然顽固坚持自己的军事方略。孙承宗倍感失望，他长叹道："不尽破庸人之论，辽事不可为也。"经过研究，他基本确立了擘画"辽事"的方略，即以宁远为核心构建关外防御体系。不久，他回京述职。到京后，孙承宗时刻想着辽东形势，一想到王在晋、袁崇焕两人相左，就深感不安。于是，趁一次为皇帝上课的机会，他向天启帝详细地说明了前线的问题，并表达了撤换王在晋的意愿。皇帝一听，觉得有理，于是调王在晋任南京(治今江苏省南京市)兵部尚书。

天启三年(1623)九月，孙承宗重赴辽东。此时再无人掣肘，孙、袁等坚持积极防御的人可以放开手大干一场了。而修筑宁远城是恢复关外防线的重要一步。为了赶进度,袁崇焕及满桂、祖大寿等诸位将官日夜奋战,终于在次年修成宁远重镇,并逐步建立起初具规模的关外防御体系。

三、孙承宗罢职与宁远大捷

正当孙承宗、袁崇焕等人徐图恢复之时,朝廷内部发生了变化。权阉魏忠贤骗取了天启帝的信任,大肆迫害东林党人,把持了朝政。孙承宗身为帝师,年高德劭,魏忠贤早就想把他拉到自己的阵营来。于是,他派手下刘应坤去辽东前线向孙承宗示好。孙承宗对阉党弄权一贯深恶痛绝,刘应坤满脸堆笑,却招来了孙承宗的冷眼相待。魏忠贤知道后便对孙承宗怀恨在心。

刘应坤走后,孙承宗彻夜不寐。他想到朝中正直的大臣大都受到打压,得势者净是些趋炎附势之徒,如此一来,朝政不可为,早晚会连累到辽东用兵。他觉得自己不能坐视不管,就想借向皇帝贺寿的机会回京辨明是非,向天启帝揭露魏忠贤的真面目。阉党魏广微听到风声,将此事禀报了魏忠贤。

魏忠贤虽然权倾朝野,但孙承宗手中握有重兵,所以听说孙承宗要来京,他感到非常恐惧。他跑到皇宫,绕着皇帝的御床,一边哭一边说:"皇上,孙大学士带兵回京,是来要我的脑袋的。我以后恐怕再也不能伺候皇上了。呜呜呜……"天启帝见他这副可怜的样子,心就软了。他命内阁次辅顾秉谦拟旨,要孙承宗坚守岗位,不可进京。

孙承宗走到通州(治今北京市通州区)时接到了圣旨,虽然不甘心,可也只好原路返回。

魏忠贤保住了手中的权力和自己的性命,然后就开始筹划报复孙承宗。天启四年(1624),孙承宗的手下马世龙自作主张,擅自发兵进攻后金,遭到惨败。孙承宗受此连累,在魏忠贤的操纵下被阉党高第取代。

高第经略辽东后,同样采取消极防御的策略。他轻易地放弃了明军苦心经营的关外防线,将主力撤回山海关。袁崇焕表示坚决反对,但他人微言轻,无法阻止高第的错误行为。当时,袁崇焕驻守宁远,他拒不执行高第的命令。在其他防务全部废弃后,他仍率所部坚守宁远。此时的宁远,不啻关外的一座孤城。

努尔哈赤始终掌握着明军防线的动态。他见孙承宗、袁崇焕这对黄金搭档被拆散，而高第又不懂军略，自撤藩篱。于是，努尔哈赤渡过辽河，要攻击袁崇焕的孤军。

在与明军的交锋中，努尔哈赤屡战屡胜，很少失败。他看到宁远明军没有外援，认为拿下宁远没有问题。然而，宁远之战的结果却是明军大捷，后金大败。

四、袁崇焕冤死，"辽事"前功尽弃

后来，袁崇焕又取得了宁锦战役的胜利，进一步巩固了关外防线，而事实也证明了积极防御方针的无比正确。此时的袁崇焕，可谓国士无双，明朝的命运几乎都寄托在他身上。但不幸的是，天启帝的继任者崇祯帝中了敌人的反间计，并因此杀掉了袁崇焕。自毁长城后，明朝再也没有出现像孙承宗、袁崇焕这样杰出的军事人才了，"明亡征决矣"。

（本文选自杨帆著《诗词地名故事》，中国社会出版社，2015 年版）

吞云吐雾白虎洞

刘兰芳

白虎洞是贺兰山上的一个天然洞窟，因为其石白色，故称之为白虎洞。白虎洞位于惠农区境内西北方向、红果子瀑布附近的贺兰山中，洞深100余米，直径200余米。白虎洞神秘奇绝，洞口怪石林立，像一张老虎口镶嵌于贺兰山腰，与峰峦叠嶂的山峰形成截然不同的风格。白虎洞居高临下，十几千米以内都能看到它的雄姿。立于白虎洞口向下俯瞰，如棋盘一般的广阔平原、如玉带一般明亮的黄河尽收眼底，别有一番风味。洞内，一股清澈的泉水从洞穴的顶部流下，壮观之至。

至于白虎洞有无白虎，历史并无记载，只在民间流传着许多传说。

从前，在贺兰山下住着一个老猎户，老伴儿早年去世，只留下一个儿子叫秋童。秋童生得聪明英俊，长大以后给庞员外放羊，挣钱养活年老的爹爹。一天他正在山坡上放羊，忽然听到"救命呀！救命呀！"的喊叫声。秋童跑过去一看，原来是一只恶狼在撵砍柴的姑娘。他连忙赶上去打死了那只恶狼，姑娘非常感激，羞羞答答地将一个荷包送给了秋童。

从此，秋童每天出门放羊都带着香荷包，天天思念那个可爱的砍柴姑娘，盼着能再次见到她。一天，他看着香荷包正入迷，忽然背后传来一阵银铃般的笑声，他回头一看，正是自己昼夜思念的砍柴姑娘。姑娘微笑着向秋童走来，说，她妈叫她来报答救命之恩，并告诉秋童，她家住在沙蒿滩，只有母亲一个人，叫秋童的父亲去提亲。端阳节那天，老猎户来到姑娘家，见到姑娘的妈，定了亲事。秋童与砍柴的姑娘在六月成了亲，他俩成了恩爱夫妻。从此，秋童再也不给庞员外放羊了，他每天都到山里砍柴，拾蘑菇，养活老人，形影不离。后来，老猎户和姑娘的妈也结成了夫妻。

一天，庞员外骑着高头大马，在路上遇见秋童的媳妇，立刻被她的美貌所吸引。他奸笑了几声，黄眼珠子一转，就勒马回家去打鬼主意。

第二天傍晚，秋童正在山泉边洗脚，突然，背后伸出一双大手，掐住了他的喉咙，秋童还没有弄清咋回事，就被按在水里活活淹死了。

秋童被恶人淹死后，姑娘被庞员外抓去强迫做了老婆。姑娘得知秋童已被害死，心中像刀割火燎，眼睛都哭肿了。后来，她趁夜深人静时，越墙逃出了狼窝，一直跑到黄河边，大喊了一声“秋童哥!”就跳入了翻滚的河水里，被旋涡卷走了。

从此，老猎户老两口天天恸哭自己的一对儿女，悲痛的哭声传到了天庭，感动了玉帝。玉帝便把秋童变成了一条能吞云吐雾的白龙，住在白虎洞，把姑娘变成了一条美丽的彩虹。每当白龙吐出朵朵烟云，就会惊雷震天，大雨倾盆，一团乌云滚滚向东，直奔庞员外家，鸡蛋大的冰雹砸得庞员外的庄稼一片精光。这是对庞员外的惩罚。雨后，阴云渐渐消散，美丽的彩虹架到了空中，有人说，那是秋童与媳妇相见去了。

无论民间的传说是否可信，其中有一点是肯定的，那就是由于白虎洞雄踞贺兰山巅，白云常从洞口飘过，似仙洞生烟，又似仙洞吸云，缥缥缈缈，实为一大景观。因此，徐保字在选定“平罗八景”时将其定为八景之一的“虎洞归云”，于是便有文人墨客趋而作之。

清人蒋延禄作《虎洞归云》一首：

天然邃洞此中开，云锦谁家幅幅裁。
我已无心空出岫，何年彭泽赋归来。

“天然邃洞”以写实的手法，道出了白虎洞的自然属性。“云锦”一词极言云彩之美，云洞相衬，展现出一幅虚幻缥缈的仙山意境。

平罗知县郭鸿熙的《虎洞归云》别有一番情趣：

虎迹已随荒草没，岭头犹见白云飞。
山灵着意留云住，未许云行竟不归。

（本文选自刘兰芳主编《石嘴山市地名故事》，中国社会出版社，2017 年版）

涛声震天山河桥

杨宏伟

山河桥，是原中卫县与中宁县的县界桥，位于黄河南岸，隔河与胜金关相望。西距中卫市城区44千米，东距中宁县城15.5千米。山河即清水河，为黄河的一大支流。通志云："发源六盘山，绕固原城东北，流入鸣沙州，即古所谓葫芦河，一名高平水，其下复有山河。"清水河在泉眼山汇流入黄河，河床山石作底，因其隆起而使水流湍急，形成两道瀑布，跳入60米宽、10多米深的深沟才汇入黄河。因有特殊的河床、河岸而称"山河"，山河上搭建的桥就叫"山河桥"。"山河桥"不仅沟通了卫宁两县(区)的交通与经济往来，同时也沟通了宁夏与平凉、固原、兰州、西安等地的交通与经济往来。

据有关记载和民间传说得知，历史上山河桥曾有过三次较大的修建，随之也就产生了跷越桥、天坐桥、天生桥以及"钻洞子"等多个名称。跷越桥，又叫"苏姑桥""女儿桥""苏姑娘山河跳桥""伸臂桥"等，据说最初是由中卫高庙的尼姑化缘建的桥，是一座行善桥。传说清朝末年，县城名门苏家有一对天生丽质、文静庄重的女儿，幼年习文极为聪慧，出言虑事远出人意，举族爱重之。后，大女儿嫁给城东范家庙举人范广修，夫君死后，立志守节，地方人士为她修建了牌坊，名曰范家牌坊，享誉四邻乡里；二女儿因自幼受和尚谶语指点，5岁就送到高庙，后出家当了尼姑。这位女儿更是了得，终日安坐，俨然如齐；潜心佛教经典，灵性所致，无人点拨，即能融会贯通。她德行厚重，广结善缘，声望很高，地方新任县长都要拜会她，一生到处行善积德，深受百姓敬仰，为感激她四方化募搭建苏姑桥这一善举，遂以其姓名命名。

《道光续修中卫县志·关梁》卷载："桥二，一在上，为自宁安通寺口之道，乾隆十七年(1752)重修；一在红崖子东，为自宣和通宁安之道，乾隆二十年(1755)

重修。其桥皆因崖岸垒石做基阶，节节相次。排木纵横栉比，更相镇压。两边俱平，相去三四丈，并大材以板横次之。外掩勾栏，悬空而行，惟人马可渡。设防兵。”红崖子是中卫黄河南最东边的区域，红崖子东即是指修建山河桥的位置，重修时间是乾隆二十年(1755)。既然是重修，那么始建年代应该更早。到光绪八年(1882)再次重修，桥高3丈，宽8尺，长20丈。又据《排水沟志》记载：“该桥用伸臂木梁结构，桥长二十丈，只行人马，不过车辆。”

《排水沟志》和《道光续修中卫县志》记载相同。什么叫伸臂木梁结构？桥长20丈，这样大的跨度，在建筑材料单一的古代，既没有钢筋、水泥等材料，也没有钻孔机等施工设备，要在这里建桥，谈何容易！还有无法逾越的两大难关是：这里水流太急，河中无法建桥墩，要建桥必须是单跨；用木、石材料做梁桥，因抗弯强度有限，跨径最多只能达到8米左右。可是，古代劳动人民用他们的智慧，用一种奇特的桥梁结构，突破了这两大难关。这就是《道光续修中卫县志·关梁》卷记载的我国古代建筑中斗拱式的“层层递出”的结构，先用石头在两岸垒砌阶梯状的基础，每层压一排方木向河心挑出，待到相距10多米时，再搭上一排巨木作为梁，然后铺面板，做上栏杆，一座木桥便建成了。它犹如两岸向河心各伸出一臂，因此叫伸臂木梁桥。这种结构，克服了跨度大与木料抗弯强度弱的矛盾，不做桥墩，一跨就达66米。这在没有水泥和钢材的时代，无疑是个奇迹！伸臂木梁结构工艺精湛，规模宏大，结构严密。从建筑艺术上看，除河北赵州桥外，古桥当数中卫山河桥最富特色，最为壮观。

到了民国年间，南部山区阴雨不断，暴发特大山洪，该桥因上游冲下木料的阻塞而被摧毁。此后，官方再未拨款，而民间亦无力筹资，从此再未恢复。“跷越桥”完成了它的历史使命。

该桥的第二代是“天坐桥”。当年有名的水利工程设计者苏芳先生叫它“天生桥”，老百姓称之为“山河石桥”。因清水河属山洪河流，平时流量极小，遇山洪则河水暴涨，清代以来，虽多次建桥，均被洪水冲垮。1938年，宁夏省建设厅厅长李翰园视察卫、宁两县时提出筹划重修山河桥，设计要求可通行汽车。苏芳受命负责设计，当时正值抗日战争的关键时期，钢材、水泥奇缺，用什么办法建桥呢？苏芳经实地勘察，发现泉眼山清水河峡谷河床有阶梯状断层落差，他在第二道瀑布上动起了脑子。原来，这道瀑布的最前沿有一道隆起的河床岩石，长30

多米、宽 5 米,形似“横墙”。如果在“横墙”底部的中央凿一个大圆洞,成为泄水的桥孔,将“横墙”的顶部凿平,使之成为路面,上行车辆,下可导流河水,便是一座天然石桥。经反复研究,他提出了凿石洞为桥的设计方案。

1942 年年初,省政府批准助款修建,其时苏芳已病卧在床,不能亲临视事,由县长派建设科科长张儒士主持此事,红崖子老石匠邵光前率领石工张金银、严金山、邢好善、张之洞等人,用土工具、土炸药,在坚硬的青石壁上作业。1942 年 10 月开工至 1943 年 5 月竣工,历时 8 个月,开凿了一个巨大石洞。桥长 43. 4 米,桥宽 4. 2 米,桥石距河底深度前沿为 3. 3 米,后沿为 7. 5 米。过水洞长 8. 4 米,宽 2. 7 米,高 5 米,洞口为椭圆形,面积 13. 5 平方米。洞顶壁厚 2. 8 米,桥面浑然一体,无裂缝,桥上过人、畜、车辆,桥下泄流河水,形似天然石拱桥。遇有特大洪水和泥石流,桥洞泄洪不及,泥石激流便从桥面上翻滚而下,顶部就变成过水路面。由于此地石质坚硬,桥面石抗磨损能力强,历时 50 余年,通行载重车辆仍安然无恙。

有诗赞曰:“人行梦魂绕,车过闻怒涛。世路再维艰,夺得天工巧。”

中华人民共和国成立后,这座桥还使用了很长时间。每当宁夏南部山区下大雨,这里便出现一道奇观:瀑布倾泻,涛声如雷,宛如微缩的壶口瀑布景观。笔者曾有幸在洪水期间步行通过该桥。当其时,数里之外就能听到洪水撞击岩石的涛声,渐行渐近,那沉闷的轰鸣声越来越大,如天边传来的滚雷一般,几至震耳欲聋。这滚雷声在山谷间回环传鸣,似乎有地动山摇之势。在这巨大的声威面前,人显得非常渺小,只能胆战心惊、畏畏缩缩前行。好在笔者和几位同学同行,相互之间可以壮胆鼓励。行至桥中间,脚下的桥面似乎在抖动,桥一侧那混浊的洪水像脱缰的野马向人冲来——这种比喻已很不确切,其速度之快,如天上流星,倏忽之间就钻进了桥洞。桥面早被飞溅的水花泼湿,人被包围在水雾之中,好像洪水随时都会跃上桥面。在这个时候,胆小的不敢旁视,胆大的看上一眼就不敢再看第二眼,就像是自己马上要被洪水卷走一般。

山河桥,对于我们当时的青年学生,还有一种心理压力。那是 20 世纪 50 年代,这里远离村庄,据说旧时这里与黄河对岸的胜金关都是强人(土匪)出没的地方。也就在我们念书的学校操场,开过一次公判大会,枪毙了一个在山河桥抢劫杀人的土匪。这件事早在我们心里留下了一定阴影,但我们还是大着胆通过了山河桥，可算是当时青年人的一种冒险，或者叫挑战吧。

该桥的第三代是“水泥桥”，即今天的山河桥，是由中宁县人民政府提出，经勘察设计，上报宁夏回族自治区公路管理局，于1990年批准，由中宁县养路队于1990年4月7日正式施工，同年10月10日竣工的。这是一座用现代建桥技术建筑的钢筋混凝土单孔桥，跨度84米，桥面宽9米，净高12米，造型选用古色古香的双曲拱。令人惊奇的是这座现代化的公路大桥，桥基竟然是坐落在原山河桥桥面上，桥上建桥，两桥合一桥，成为建桥史上的奇观。这座桥宽阔平坦，可通行大型载重车辆，两头连接的是平整宽阔的柏油公路，汽车到此处，瞬间就已通过，昔日的胆战心惊已成陈迹，那惊涛骇浪的洪水恐怕再难遇到了。

（本文选自杨宏伟主编《中卫市地名故事》，中国社会出版社，2017年版）

斋堂古村落

奕 奕

北京一些有意思的公交路线，比如发车最快速的公交是345快，平均十秒钟发一趟车，比如途径最险峻的公交是892路。人生不过是一场一探究竟的旅行，选择一个晴空万里的秋日，在苹果园地铁站外等待892路公交是一件美妙的事。如今892路转变成M22路，平均一小时发车一趟，途经广宁村、龙泉雾村、核桃村、雁翅村、青白村、高铺村、火村等村庄，路过京门铁路遗址公园、三家店蓄水调节池、永定河特大桥、京西十八潭景区、青白口农产品交易市场等。清水斋堂镇位于北京市门头沟区，距离北京市区约100千米。门头沟区位于北京西部，历史可以上溯到新石器时代“东胡林人”生活的时期。门头沟地区98%的区域都是山地，仅永定河沿岸有小片冲积平原，因此892路司机需要在九曲十八弯的山路上拨转方向盘，两侧石头山触手可及。门头沟的山属于太行山余脉绵延带，地势由四条东北－西南走向的山岭组成，从西至东依次是灵山－笔架山，百花山－妙峰山，九龙山－香峪梁，马鞍山。境内既有北京第一高峰灵山，也有华北天然动植物王国百花山，亦有以庙会闻名遐迩的妙峰山，山间历来盛产京西无烟“门煤”，这些山脉构成了首都西部的绿色屏障。山脉之间是斋堂川、大台沟、门头沟三个大沟谷，两侧是沿河城和潭柘寺两个小谷地。门头沟地区长期为京师畿辅重地，素有“神京右臂”的美称。

斋堂镇属于门头沟西部深山区，位于黄草梁和老龙窝两个山岭之间，是门头沟西部乡镇的政治、经济和文化中心，斋堂镇中心车站有公交支路到其他乡镇。斋堂又分为西斋堂和东斋堂，斋堂之名来源于当地的佛教信仰，唐代贞观年间在此建有灵岳寺，香火一直很旺盛，外地香客源源不断至此并在此食宿，因此起名为“斋堂”。永定河、清水河穿境而过，形成了一些依山傍水的小村落。斋堂镇的村落经过分分合合的变革，辖有西斋堂居委会、东斋堂居委会、角楼居委会、西斋堂村、东斋堂村、马栏村、火村、高铺村、青龙涧村、黄岭西村、双石头村、爨底下村、柏峪村、牛站村、白虎头村、新兴村、向阳口村、沿河城村、王龙口村、沿河口村、龙门口村、林字台村、西胡林村、东胡林村、军响村、桑峪村、灵水村、法城村、杨家村、张家村、吕家村、杨家峪村。

先有灵岳寺，后有斋堂城。古代斋堂镇因为灵岳寺而兴，现代灵岳寺因斋堂镇而更加闻名。灵岳寺位于斋堂镇北部五千米的白铁山上，始建于唐代贞观年间，辽代称白贴山院，金代始称灵岳寺。灵岳寺的建筑颇具元代风貌，很有京西山区特色，融高山、古寺、田园、山村为一体，有悬山式建筑天王殿，是北京地区极有研究价值的建筑形式。现存元至元三十年（1293）《重修灵岳寺记》碑及康熙二十二年（1683）《重修灵岳禅林碑记》碑石，记述寺院两次重修及其历史沿革。

斋堂镇是京西历史文化名镇，镇域有十多个村庄保留着明清时期的建筑，每一个村子都因为有山的参与而神秘动人，吸引着中外游客纷至沓来，特别是中国历史文化名村爨底下村和灵水村，很多人因为“爨”字而要亲自一见历史名村，也有很多人因为《爸爸去哪儿》节目的热播而驱车到灵水村一游。

爨底下村和灵水村分别处在门头沟不同的山窝窝里，爨底下村在斋堂镇的西北，灵水村在斋堂镇的东北。从斋堂镇到爨底下村需要打车，车辆都是私家车，司机也叫不出当地的山名，只是统称“灰石头山”，并不忘宣传当地山脉“百花山虽然高，才到灵山半山腰”。爨底下村曾被简化为“川底下”，现在村落门牌上标注的都是“川底下”，但和旅游相关的字眼都变成了“爨”，一进村口，石头上大大的“爨”字便映入眼帘。

爨底下村的村名很别致，因为村北有崖头远望似灶，人们称为爨头，又因村子在崖头之下，故名爨底下，村民都会这样向游客介绍“爨”字：“兴字头，林字腰，大字下面架火烧。”爨底下村海拔高度约650米，村子依山而建高低错落，以村后龙头为圆心，南北为轴线呈扇面形展于两侧，形成一个元宝形，被称为“京西布达拉宫”。

进村可见一方影壁，背面写着中国历史文化名村“川底下村”简介：古堡民居川（爨）底下村，因在明代爨里安口下方成村而得名，明正德十年建爨底下村。村子被一条南北主街分开，村上、村下被一条长200米、最高处20米的弧形大墙分开，村前又被一条长170米的弓形墙围绕，使全村形不散而神更聚，三条通道贯穿上下，具有防洪、防匪的功能。民居墙壁基底均由石头堆砌而成，因此村口的民居上挂着“片石居”“石庸居”的牌子。

民居多是三合院和四合院，比如双店式四合院，集居住、商业、货物仓库及马棚于一体的组合院落，商业店铺于前，骡马大店于后，部分大门依然保留着木板大门。大门外设有照壁，门里设有影壁，既可以挡住外人视线，也可以防止财气外流。据说村民的祖源由山西大槐树迁居至此，村民经济生活一直处于富裕状态，所以楼舍至今看来依然有大户人家的气魄。地主院、财主院保留至今，其中财主家福字院是明朝至今保留完好的早期院落，已有500余年的历史，是全村保留最完整的四合院，也是唯一一家两进的院落。

有趣的是，几乎每家每户的影壁上都是一个“福”字，黑字白梅花。影壁在门口的迎门处，据说明朝爨底下村的韩守德中举，在自家墙上写了一个福字，希望儿孙孝福安康，后来一直延续至今。福字的左边部首里，上边有五朵梅花，象征着五福捧寿、五子登科，下边有九朵梅花，象征着长长久久、九五之尊。福字的右边有十六朵梅花，藏有喜字，象征着福禄寿喜财。爨底下的爨字一共三十笔，对应福字里的三十朵梅花，表示爨字在福字里，表达着村民祈福纳祥的美好愿望。

爨底下村民都姓韩，第一世祖是韩甫金、韩甫银、韩甫仓三兄弟，爨底下村400多年来一直维持着韩姓独居的状态。当地人解释为，爨字和火有很大的关系，韩和寒谐音，能够和爨字互济共生，因此爨底下村只有韩姓氏族长久居住。在某户的影壁上写着“韩姓家族二十代：甫景自守玉、有明万宏思、义巨晓怀孟、永茂广连交”。爨底下村已经少有村民居住，民居多为客栈或者农家乐，一些家门紧锁，一些开民宿的老乡忙着张罗饭菜，大铁锅里炖着官厅水库鱼和农家菜。墙上还可见“大学解放军”“用毛泽东思想武装我们的头脑”这样的字样。沿着民居的石头路可以一直上到山上，小路弯曲，形成很好的防御工事。沿着村里的主路一直往上走，就是一线天，回头便可望见村里依稀的炊烟。

从爨底下村出来，绕到西北方的另一个山沟里，就是灵水村了，人们常称其“灵水举人村”，是一个建在龟背上的村庄，一个举人辈出的地方。灵水村位于莲花山下，永定河徒然流过，流淌着千年的秀美。灵水的村风是水悟灵感、君子不争，这里先后走出二十二名举人、两名进士、十名国子监监生、九名燕京大学学子，可谓学雅济世、耕读兼修。

灵水有名的节庆是秋粥节。秋粥习俗起源于清代，灵水举人刘氏父子开仓熬粥赈灾，拯救了斋堂川的灾民，此事惊动了京城，刘氏父子受到了皇家恩典。最初村民在立夏日喝粥，后来变成了立秋日喝粥，既可以庆祝丰收，也可以纪念举人，因此灵水的秋粥也被称为“举人粥”。每年立秋，灵水村民在村巷支起大锅，二十几口大锅一起熬粥，秋粥由核桃仁、杏仁、大枣、五谷熬制而成，村民和游客一起分食。

斋堂镇最有名的是爨底下村和灵水村，围绕着这两个名村还保留着很多古老的村落和民居，比如双石头村、火村、柏峪村、桑峪村、江水河村等，其中江水河村是斋堂镇海拔最高的村庄，火村又称火爨村、火钻村，曾是灵岳寺香火旺盛时期香客歇脚斋食之地。如今位于斋堂川的斋堂镇处于萧条中，很多田地都在自然中荒芜，年轻人外出务工，无人打理被废弃的房屋和山间谷地，斋堂镇也处于蓬勃的发展时期，全域旅游的势头形成燎原之势，这里称得上北京的绿肺，称得上北京的后花园，是将北京点缀得山清水秀的自然花边。

沙县:且用小吃作名片

晓 夏

走遍中国,尽识沙县,然而这座小城的知名度,是和“沙县小吃”的牌匾深刻联系在一起的。一如未见其人,先闻其声,大多数中国人都是先在大街小巷遇见沙县小吃店,然后知晓福建省有一个叫沙县的地方。小吃已经成为沙县最光彩的名片之一,沙县小吃是沙县政府支持并推广的创业项目,扩大了沙县的国内外名气,当然作为名副其实的千年古县,中国知名度最高的县之一,沙县还有更多值得旅行或探索的地方。

沙县隶属福建省三明市,位于福建省中部偏西,武夷山与戴云山之间,总体格局为八山一水一分田。沙县因沙而取名,因为在沙溪下游,古代曾为沙村县,因为县治在沙溪北岸,所以别称沙阳,民间有称“金沙县,银建瓯,铜延平,铁邵武”,金沙县也成为沙县的雅称。沙县的另外一个雅称是“虬城”,传说沙溪城关河段曾有一无角龙“虬”,因此沙溪河段也被称为虬江。

汉朝建安初年(196),沙县称南平县,至东晋太元四年(379),沙县称延平县,东晋义熙年间称沙村县,隋朝开皇元年(581)始称沙县。后来历经废置又复置,从唐代开始稳定地称为沙县,至今这一地名已经延续了1300多年。截至2016年,沙县辖2个街道办事处:凤岗街道办事处、虬江街道办事处;6个镇:夏茂镇、高桥镇、富口镇、青州镇、高砂镇、大洛镇;4个乡:湖源乡、南霞乡、南阳乡、郑湖乡,共有13个社区居委会,171个村委会,1158个村民小组。

身置沙县,并不会感觉到南方湿漉漉的空气,湿度刚刚好,但绿水青山生态不减。沙县交通便利,是闽中重要的交通枢纽,2016年开始通航的三明机场坐落在沙县境内,是在山顶修建的一座飞机场。三明机场从1993年报批开始,经历了近20年的反复论证,可见修建的难度系数之大。原址选择在沙县虬江凤凰山附近，但考虑地势只能单向降落，后来重新选址在高速公路际口西北，可满足双向降落的要求。从北京始飞的航班经停武汉后到达沙县，闽中典型城市展现在眼前，游沙县的第一站不妨去看看沙县小吃城。

沙县小吃城位于福银高速公路沙县出口，已经被评为国家4A级景区，称得上是沙县小吃的大本营。正是因为沙县小吃使得沙县扬名天下，甚至超过了三明市的声誉度，也许有人不知道福建有个三明市，但大家都知道福建有个沙县。其实，沙县小吃城也被称为沙村，小吃城的城门是仿古建筑，正门上部正中镌刻着"沙村"两个字，正门的对联写着"俊彦溢清芬焕古邑山明水秀，时风催骏骥看新天凤翥龙翔"。小吃城整体采用中国古典徽派园林设计手法，以沙县传统的明清建筑风格为基调，遵循古朴、典雅的设计风格，规划设计小吃餐饮、休闲娱乐、星级宾馆及旅游购物四个区，建设20余幢古建筑群，并配套建设园林景观、建筑小品、绿化及夜景工程等公共附属设施，使整个建筑和谐地与淘金山人文、历史、自然景观融为一体，体现文化艺术品位，再现沙县这一闽中悠久历史和饮食文化的古城风貌。

漫步在沙县小吃城里，顺着三角梅开放的方向望去，沙县小吃的各种门面招幌静静地等待客人的光临，如果没到沙县小吃文化节或者节假日，小吃城里的客人并不多。扁肉、板鸭几个大字捉住了眼球，穿成串的板鸭在门口接受着微风的细吻。到底什么是扁肉？其实，沙县扁肉又叫沙县馄饨、沙县面食、沙县扁食，是沙县最普遍、最受欢迎的小吃之一，不论城区大街小巷或乡村都可以看到沙县扁肉的倩影。十多个浮在表面的带皮丸子，品种主要有青菜扁肉、五彩扁肉、虾仁扁肉等，其风味鲜香辣烫，使人增强食欲。据史料记载，早在唐朝，随着北方人的南迁，沙县城关即有扁肉问世。沙县扁肉也是沙县小吃中工艺最独特的一个品种，制作过程较复杂，是沙县人在外经营沙县小吃的特色品种，沙县小吃店一般都有沙县扁肉这个品种。

板鸭是沙县农村传统的家庭美食，民间称为"腊鸭"。板鸭制作的历史可以追溯到3000多年前的周朝，周代就有将鸡鸭肉类腊制的做法，其名叫"腊"，就是指生产制作此类食品时间在农历腊月，朝廷中曾设有"腊人"一职，专门掌管加工干肉的事务。板鸭的加工方法一般是将肉抹上盐姜等作料腌渍后风干、晒干或烘干，通过使肉脱水延长保存期，食时过蒸切块即可。现在沙县腊鸭的做法同传统做法大致相同,只是在配料上略有增减,烘烤的方法也更加讲究,其具体做法是通过腌制、板晒定型等程序将鲜鸭制成咸鸭,可供久贮远运,肉鲜香而肥嫩,皮白肉红,可蒸后供食,也可以用作菜肴原料。板鸭的名产很多,风味各异,以城关林信其“民寿牌”板鸭、郑湖杜坑板鸭、夏茂板鸭最为著名。

沙县的烧卖也很独特,水晶烧卖小小的,馅料充足,一个个晶莹剔透,皮薄到可以清晰地看到里面的每一根粉丝,吃起来也是一口一个。除此之外还有三鲜烧卖、虾仁烧卖等,最特别的烧卖要数夏茂镇的甜烧卖了,薄薄的皮已经裹不住里面的馅料,黑黄相间的馅料像大号爆米花突出出来,不了解内情的人还真不好猜测馅料是什么,其实馅料是碎饼干和紫菜的混合物,吃起来甜而不腻,甜烧卖很少见到,是夏茂镇的特色小吃,一般都是当地人会亲家时的必备品。

关于甜烧卖的发明,有一个结局圆满的故事:相传,古时夏茂儒元村出了个远近闻名的美女。未婚的青年如过江之鲫,慕名而来。美女的父母也就待价而沽,要求甚高,除了门当户对,还要求男方体魄健壮,能精通一门手艺。挑来拣去,最后相中了镇上卖酒巷一位手脚勤快脑子灵活且能烹饪一手好菜的帅哥阿坤。婚后回门那天,岳父大人想考考女婿的烹饪手艺如何,就让小夫妻捎带上5斤白糖、5斤清水饼、5斤紫菜,说是要做一道世间独有的美食。小两口拎着奁盒,出镇西,过米头桥,向儒元一路兴高采烈地走来。也许是老天爷也要考考这位帅哥,眼看穿过田间小道,就要进村了,一场突如其来的当头雨,把奁盒里的东西全淋湿了,这下可把阿坤急坏了。时至当午,岳父大人和宾客正在家里等着。聪明灵巧的阿坤急中生智,忙对岳父大人说:你要的东西我带了,就让我来做一道菜吧!岳父大人一听乘龙快婿自告奋勇做菜,正中下怀,忙说:你要抓紧点,来喝喜酒的客人正等着呢。阿坤再也没有说什么,躲进厨房,乒乒乓乓忙活开了。一炷香工夫,一盘盘热腾腾香喷喷的点心端上桌来。岳父大人和客人一看,都惊诧不已,这叫什么菜?看那一粒粒形状恰如烧卖,而包心却如紫玉般闪闪发亮,活像一尊尊小佛塔。宾客一个个大吞口水。岳父大人忍不住用筷子夹了一只放进嘴里一咬,好香好甜,嘴唇还差点被热油烫起水泡来。小女婿这才自负地说:这是我发明的甜烧卖,吃一口包你香甜透心!于是,赴宴的客人不顾当客人的礼节,争先恐后地品尝。原来,阿坤这甜烧卖正是利用他岳父叫他带的礼品加工的。把淋湿的清水饼切成指头大小块状,拌上白糖、紫菜和临时熬的热猪油,揉在一起，捏成一小团一小团，拿特制的扁肉皮包裹成一尊尊小佛塔，蒸熟后即可食用。很快，阿坤发明的“甜烧卖”在镇上四方八堡流传开了。渐渐演变成夏茂人宴请东床女婿“三过汤”中一道必备的特色点心。

夏茂镇是沙县所辖的第一大镇，地处沙县县城西北部，距离沙县县城 40 千米，位于沙县、顺昌、将乐、明溪交界处，全境面积 247.9 平方千米，下辖 27 个行政村和一个居委会，该镇土地肥沃、商贾云集，形成了独特的乡土文化和民俗风情，特别值得一提的是全牛宴。在这里，牛身上的每一部分都可以入菜入味，打破了惯常我们脑海中“牛与牛肉”的简单概念，形成 60 多个品种的系列菜肴。牛头碎肉、牛里脊肉、牛杂、牛脚筋、牛脾、牛肺、牛肝、牛心、牛脑、牛舌、牛腩、牛角膜、牛胎盘、牛蹄、牛百叶、牛奶兜等无一不能烹饪。据当地人介绍，真正的全牛宴需要一公一母两头牛，听上去融入了中国的太极思想。

正宗的沙县小吃有 200 多个品种，沙县小吃的名头盖过了沙县其他的美丽乡愁，其实沙县不仅仅小吃多，可圈可点的美景和才人也很多，可以说是天地人和的典范。虬江穿城而过，这里是南方重点林区，森林覆盖率接近 80%，远望满眼绿意而且生机盎然，很多植物一时叫不出名字，竹子参天而茂，在路上经常能看到扛着竹子回家的人，晃动尾巴的老牛、村口成群结队的鸭子、趴在老人腿上的猫都很悠闲，墙上还留着蛇蜕下的白皮，一切都是那么自然，是人类居住地该有的样子。

沙县有山，登山不妨先登淘金山，站在淘金山山顶可以远眺沙县全景，人声鼎沸，山水相依偎，淘金山本身也尊享着“沙阳第一景”的美誉。淘金山上让人难忘的地方有两处，一是精雕卧佛，二是舍利塔。卧佛是在一整块山体上雕刻而成的，大佛长 38 米，宽 10 米，高 11 米，呈右侧卧姿势，下半身略短，耳垂一直垂到肩部，面部慈祥和善，值得称奇的是，这尊卧佛和身后 4 千米的绿色山体形似，构成了佛中佛或者佛外佛的奇观，而在卧佛身前的草坪上，一块石头可以抽象地看成乌龟，形成乌龟拜佛的又一奇观。淘金山作为佛教圣地颇有灵气，2014 年新建了佛陀真身舍利塔，九层舍利塔高 70 米，顺着塔内的旋转木梯，可以参观释迦牟尼木刻故事汇图，并能在二层拜看舍利。

僧人们在 501 米高的淘金山里静修，定光禅院里夏荷盛绽，这里距离城区仅有 2 千米，却能闹中取静。定光禅院因定光佛而得名，汉译为锭光佛，传说锭光佛出生时身边有许多灯，成佛后也被称为燃灯佛，后来因为书写简便沿用“定光”至今。

沙县有水，更有水美村和水美土堡群，单单这个名字就让人流连忘返。水美土堡群坐落在沙县凤岗街道水美村，地处岭美乾盆地，由双吉堡、双兴堡和双元堡三个分散土堡构成，是闽南带有防御功能的古民居。土堡群是村里张姓族人所建，至今已有100多年的历史，其中，双吉堡建于1847年，双兴堡建于1848年，双元堡建于1862年，双元堡是堡群中规模最大、保存最完好的土堡。双元堡拱形门上嵌刻着“奠厥攸居”四个红色大字，小字刻着“同治元年立”。“奠厥攸居”典出《尚书·盘庚》：“盘庚既迁，奠厥攸居，乃正厥位，绥爰有众。”意思是这是一个适合居住的地方。据当地的人文学者介绍：“双元堡的创建者为张氏三兄弟，当年他们从闽南迁徙到沙县从事种植和经营茶叶发迹后，开始大兴土木建堡，历时13年才竣工。该土堡呈正方形，占地13亩，四周围墙高达18米，内部拱门上刻有‘巩固’‘磐安’的字样。为了防止土匪敌患，正面外墙两端及背面左边各设一座比外墙突出1米多高的炮楼，外墙的外围墙根还设有1米多深的壕沟，外墙开了许多枪眼和灌水口。外墙内侧有走马楼一圈，供储藏、休憩、防御之用，院内共有房子99间，大小厅堂12个，设有客厅、起居室、客房、书房、储藏室、厨房等，还有天井8个，较大的排水明沟4条，并设置有前大坪和后花台。该土堡是沙县目前发现的最正规按设计图纸施工的，最具客家风格的古建筑杰作。”

在土堡里转上两圈，发现这里依然炊烟袅袅，一边想象当年的家族盛况，一边发现了这座土堡的可爱之处。房顶骑马墙飞翘，走廊回环曲折，窗户精心设计成圆形或是扇形，可见客家人对生活的热爱和对审美的追求。只要有门廊之处，大多都要贴一副对联，横批多用三字，在摆有神鼓的案台上方贴着“读圣贤书，立修齐志”，横批直接写作“慎修堂”，在门厅上贴着张氏祖训“百忍绍家风，两铭绵世泽”的对联，横批是“惠迪吉”。惠迪吉语出《尚书》，大意是吉祥美好这样的祝愿，可见福建人自古重视教化和修养，这些都是他们不断进阶的基石。如今，土堡里的花儿恣意盛开，地上石缝里长出一根西瓜秧，铅球大小的西瓜圆滚滚地趴在地上，当地人不忘跟我们介绍：“这些是排水口，制造成铜钱的形状，当年放一只乌龟进去，就可以起到疏通排水道的作用。”

沙县有沙，更有一沙一世界里天堂般的七仙女溶洞，传说七仙女下凡至此，当然这是中国七仙女下凡过的地方之一。七仙洞位于沙县富口镇大佑山山麓，穿过一片小树林就可以下到洞穴的洞口，清凉而又幽静。洞穴分为上、中、下三洞，沿阶而下，借助五颜六色的灯光可以欣赏喀斯特地貌，同时也跟着导游的红外线棒展开想象。溶洞里滴滴答答的水珠敲打着石头，历经250万年的洗礼，这些地下石头已经变成了形状各异的钟乳石。溶洞内高高窄窄，高处可以抬头看见巨石，导游的电棒一照，石上鬼斧神工地出现各种图案，有一处像极了七仙女，有一处像极了中国地图，有一处石头呈现食指状，指甲清晰可见，因此这处景观被称为仙人指路。爬上一段最难走的台阶，就来到了最有趣的景点“瑶池”，它由片状石幔和一个盛水石盆组成，这个盛满清水的地下池就是传说中七仙女沐浴的地方。跟着导游走到出口重见天日，导游姑娘将我们送出铁门外，又只身一人入洞返回入口，纵深长达2500米的溶洞连起山的两头，地下暗河仍然在缓缓地流淌着。

沙县有十里平流，更有济济人才，既有佛门祖师潘了拳，航空史上的飞将军张廷发，又有三明第一位状元张确、理学四贤罗从彦，宋代民族英雄李纲、现代革命家彭德怀等都在沙县留下了足迹。让沙县人引以为傲的祠堂之一便是罗从彦纪念馆，又雅称为豫章贤祠，位于县城城关西门南路，1341年由罗从彦的五世孙罗天泽倡议修建，后历经多次损毁，现存建筑是罗从彦的27代孙罗明祖修建的，祠堂古朴而庄重。罗从彦1072年生于沙县，因为祖籍在南昌而被称为豫章先生，他在理学发展史上有着举足轻重的作用，早年问学于杨时、程颢、程颐，后将学问传给李侗、朱熹等人，一生笃志求道，深得康熙皇帝推崇，康熙亲自为豫章贤祠题写“奥学清节”牌匾。走进豫章贤祠，高风亮节的对联凝写了豫章先生的一生，“潜思力行懿德重八闽，奥学清节高风垂九州”。

沙县不仅好吃，而且很好玩，更有着深厚的革命传统，是全国34个中央苏区县之一，革命旧址比比皆是。具有千年历史的沙县说不完也道不完，城隍庙、桃源洞、兴国寺、文昌宫、如意湖散落在这片土地上，城隍庙里手艺人的佛像还没有做完，古戏台上的肩膀戏还没有落幕，花猫蹲过的竹椅还未凉，门口的竹筒还未干黄，沙县这座可以尽情发呆的城市，让每位异乡人的旅行箱塞满了回忆，且总能在每一个清晨不经意地想起。

苏州城怀古

翦　洁

夜到苏州，苏州的空气里没有什么特殊的味道，就像没有消息就是好消息，没有味道就是好味道。苏州六月的清晨还很清凉，两个下车的小孩子站在台阶上，妈妈耐心地给孩子披上外衣，那位荷叶头的小姑娘用轻柔的拳头拍着母亲，嗔怪她将自己的美梦叫醒。

苏州站的夜景迷离而风华，夜幕下淡淡的薄雾，菱形的灯光打出白色的光影，正对面的夫妻楼显出现代气息，苏州园林的特色扑面而来。苏州站是中国最美丽车站之一，仿古园林建筑设在两侧，黎明渐起的时候侧望苏州站，古色古香的暗黄灯光像夜的天窗，极为幽秘。

一、苏与姑苏

人们都用天堂来形容苏州，而“苏”字做何意味呢？这得从苏的繁体字说起，苏字古代写作“蘇”，拆开来看分别是“草”“鱼”“禾”，脑海里立即浮现出草长禾丰、鱼跃水腾的景象，完全是江南鱼米之乡的真实写照。苏州的雅称是姑苏，姑苏一词进入大众视线源自唐朝诗人张继所作的《枫桥夜泊》：“月落乌啼霜满天，江枫渔火对愁眠。姑苏城外寒山寺，夜半钟声到客船。”诗人考取进士后遭遇了安史之乱，文人墨客纷纷逃到相对安定的江南一带，即今天江苏、浙江一带，张继也不例外，他坐在小船上徘徊在枫桥附近，写下了千古名句。其中，姑苏的“姑”字没有实际意义，是当时荆蛮语中的拟声词。姑苏最初称为姑胥，胥据说是夏朝一位很有名望的谋臣，他上知天文下通地理，才高八斗而且帮助大禹治水有功，受到舜王的赏识并被封为大臣，舜王把长江下游的一块富饶的地册封给胥，因此“姑胥”这个地名应运而生，胥字在吴侬软语中和苏字的读音相近，随着时间的推移，姑胥便演变成姑苏了。

在苏州市西南郊木渎镇境内有姑苏山，又被称为紫石山、胥台山、和合山，因为吴国曾建造的姑苏台而闻名。姑苏台因姑苏山而得名，是吴王阖闾始建、夫差续建的娱乐场地，古人登姑苏台可以遥望太湖风光。据记载：姑苏台高三百丈、宽八十四丈。吴王夫差为了讨好勾践计献的四大美人之一的西施，扩大规模建造馆娃宫、响屧廊、琴台等，最终这长洲苑中的离宫姑苏台在越兵的进攻中付之一炬。唐代诗人皮日休所作的《太湖诗・练渎》首句这样描绘："吴王厌得国，所玩终不足。一上姑苏台，犹自嫌局促。"姑苏台的兴起和覆灭昭示着后人，"积木塞渎"的故事依然在流传，可以想象吴王当时建造这座宫台的规模，如今，吴王开辟的木渎镇是苏州的历史文化名镇。

"江南好，风景旧曾谙"这一句依然道不尽江南的繁华，难怪清朝宫廷画家徐扬以故乡为主题创作了宫廷画《姑苏繁华图》，画面自灵岩山起，由木渎镇东行度山历水至虎丘山，山前村、苏州镇和山塘街跃然纸上，堪称苏州版的《清明上河图》。诗情画意里的姑苏已经让人留恋，《红楼梦》更是将姑苏推向高点，其开篇介绍："出则既明，且看石上是何故事。按那石上书云：当日地陷东南，这东南一隅有处曰姑苏，有城曰阊门者，最是红尘中一二等富贵风流之地。这阊门外有个十里街，街内有个仁清巷，巷内有个古庙，因地方狭窄，人皆呼作葫芦庙。"顽石入世从姑苏讲起，这是曹雪芹的人生眷恋处，也很难得地保留下苏州古城的历史文化。

二、吴与苏州

苏州这一地名始于隋文帝开皇九年(589)，废除东汉设立的吴郡，正式设置苏州。苏州一直是江南地区的政治、经济、文化中心，到明清两代设立苏州府，太平天国期间，苏州是苏福省省会。然而上溯历史，春秋时期的苏州便是吴国都城，至今我们依然用吴侬软语来称赞苏州话的轻柔。

苏州的文化底蕴是吴越文化，吴越两国曾在这里争霸，至今仍流传着"太(泰)伯夜奔"的故事。据传周太王有太伯、仲雍、季历三个儿子，周太王想传位给季历的儿子姬昌，但囿于当时实行的是长子立王制，太伯和仲雍体谅到父亲的难处，借给父亲采药的机会夜奔荆蛮之地，最初定都于梅里(今无锡梅村)，自号勾吴，在梅里的这个国都也称太伯城。

吴国传至阖闾和夫差时期达到鼎盛，公元前514年吴王阖闾即位，阖闾具有宽广的胸怀和胆识，起用楚国旧臣伍子胥振兴吴国，命派伍子胥相土尝水、象天法地，修建了规模宏大、气势宏伟的阖闾大城，即今天苏州城建城之始。最早建设的苏州城至今已逾越2500年，当时都城周长约为23.5千米，建有水陆城门各8座。

伍子胥作为行人（负责外交）主抓都城选址，最初选择今相城区湘城镇，相城因为“相其地，欲筑城于斯”而得名，据说后来吴国人认为相城的地势太低，所以重新选择了苏州古城的位置。考古学界对阖闾城到底在哪里的答案不一致，比如江苏无锡有一个阖闾城遗址。另据伍子胥后人根据史料推断，阖闾城分为子城和大城，子城是阖闾城的中心区域，位于今天的观前街附近，大城就是水陆八门的主体城。伍氏家族认为伍子胥设计的阖闾城是三围军事设施，第一围生活区包括阖闾城、姑苏台，囊括苏州市区及木渎、藏书一带；第二围相当于现在的卫星城，在苏州和无锡的交界地带；第三围是军事护卫镇，大致在常州附近。

尽管专家对阖闾城的具体地址还有争论，但阖闾城的总设计师伍子胥已经定格。越王勾践卧薪尝胆谋划争霸，利用美人计拉吴王夫差下水，伍子胥用旁观之眼向吴王请谏，却惨遭吴王夫差赐死。苏州人将他奉为江神，每年端午节都是伍子胥的纪念日，而今很多地名都包含“胥”字，如胥门、胥江、胥口、胥山、伍子胥弄等，特别是伍子胥主持挖通的胥江，既助力吴国水军取胜，更为当代的苏州人民造福。源出太湖而流经苏州古城，胥江也成为中国历史上的第一条人工运河，比著名的京杭运河还要早上1000年。

截至2016年年底，苏州市下辖九个市辖区，包括姑苏区、虎丘区、吴中区、相城区、吴江区、常熟市、张家港市、昆山市、太仓市，这些地名里有两个带“吴”的地名，这两个地方紧紧挨着，位于苏州市最南端，在当代述说着苏州和吴国的故事。

三、平江图概览

苏州自古便是江南地区的政治、经济和文化中心，不仅在春秋时期是吴国的都城，宋朝的苏州设平江府，元朝的苏州设平江路，因为从宋徽宗政和三年（1113）起苏州为平江府，所以苏州又有平江城之称。《平江图》作为苏州的三大著名石刻之一，是南宋绍定二年（1229）完成的，由苏州知府李寿明主持刻制，吕梗、张允成、张允迪共同完成，是中国现存最早最完整的城市规划平面实测图，详细地记录了宋代平江府的整体景观。

该碑高 2.84 米，宽 1.46 米，厚 30 厘米，碑的正面上部约占 1/4 的地方刻着“平江图”题额三字和两条龙，碑的下部约占 3/4 的地方单线阴刻宋代平江府全图。该碑绘图十分精细，展现出双棋盘格局，清晰地复刻出宋代苏州的概貌，平江府的四周地理、城市面貌、街市排列、水流走向和建筑物分布一览无余，囊括山脉、湖荡、河流、官厅、城墙、街道、寺观、塔桥、园林、古迹、商行、书院、库房、宅第、教坊、楼阁、牌坊等。

《平江图》上的古苏州河道纵横交错，河道和街道几乎平行，主体建筑呈现出轴线关系，反映出江南小桥流水的城市特色。当时平江府的布局是前门为街，百姓可乘车出行，后门为河，百姓可登船而渡。城内外河流密布，城内有南北向河道 6 条，东西向河道 14 条，城内桥梁以市中心的乐桥为起始，四面八方共有 359 座桥。图中记录了 61 个坊，巷 264 条，弄 24 条，刻有旌表人物和坊市名称的跨街牌楼 65 座，另外，罗列了天庆观、报恩寺、能仁寺、定慧寺、万寿院、开元寺、瑞光寺等大小 50 多座寺观庙宇，云岩、天平、灵岩、瑞光、半塘、枫桥、东禅等高层古塔 12 座。对比今天苏州老城的全景图，水道和城址未发生较大变化，许多地名沿用至今，可以说苏州是在平江府原址上不断重建、完善和扩展的城市。

四、苏州古城门

诗人杜荀鹤在《送人游吴》中写道：“君到姑苏见，人家尽枕河。古宫闲地少，水巷小桥多。”很多名人贤士在苏州出生或是逗留过，比如李绅、罗隐、唐寅、陆龟蒙、白居易、刘禹锡等，曾出任过苏州太守的白居易在《正月三日闲行》中写道：“绿浪东西南北水，红栏三百九十桥。”吴门四才子之一的唐寅在《阊门即事》中写道：“世间乐土是吴中，中有阊门更擅雄。”这里的阊门即古苏州的繁华风尘地。

苏州曾有著名的城门 8 座，包括西阊门、胥门，南盘门、蛇门，东娄门、匠门，北平门、齐门，宋初填塞蛇门和匠门，留阊门、胥门、盘门、葑门、娄门、齐门六个门，到 1949 年苏州共有阊门、胥门、盘门、葑门、相门、娄门、齐门、平门、金门、新胥门十座城门。现在阊门、盘门、娄门、齐门、平门、葑门、相门(即匠门)等作为地名依然流传至今,可以站在今天的苏州土地上遥想古苏州柔美中的雄壮。

阊门取"通阊阖风"之意,象征着西面的天门,清初修建的门楼题有"气通阊阖"四字匾额。阖闾曾经率领军队从这个门出兵,发誓一定要打败楚国,因此阊门又被称为"破楚门"。盘门初名蟠门,因为门上刻有表示镇压越国的木头蟠龙,后因其"水陆相半、沿洄屈曲"而称盘门,清代修建的门楼题有"龙盘水陆"四字匾额,此门包括两道陆门和两道水门,陆门之间是瓮城,水门之间可以并行两条小船。胥门又称姑胥门,因为相传伍子胥家宅于此并悬头城门而得名。清代修建的门楼题有"姑胥拥翠"四字匾额。战国时期春申君黄歇测知太湖地势高于苏州,后来胥门便再无水门。娄门原称疁门,据《吴地记》载:"东南秦时有古疁县,汉王莽改为娄县。"因此城门也跟着改为娄门,清代修建的门楼题有"江海扬华"四字匾额。相门又称为匠门,因为曾是各类手工工匠聚集之地而得名,据传吴王阖闾曾命铸剑高手干将在此置炉铸剑,所以又称为干将门,后称相门是音变。葑门原称封门,以封禺山而得名,盛产葑(即茭白),清代修建的门楼题有"溪流清映"四字匾额。齐门因为门朝当时的齐国而得名,相传当时吴国比齐国强盛,齐国将一名女子许配给吴太子波,为了排解齐女的思乡之情,所以开凿此门。平门在齐门的西面,表示平定齐国之意,民国时期为两个并列的高大城门洞。蛇门朝向越国,相传越国位于"巳"的方位,十二生肖中"巳"和蛇相对应,还曾制作了一条象征越国的木蛇,表示越国臣服于吴国。金门是民国期间修建的,为人车通行的城门,中华人民共和国成立后还曾修建南门。

五、苏州的园林

咫尺之内再造乾坤,说的就是著名的苏州园林,以私家园林为主。全盛时期园林达200多处,清末留存170多处,至今保存完好的有60多处,拙政园、留园、网师园、环秀山庄、沧浪亭、狮子林、艺圃、耦园、退思园等古典园林被列入《世界文化遗产名录》,其中,沧浪亭、狮子林、拙政园和留园被称为四大园林,分别代表着宋、元、明、清四个朝代的园林艺术成就。

沧浪亭是北宋诗人苏舜钦构造的,他自号沧浪翁并作有《沧浪亭记》,园林借《孟子》中的"沧浪之水清兮,可以濯我缨;沧浪之水浊兮,可以濯我足"而得名。

南宋时沧浪亭易换主人，被称为“韩园”，在《平江图》上也标记为韩园，园内假山顶的沧浪亭上刻着“清风明月本无价，近水远山皆有情”的集联。狮子林是元代建设的寺庙园林，僧惟则的吴门弟子出资供师居住，因竹林多怪石，且僧师倡道于天目山狮子岩，又借佛经狮子座之意取名狮子林，乾隆曾五次到江南游历狮子林，并在圆明园的长春园、避暑山庄的文园建有狮子林。拙政园始建于明代正德年间，御史王献臣解官归苏并建造宅园，借《闲居赋》中“灌园鬻蔬，以供朝夕之膳，是亦拙者之为政也”之意命名，清朝时期曾被称为“复园”。拙政园以水景为主要特色，园中的水域面积占到三分之一，以远香堂为主体疏密有致，形成众星拱月之势。留园是清朝嘉庆三年（1798）扩建落成的，最初称寒碧庄或刘园，后因1860年苏州园林多遭兵乱破坏，独留下该园，便改名为“留园”，是规模仅次于拙政园的大型园林。

苏州总有看不完的风景，抒发不尽的心情，也就多了很多古诗词句，贺铸写过：“凌波不过横塘路，但目送、芳尘去。锦瑟华年谁与度？月台花榭，琐窗朱户，只有春知处。碧云冉冉蘅皋暮，彩笔新题断肠句。试问闲愁都几许？一川烟草，满城风絮，梅子黄时雨。”白居易写过：“江南忆，其次忆吴宫。吴酒一杯春竹叶，吴娃双舞醉芙蓉，早晚复相逢。”

伴着这样雅致的诗句，徜徉在苏州的大街小巷，苏州给人的总体感觉是干净，相较于杭州的大家闺秀，苏州称得上小家碧玉，很多房子高度适中，保持着古典的样子，老房子青瓦白墙，流水穿桥而过，这就是“上有天堂、下有苏杭”的人家。早晨拙政园附近的手摇橹已经待命了，生意人放下一块块木门扇，丝绸、扇子、糕点都开始和店主一起招揽生意。听小孩子背着“姑苏城外寒山寺，夜半钟声到客船”，游客们可以乘坐公交路过枫桥、寒山寺、虎丘、第一丝厂等固定经典景点，苏州城的大致框架便建立起来。随着外来人口的不断涌入、地铁的逐步修建和老房子的拆迁，苏州终究会变得更加现代化，但愿苏州的古老建筑和古老地名可以一直留在人间。

《行政区划管理条例》颁布

2018年11月1日，国务院总理李克强签署国务院令，公布《行政区划管理条例》（以下简称《条例》），自2019年1月1日起施行。

行政区划是党领导人民依据宪法法律，推进国家治理体系和治理能力现代化的重要内容。在总结《国务院关于行政区划管理的规定》30多年来实施经验的基础上，国务院制定了《条例》。《条例》的公布施行，对贯彻落实党中央、国务院关于优化行政区划设置、加强行政区划管理的重大决策部署，具有重要意义。

一是完善了管理原则。《条例》规定，行政区划管理工作应当加强党的领导，加强顶层规划。行政区划应当保持总体稳定，必须变更时，应当本着有利于社会主义现代化建设、有利于推进国家治理体系和治理能力现代化、有利于行政管理、有利于民族团结、有利于巩固国防的原则，坚持与国家发展战略和经济社会发展水平相适应、注重城乡统筹和区域协调、推进城乡发展一体化、促进人与自然和谐发展的方针，制订变更方案，逐级上报审批。行政区划的重大调整应当及时报告党中央。

二是规范了管理程序。《条例》规定，地方人民政府派出机关管辖范围的确定和变更等事项，由批准设立该派出机关的人民政府审批。市、市辖区的设立标准，报国务院批准；镇、街道的设立标准，报省、自治区、直辖市人民政府批准，批准设立标准时，同时报送国务院备案。

三是细化了管理制度。《条例》规定，有关地方人民政府应当自审批机关批准行政区划变更之日起12个月内完成变更；情况复杂的，经审批机关批准，可以延长6个月。行政区划变更后，应当依法依规更新行政区划图、公布行政区划代码，有关地方人民政府应当向社会公告。《条例》还建立健全了行政区划变更信息报送、行政区划档案保管等配套制度。

四是强化了管理责任。《条例》对未及时完成行政区划变更、备案、信息报送，以及擅自变更行政区划、在行政区划变更过程中弄虚作假等行为，规定了相应的法律责任。

《行政区划管理条例》详细内容如下：

第一条 为了加强行政区划的管理，根据《中华人民共和国宪法》和《中华人民共和国地方各级人民代表大会和地方各级人民政府组织法》《中华人民共和国民族区域自治法》的有关规定，制定本条例。

第二条 行政区划管理工作应当加强党的领导，加强顶层规划。行政区划应当保持总体稳定，必须变更时，应当本着有利于社会主义现代化建设、有利于推进国家治理体系和治理能力现代化、有利于行政管理、有利于民族团结、有利于巩固国防的原则，坚持与国家发展战略和经济社会发展水平相适应、注重城乡统筹和区域协调、推进城乡发展一体化、促进人与自然和谐发展的方针，制订变更方案，逐级上报审批。行政区划的重大调整应当及时报告党中央。

第三条 行政区划的设立、撤销以及变更隶属关系或者行政区域界线时，应当考虑经济发展、资源环境、人文历史、地形地貌、治理能力等情况；变更人民政府驻地时，应当优化资源配置、便于提供公共服务；变更行政区划名称时，应当体现当地历史、文化和地理特征。

第四条 国务院民政部门负责全国行政区划的具体管理工作。国务院其他有关部门按照各自职责做好全国行政区划相关的管理工作。

县级以上地方人民政府民政部门负责本行政区域行政区划的具体管理工作。县级以上地方人民政府其他有关部门按照各自职责做好本行政区域行政区划相关的管理工作。

第五条 县级以上人民政府应当加强对行政区划管理工作的领导，将行政区划工作纳入国民经济和社会发展规划，将行政区划的管理工作经费纳入预算。

第六条 省、自治区、直辖市的设立、撤销、更名，报全国人民代表大会批准。

第七条 下列行政区划的变更由国务院审批：

（一）省、自治区、直辖市的行政区域界线的变更，人民政府驻地的迁移，简称、排列顺序的变更；

（二）自治州、县、自治县、市、市辖区的设立、撤销、更名和隶属关系的变更以及自治州、自治县、设区的市人民政府驻地的迁移；

（三）自治州、自治县的行政区域界线的变更，县、市、市辖区的行政区域界线的重大变更；

（四）凡涉及海岸线、海岛、边疆要地、湖泊、重要资源地区及特殊情况地区的隶属关系或者行政区域界线的变更。

第八条 县、市、市辖区的部分行政区域界线的变更，县、不设区的市、市辖区人民政府驻地的迁移，国务院授权省、自治区、直辖市人民政府审批；批准变更时，同时报送国务院备案。

第九条 乡、民族乡、镇的设立、撤销、更名，行政区域界线的变更，人民政府驻地的迁移，由省、自治区、直辖市人民政府审批。

第十条 依照法律、国家有关规定设立的地方人民政府的派出机关的撤销、更名、驻地迁移、管辖范围的确定和变更，由批准设立该派出机关的人民政府审批。

第十一条 市、市辖区的设立标准，由国务院民政部门会同国务院其他有关部门拟订，报国务院批准。

镇、街道的设立标准，由省、自治区、直辖市人民政府民政部门会同本级人民政府其他有关部门拟订，报省、自治区、直辖市人民政府批准；批准设立标准时，同时报送国务院备案。

第十二条 依照本条例报送国务院备案的事项，径送国务院民政部门。

第十三条 申请变更行政区划向上级人民政府提交的材料应当包括：

（一）申请书；

（二）与行政区划变更有关的历史、地理、民族、经济、人口、资源环境、行政区域面积和隶属关系的基本情况；

（三）风险评估报告；

（四）专家论证报告；

（五）征求社会公众等意见的情况；

（六）变更前的行政区划图和变更方案示意图；

（七）国务院民政部门规定应当提交的其他材料。

第十四条 县级以上人民政府民政部门在承办行政区划变更的工作时，应当根据情况分别征求有关机构编制部门和本级人民政府的外事、发展改革、民族、财政、自然资源、住房城乡建设、城乡规划等有关部门的意见；在承办民族自治地方的行政区划变更的工作时，应当同民族自治地方的自治机关和有关民族的代表充分协商。

第十五条 有关地方人民政府应当自审批机关批准行政区划变更之日起12个月内完成变更；情况复杂，12个月内不能完成变更的，经审批机关批准，可以延长6个月;完成变更时,同时向审批机关报告。

第十六条 行政区划变更后,应当依照法律、行政法规和国家有关规定勘定行政区域界线,并更新行政区划图。

第十七条 行政区划变更后,需要变更行政区划代码的,由民政部门于1个月内确定、公布其行政区划代码。

第十八条 行政区划变更后,有关地方人民政府应当向社会公告。

第十九条 国务院民政部门应当建立行政区划管理的信息系统。

省、自治区、直辖市人民政府应当及时向国务院民政部门报送本行政区域行政区划变更的信息。

第二十条 县级以上人民政府民政部门,应当加强对行政区划档案的管理。

行政区划管理中形成的请示、报告、图表、批准文件以及与行政区划管理工作有关的材料,应当依法整理归档,妥善保管。具体办法由国务院民政部门会同国家档案行政管理部门制定。

第二十一条 上级人民政府应当加强对下级人民政府行政区划管理工作的监督、指导。

第二十二条 违反本条例规定,未及时完成行政区划变更、备案、信息报送的,由上一级人民政府责令限期完成。

第二十三条 违反本条例规定,擅自变更行政区划的,由上一级人民政府责令改正;对直接负责的主管人员和其他直接责任人员,依法给予处分。

第二十四条 违反本条例规定,在行政区划变更过程中弄虚作假的,对直接负责的主管人员和其他直接责任人员,依法给予处分;构成犯罪的,依法追究刑事责任。

第二十五条 国家工作人员在行政区划的管理工作中,滥用职权、玩忽职守、徇私舞弊的,依法给予处分;构成犯罪的,依法追究刑事责任。

第二十六条 国务院民政部门可以依据本条例的规定,制定具体实施办法。

第二十七条 本条例自2019年1月1日起施行。1985年1月15日国务院发布的《国务院关于行政区划管理的规定》同时废止。

保护弘扬中华优秀地名文化座谈会召开

2018年10月19日,“美丽中国·地名寻梦”全国地名文化短视频征集与展播活动组委会在福建省厦门市召开保护弘扬中华优秀地名文化座谈会。会议总结了“美丽中国·地名寻梦”全国地名文化短视频征集与展播活动情况,发布了获奖名单并向获奖代表颁奖,交流研讨了做好新时期地名文化和地名宣传工作的思路措施。

会议指出,保护弘扬中华优秀地名文化,是传承中华文脉、坚定文化自信的必然要求,是净化地名环境、留住记住“乡愁”的现实需要,更是深化地名普查成果转化应用的重要任务。会议强调,地名文化建设是一项长期性、基础性工作,需要全社会共同努力,要切实坚定中华地名文化自信,大力加强地名文化遗产保护力度,严格规范地名命名更名管理,积极搞好地名文化宣传和服务,广泛吸引全社会共同参与,共同推动我国地名文化事业发展繁荣。

2018年1月以来,国务院第二次全国地名普查领导小组办公室委托光明网,组织开展了“美丽中国·地名寻梦”全国地名文化短视频征集与展播活动,共征集到来自30个省市区的776部作品,其中500部在活动专题上进行了展播,300部入围投票环节。经专家评议、网络投票,《李元章——栖霞的活字典》《盐与盐城》《项城市地名普查工作纪实》《马不停蹄的乡愁》等100部作品分获一、二、三等奖及优秀奖,涉及动画、短视频、微电影等表现形式,涵盖地名古今变迁历程与典故、地名普查工作典型做法和成功经验、地名工作者精神风貌与突出贡献等多方面内容。同时,山东、安徽等8个省级地名普查办获优秀组织奖。

河北省召开区划地名工作推进会议

2018年10月24日,河北省区划地名工作推进会在石家庄召开,会议指出,今年是第二次全国地名普查的收官之年,是区划地名系统的“头号工程”,各级必须以高度的政治责任感、使命感全面完成各项地名普查工作。要做好普查成果整改完善、标准地名图录典志编纂、普查资料整理归档、总结表彰等工作。

会议强调,要进一步优化行政区划,聚焦党的十九大“以城市群为主体构建大中小城市和小城镇协调发展的城镇格局”的重要部署和省委省政府关于深入推进新型城镇化建设的若干意见,围绕中心,服务大局,稳妥实施,进一步提升行政区划管理法制化、规范化、科学化水平。要不断加强地名管理服务和文化建设，加强地名规范管理，不断深化地名公共服务，深入推进地名文化建设。要扎实做好界线管理工作，按时完成行政区划调整后行政区域界线勘定工作，扎实开展界线联检工作，深化平安边界创建，确保边界地区长期和谐稳定。

江西省召开地名普查档案归档试点暨地名志编纂推进会

2018 年 8 月 21 日至 22 日，江西省第二次全国地名普查档案归档试点暨地名志编纂推进会在南昌召开。会议就推进全省地名普查档案归档试点工作和下一步成果转化等工作进行了部署。

针对成果转化工作，会议提出四点工作要求。一是要高度重视。成立成果转化领导小组，建立完善工作机制，细化成果转化任务，落实到人。二是落实保障。聘请历史、中文等相关专业专家、学者或者参与过党史、县志、地名志等工具书编纂工作的老干部，充实编纂审校队伍，切实提高成果转化质量。三是完善普查成果。将成果转化过程中充实、完善的地名属性信息及时补充到地名普查数据库及其他相应成果内容中。四是确保安全。加强对成果转化过程中涉密数据的管理，严格按照管理办法操作，避免失泄密事故发生。为推动全省县市区地名志编纂工作程序化、规范化，会议还就《江西省县市区地名志编纂指南》进行了征求意见和专题研究讨论。

湖南省《地址数据元规范》出台助力地名地址公共服务

2018 年 7 月 26 日，湖南地方标准《地址数据元规范》(DB43/T 1456—2018)正式发布。该规范由湖南省民政厅、湖南省第二测绘院和湖南省公安厅共同编制，是湖南省地名普查办继 2017 年 12 月发布《地名数据元规范》之后推出的新标准。

《地址数据元规范》面向社会对地址使用的通用性和标准化需求，内容覆盖了标准地址和概略地址，统一了城市地址和农村地址，设定了地址描述的优先原则。该标准集中了民政、公安、国土、工商、住建、交通、水利等部门意见，注重与各部门现有标准及政策文件规定之间的衔接，最大限度减少参数转换工作量，方便共享应用和数据交换。

该规范的出台，对于进一步转化地名普查成果，建立地名地址长效更新机制，积极推进民政“五化”建设，提高地名地址公共服务能力和政府治理能力，具有重要意义。

广东省部署推进省市县区划地名信息化建设

2018年10月，广东地名普查办向各市转发《国务院第二次全国地名普查领导小组办公室关于进一步做好地名普查成果转化工作的通知》，要求各市认真贯彻落实完成地名普查数据库建设、推进标准地名图录典志编纂、拓展地名信息服务、开展地名文化保护等工作，并结合广东大力推进“数字政府”改革建设实际，对加快信息化建设，形成省、市、县三级区划地名数据体系作出部署。

第一，加强区划地名管理信息化建设。要以地名普查成果数据和县级以上行政区划矢量数据为基础，抓紧完成广东第二次全国地名普查成果转化应用平台建设，建成后作为县级以上区划地名管理系统。要求各级重视和加强信息化建设工作，并与广东政府正在推进的“数字政府”改革建设工作对接，全面推进区划地名管理信息化建设。

第二，确保区划地名信息完整、准确和有效。各市要按照国务院和省地名普查办部署要求，指导各县（市、区）抓紧完成清理整治不规范地名、地名标准化处理和镇级行政区域界线档案数字化工作，做实做细入库数据核对。要探索建立区划地名数据更新维护长效机制，尽快推广应用地名普查成果转化应用平台，加快形成覆盖省、市、县三级的区划地名数据体系。

第三，高度重视加强区划地名工作。各市要结合地名普查成果转化及强化日常管理需要，抓住机构改革契机，加强机构和人员配置，编制好地名管理及标志设置等所需年度经费预算，确保区划地名管理工作得到加强。

重庆市强化便民惠民服务　提升地名管理品质

2018年9月，重庆市民政局会同市公安局、市城管委、市发展改革委联合下发《关于规范城市道路标志设置和地名信息使用的通知》，从统一地名标志标准、规范地名信息使用、严格地名信息使用审查管理、协调管理整治等方面进行规范，切实提升地名标志规范化设置水平，完善地名公共服务体系，强化地名便民惠民，为人民群众带来更多获得感。

一是地名标志设置“标准化”。根据 GB 17733—2008《地名标志》，按照“标准统一、整体规划、逐步完善”原则，城管部门应建立长效机制，及时设置、更新、维护城市地名标志。各区县民政部门要加大农村地区地名标志设置力度，力争 2018 年年底建成城乡一体、衔接有序的地名标志服务体系。

二是地名信息使用“规范化”。明确地名标志、大型建筑物名称、道路交通设施、国有林场、森林、森林公园、自然保护区、A 级旅游景区、人行天桥、风景名胜区、世界自然遗产、公园、绿地、湿地等，使用专（行）业部门审批、民政部门备案的标准地名名称。

三是地名信息使用审查“法治化”。市、区县两级发改部门在项目立项或可行性研究报告审批中，应告知项目法人按规定及时向市政府或区县政府、专（行）业主管部门申报标准地名名称，并将项目批复文件抄送同级民政部门。公安和城管部门在新建城市道路标志设计方案意见反馈工作中，应加强地名信息规范性审查，对未使用标准地名的，书面告知建设单位同步完成地名申报。主城区民政部门每月要定期向公安、城管部门告知新增命名更名的标准地名信息。

四是协同管理机制“常态化”。各级公安、城市管理、民政、发改部门将积极会同财政、旅游、交通、建设等部门，建立健全地名信息管理共享机制和地名标志常态排查机制，加强部门协作配合和日常巡查维护管理，及时推进整改完善地名标志设置不规范、地名信息使用不准确等问题。

川青津三省（市）地名普查成果率先通过验收

2018 年 10 月 22 日，国务院第二次全国地名普查领导小组办公室向四川、青海、天津三个省（直辖市）地名普查领导小组办公室分别下发了地名普查成果验收意见，标志着这三个省（直辖市）报送的第二次全国地名普查成果已经通过了国务院地名普查办的全面审核和入库验收，这也是全国第一批通过审核验收的省级普查成果。

对各省（自治区、直辖市）地名普查成果进行质量审核和入库验收是确保普查成果质量和规范开展普查成果转化利用的重要环节，国务院地名普查办按照

《第二次全国地名普查验收办法》和《第二次全国地名普查成果数据入库验收办法》要求组织开展审核、验收工作。各地普查办高度重视，积极配合，特别是川、青、津等省（直辖市）普查办专门派出技术人员来京对接，认真按照国务院地名普查办整改意见加班加点进行整改，率先通过了审核验收。国务院地名普查办验收意见希望三省（直辖市）继续做好普查成果完善和转化利用工作，更好地发挥地名普查成果在促进经济社会协调发展、方便人民群众生产生活等方面的基础作用。

贵州省召开地名普查成果数据质量暨成果转化视频会议

2018 年 9 月 12 日，贵州省召开全省第二次全国地名普查成果数据质量暨成果转化视频会议。会议传达了民政部领导对贵州地名普查工作的有关指示精神，指出当前贵州地名普查工作重点任务是抓好普查成果数据入库的质量，要牢固树立质量第一的意识，扎实开展“回头看”：一看“地名采集全不全面”，二看“信息填写准不准确”，三看“地名文化挖掘深不深入”。

会议强调，成果转化是地名普查价值的最终体现。各地要在抓好普查数据质量的基础上，超前谋划成果转化工作，切实加强领导，精心组织实施，重点抓好成果转化基础、大数据应用、普查成果宣传、公众服务应用、经济社会发展应用、社会治理、中华优秀地名文化传承、地名管理规范化等“八大工程”。

会议要求，各地务必提高认识，高度重视，将两项工作作为普查工作的重中之重来抓。省地名普查办要适时开展督促检查，确保贵州地名普查任务高质量圆满完成。

《乐龄悦读》简介

《乐龄悦读》是中国社会出版社推出的连续出版物，立足老龄群体，把握老年朋友心理特点，关注老龄生活，突出特色性、引导性、知识性和可读性。打造《读者》的老年版，“读书大游览，为善小熏修”，使老年朋友能览天命正道、国际风云、历史长河、时尚新篇，也能体会岁月留痕，曾经情怀，天伦之乐，颐养之道。主要读者对象是面向全国中高端老龄人口、中高端养老社区和旅居型养老社区老年朋友的综合类出版物。

《乐龄悦读》征订单

订购单位					
详细地址					
联系人		联系电话		邮编	
《乐龄悦读》（2019 年度）			140 元 / 套（四期）	数量	
总金额	拾　万　仟　佰　拾元整（小写：　　元）				
发票单位名称				汇款方式	

中国社会出版社 银行 财务专用章

【银行转账】户　名：中国社会出版社
开户行：招商银行北京分行营业部
账　号：860186 1449 10001
【联 系 人】朱立巍、马潇潇
【联系电话】010-58124827 / 58124868